Linguística aplicada

um caminho com diferentes acessos

Conselho Acadêmico
Ataliba Teixeira de Castilho
Carlos Eduardo Lins da Silva
Carlos Fico
Jaime Cordeiro
José Luiz Fiorin
Tania Regina de Luca

Proibida a reprodução total ou parcial em qualquer mídia
sem a autorização escrita da editora.
Os infratores estão sujeitos às penas da lei.

A Editora não é responsável pelo conteúdo dos capítulos deste livro.
As Organizadoras e os Autores conhecem os fatos narrados, pelos quais são responsáveis,
assim como se responsabilizam pelos juízos emitidos.

Consulte nosso catálogo completo e últimos lançamentos em www.editoracontexto.com.br.

Regina Celi Pereira
Pilar Roca
(organizadoras)

Linguística aplicada
um caminho com diferentes acessos

Copyright © 2009 Das organizadoras

Todos os direitos desta edição reservados à
Editora Contexto (Editora Pinsky Ltda.)

Montagem de capa e diagramação
Gustavo S. Vilas Boas

Preparação e revisão técnica
Inaldo Firmino Soares

Revisão
Daniela Marini Iwamoto

Dados Internacionais de Catalogação na Publicação (CIP)
(Câmara Brasileira do Livro, SP, Brasil)

Linguística aplicada / Regina Celi Mendes Pereira,
Maria del Pilar Roca, (orgs.). – 1. ed., 4ª reimpressão. –
São Paulo : Contexto, 2024.

Vários autores.
ISBN 978-85-7244-425-5

1. Linguística aplicada I. Pereira, Regina Celi Mendes. II. Roca,
Maria del Pilar.

| 09-00072 | CDD-418 |

Índices para catálogo sistemático:
1. Linguística aplicada 418

2024

EDITORA CONTEXTO
Diretor editorial: *Jaime Pinsky*

Rua Dr. José Elias, 520 – Alto da Lapa
05083-030 – São Paulo – SP
PABX: (11) 3832 5838
contato@editoracontexto.com.br
www.editoracontexto.com.br

Sumário

Apresentação 7

Da aplicação de Linguística à Linguística Aplicada Indisciplinar 11
Moita Lopes

Sessenta anos de Linguística Aplicada:
de onde viemos e para onde vamos 25
Vera Menezes
Marina Morena Silva
e Iran Felipe Gomes

O tratamento do conceito de relativismo cultural
nas séries iniciais da escolarização 51
Stella Maris Bortoni

Ensinar, escrever, refazer(-se):
um olhar sobre narrativas docentes e identidades 69
Carla L. Reichmann

Imagens no espelho: reflexões sobre a prática docente 91
Betânia Passos Medrado

A constituição social e psicológica do texto escrito 113
Regina Celi Pereira

Relações de simulação e relações de autenticidade
no ensino de línguas vivas 143
Pilar Roca

Do texto às imagens: as novas fronteiras do letramento visual 173
Danielle Barbosa de Almeida

As organizadoras 203

Os autores 205

Apresentação

Um texto surge de uma encruzilhada de experiências. Sabemos que uma série de fatores de ordem física e sociossubjetiva se une na concepção e materialização dos textos e, por extensão, dos livros que os acolhem. Inicialmente, a motivação maior para este livro surgiu da necessidade de divulgar as pesquisas desenvolvidas no Programa de Pós-Graduação em Linguística (PROLING) da UFPB e vinculadas aos interesses investigativos da Linguística Aplicada (LA). Corríamos o risco, porém, de imprimir ao livro uma aparência de relatório, o que não nos interessava em absoluto. Afinal, a quem interessam os relatórios? Apenas aos avaliadores de projetos de iniciação científica, supomos. Tentamos, então, resgatar uma discussão já iniciada por teóricos da área (cf. MOITA LOPES, 2001; CAVALCANTI, 1998; CELANI, 1992) que se propuseram, dentre outros objetivos, a expandir o escopo da LA. Entendemos, portanto, que, se essas questões ainda merecem uma reflexão por parte daqueles pesquisadores que se intitulam linguistas aplicados, na perspectiva dos alunos, então, tais reflexões faziam por merecer uma abordagem particular, didática e esclarecedora.

Buscamos, dessa forma, ao mesmo tempo em que delineávamos o perfil das pesquisas desenvolvidas nessa grande área, definir a nossa própria identidade como pesquisadores integrantes de um programa de pós-graduação. Isso conduzia a um grande desafio: como reunir em uma só área profissionais que desenvolviam pesquisas linguísticas orientadas por aportes teóricos tão diferentes, mas que, mesmo assim, conseguiam se identificar como um grupo com interesses comuns. Digamos que o fator unificador seja o próprio objeto de investigação, constituído pelos usos da linguagem. O objeto é o mesmo, não obstante os recortes teóricos e os diferentes olhares que são lançados sobre ele. A partir daí, essa percepção foi ganhando a forma de um título – *Linguística Aplicada: um caminho com diferentes acessos*.

Caminho, acessos, fronteiras... Há fronteiras delimitadoras para se trabalhar a língua em uso, em suas mais diferentes formas de linguagem? Acreditamos que não, e foi isso que nos fortaleceu na convicção de que aos poucos a proposta do livro iria adquirindo uma configuração interdisciplinar homogeneamente delimitada.

Aos dois primeiros capítulos, coube a proposta de tentar evidenciar esses domínios transdisciplinares da LA e, novamente, por extensão, do próprio livro. O capítulo de Luiz Paulo da Moita Lopes, *Da aplicação de Linguística à Linguística Aplicada Indisciplinar,* aborda a história da LA refletindo sobre as sucessivas viradas que definiram seu escopo de ação durante o século XX. Neste capítulo o autor chama a atenção para o fato de a LA ter evoluído de seus interesses iniciais pelo ensino de línguas estrangeiras até a consideração da língua como um elemento central nos estudos das Ciências Sociais. Moita Lopes considera, então, que nessa nova perspectiva, os pesquisadores começam a assumir o valor essencial do ser humano na rica mobilidade do fronteiriço. Por sua vez, *Sessenta anos de Linguística Aplicada: de onde viemos e para onde vamos,* de Vera Menezes, Marina M. dos Santos e Iran F. Alvarenga, apresenta uma esclarecedora exposição histórica do nascimento e definição da LA e da sua evolução mais recente. O capítulo de Stella Maris Bortoni, *O tratamento do conceito de relativismo cultural nas séries iniciais da escolarização,* avança neste sentido. Trata das possibilidades educativas da LA quando acompanhada de uma bem-sucedida linguagem didática no contexto escolar, de modo a ajudar a desenvolver nos alunos o respeito, a tolerância e o valor pela heterogeneidade e, consequentemente, pelas minorias sociais ou pelos grupos marginalizados.

Os capítulos seguintes dão continuidade ao percurso interdisciplinar da LA, introduzindo reflexões baseadas em diferentes perspectivas teóricas. Assim, na compreensão de que a língua é, acima de tudo, um fato social e situado sob a ótica da Linguística Sistêmico-Funcional, o capítulo de Carla L. Reichmann, *Ensinar, escrever, refazer(-se): um olhar sobre narrativas docentes e identidades,* trata a escrita de diários por parte dos professores como uma hábil ferramenta para o autoconhecimento e para a percepção das suas influências no processo de letramento, de modo que se possa perceber como se reformulam gêneros e discursos. Nessa mesma linha de reflexão, a necessidade de os professores lidarem com seus hábitos didáticos em um trabalho constante de revisão e formulação do pensamento e do seu desempenho em sala de aula monitora o capítulo *Imagens no espelho: reflexões sobre a prática docente,* de Betânia Passos Medrado.

Os aportes teórico-metodológicos do Interacionismo Sociodiscursivo, que consideram os gêneros textuais como legítimos representantes das práticas de linguagem socialmente indexadas, direcionam o capítulo *A constituição social e psicológica do texto escrito*. Nele, Regina Celi Pereira apresenta um estudo sobre o uso desses aportes no desenvolvimento da escrita em alunos da 1ª e da 2ª séries, de maneira que se revelem as possibilidades da escrita como uma prática social inclusiva.

Partindo de um acesso antropológico que pretende evidenciar a necessidade da crítica da linguagem, entendida como pensamento, Pilar Roca focaliza, em *Relações de simulação e relações de autenticidade no ensino de línguas vivas*, as diferenças entre o ensino de línguas vivas baseado na necessidade de adequação a um método e o ensino que trata a língua respeitando o princípio de relação, presente no exercício do conhecimento.

Numa perspectiva sociossemiótica, em *Do texto às imagens: novas fronteiras do letramento visual*, Danielle Almeida explora a importância de textos visuais e outros sistemas semióticos multimodais serem incorporados ao conceito vigente de letramento, devido ao fato de igualmente constituírem sistemas de valores sociais dotados de significados ideológicos.

Tem-se, então, um passeio teórico por acessos legitimados e permitidos àqueles que se intitulam pesquisadores em LA. Ao longo desse caminho, é possível constatar que não existem fronteiras demarcadas que impeçam o pleno exercício de investigação e análise dos usos da linguagem em seus mais diferentes contextos e sob os mais variados olhares.

As organizadoras

Da aplicação de Linguística à Linguística Aplicada Indisciplinar

Moita Lopes

> "As coisas podem estar ocorrendo da mesma maneira, tanto para os pesquisados quanto para [....] os pesquisadores: eles não têm alternativa. Entretanto, em seu desamparo, ajudam-se mutuamente a permanecer com as muletas conceituais do passado, ainda que percebam claramente a fragilidade dessas muletas antiquadas."
>
> Beck

Este capítulo tem o objetivo de historicizar alguns dos discursos que construíram e constroem o campo da Linguística Aplicada (LA), de modo que, colocando-o em perspectiva, seja possível compreender como essa área de investigação se constitui atualmente. Já parto, portanto, do pressuposto básico de que, em LA, da mesma forma que em outras áreas do conhecimento, estamos diante de uma série de discursos que socialmente fizeram essa área operar, de uma forma ou de outra, de acordo com o pensamento intelectual da época, ou seja, o *zeitgeist* que orientava os pesquisadores. Entendo que os discursos da ciência, como outros, são construções sociais que, em certos momentos, abalizam certas compreensões de produzir conhecimento, excluindo outras.

Uma área que começa nos anos 1940, com o interesse por desenvolver materiais para o ensino de línguas durante a Segunda Guerra Mundial, vai ter uma Associação Internacional (a AILA) constituída em 1964, quando ocorre o primeiro evento internacional de LA. Já o primeiro Congresso Internacional de Linguística foi realizado em 1928 (DE GEORGE e DE GEORGE, 1928, p. 19), o que, se por um lado demonstra a precocidade da Linguística, por outro mostra como a LA é um campo de investigação relativamente novo.

O que não quer dizer, entretanto, que temas referentes ao campo de ensino de línguas não tenham sido uma preocupação desde tempos imemoriais. O primeiro compêndio contendo teorização sobre o ensino de línguas acredita-se ter sido escrito em 1632, por Jan Amos Comenius, o chamado "Pai da Educação Moderna", no livro *Janua Linguarum Reserata* (1632), ou seja, *O Portão Destrancado das Línguas*. Teria sido Comenius o primeiro linguista aplicado? Desde Comenius, os discursos que construíram essa área de investigação se tornaram bastante complexos. E, como vou mostrar posteriormente, hoje a LA se constrói também bem distante do campo de ensino de línguas. Penso que Comenius ficaria surpreso se lesse o que se escreve atualmente sobre concepções contemporâneas de LA, como, por exemplo, em Moita Lopes (2006), com as quais este capítulo se encerra.

Linguística Aplicada como aplicação de Linguística

O campo da LA começa enfocando a área de ensino/aprendizagem de línguas, na qual ainda hoje tem grande repercussão. Essa área se inicia, então, como resultado dos avanços da Linguística como ciência no século XX, constituindo-se como o estudo científico do ensino de línguas estrangeiras, notadamente com Charles Fries e Robert Lado nos Estados Unidos, e seu foco de interesse também passa, já nos anos 60 do mesmo século, a abarcar questões relativas à tradução (TUCKER, s/d). Não é de estranhar, portanto, que a Linguística, um dos grandes campos das Ciências Humanas, do início do século XX, no auge do Estruturalismo, cujos princípios e técnicas de análise influenciaram outros campos de investigação como a Antropologia, a Semiótica, a Literatura etc. (DE GEORGE e DE GEORGE, 1972, pp. 18-20) fosse também interessar àqueles que se debruçavam sobre a questão do ensino de línguas e da tradução. Parecia natural que uma área que focalizava o fenômeno da linguagem, com influência tão profunda no modo como o Estruturalismo se espraiou em muitas disciplinas, tivesse algo a dizer àqueles que se interessavam pelo ensino de línguas.

Daí decorrerem duas compreensões para a concepção de LA, sendo as duas entendidas como aplicação de Linguística. Afinal, aplicar Linguística não era de certa forma muito diferente do que outros campos estavam fazendo ao usarem os princípios do estruturalismo linguístico na Antropologia e na Semiótica, por exemplo. Por um lado, aplicava-se Linguística à descrição de línguas, como é o caso dos livros de Souza e Silva e Koch, de 1983, intitulados *Lingüística Aplicada ao Português: sintaxe e morfologia*; e, por outro, ao ensino de línguas, notadamente estrangeiras (por exemplo: CHASTAIN, 1971). Foi assim que, de fato, a LA começou.

Na Inglaterra, pode-se dizer que essa história tem início em 1957, com a fundação do Departamento de Linguística Aplicada de Edinburgh (TUCKER, s/d), de onde saíram Pit Corder, Widdowson, Davies, provavelmente três dos maiores linguistas aplicados de então, e cuja relevância é perceptível até hoje. A série de livros (*The Edinburgh Course in Applied Linguistics*), organizados por Allen e Corder (1973, 1974 e 1975) e Allen e Davies (1977), exerceu uma grande influência e é enriquecedor examinar os sumários dos livros publicados então, para entender como operavam dentro do paradigma de aplicação de Linguística, o que, claro, Widdowson e outros modificaram mais tarde, como vou mostrar. É esclarecedor reler, especialmente, o famoso livro de Pit Corder de 1973, *Introducing Applied Linguistics*, no qual o autor indica que as decisões sobre a elaboração de programas e de materiais para o ensino de línguas que o linguista aplicado tem que fazer devem ser guiadas "pela nossa compreensão atual da natureza da linguagem" (CORDER, 1973, p. 12), claramente uma profissão de fé em relação à relevância da Linguística para o ensino de línguas de forma científica. Como, aliás, Corder deixa claro:

> [Este livro] versa sobre a contribuição que as descobertas e métodos daqueles que estudam a linguagem cientificamente, ou seja, o linguista, o psicolinguista e o sociolinguista (para mencionar somente os grupos mais importantes) podem fazer para solucionar alguns dos problemas que surgem no planejamento, organização e elaboração de um programa de ensino de língua (CORDER, 1973, p. 10).

Vejamos o sumário do livro:

Parte 1 – Linguagem e ensino de línguas
1. Visões de linguagem
2. Funções da linguagem
3. A variabilidade da linguagem
4. Linguagem como sistema simbólico

Parte 2 – Linguística e ensino de línguas
5. Linguística e ensino de línguas
6. Psicolinguística e ensino de línguas
7. Linguística Aplicada e ensino de línguas
8. A descrição das línguas: uma aplicação primária da teoria linguística

Parte 3 – As técnicas da Linguística Aplicada
9. Seleção 1: A comparação de variedades
10. Seleção 2: Estudos linguísticos contrastivos
11. Seleção 3: O estudo da língua do aprendiz: análise de erros
12. Organização: A estrutura do programa
13. Apresentação: As gramáticas pedagógicas
14. Avaliação, validação e testagem

Esse sumário, assim como outros da famosa série intitulada *The Edinburgh Course in Applied Linguistics*, publicada de 1973 a 1977, já mencionada, indicam a dependência da Linguística ou de como se entendia LA como aplicação de Linguística, então, e constituíam verdadeiros compêndios de como fazer LA, nos anos 70 e no início dos anos 80. Não posso deixar de relembrar meu encantamento com tais livros naquela época. Eis uma das vantagens de envelhecer e ter memória: sabe-se como as histórias começam e têm prosseguimento, e, principalmente na universidade, como os modos de produzir conhecimento se modificam.

Como se pode ver, a primeira parte do livro de Corder dá conta de teorização linguística; a segunda focaliza a aplicação ao ensino e aponta a descrição linguística como aplicação primária de teoria linguística (o que já indiquei anteriormente) e, terceira, as técnicas para fazer LA ao ensino de línguas: a seleção do que vai entrar no programa e no material de ensino e, a seguir, como tais itens selecionados são organizados no ensino: a estrutura do programa, a gramática pedagógica e a avaliação do processo de ensino.

Com o advento da Linguística Transformacional, o percurso aplicacionista da LA continuou. Meu próprio primeiro artigo publicado em LA é na vertente aplicacionista e se intitulava *O ensino de línguas estrangeiras: considerações baseadas no modelo gerativo-transformacional* e foi publicado em 1979. Lembro também de um trabalho de John Schmitz em que o autor mostrava a aplicação da Gramática Gerativo-Transformacional. Especificamente, tratava das vantagens para a aprendizagem de ensinar alunos de Português como língua materna a se envolverem em análises que tornassem visíveis a chamada estrutura profunda das sentenças. No entanto, as advertências de Chomsky, já muito conhecidas agora, fizeram-se ouvir. Ao participar de um evento sobre ensino de línguas estrangeiras em 1965, Chomsky (1971, p. 152) diz: "Francamente, sou muito cético sobre a significância, para o ensino de línguas, de tais *insights* e compreensões conforme demonstrados na Linguística e na Psicologia".

O descrédito com o qual um dos linguistas mais renomados se referia à vertente aplicacionista na LA não impediu, porém, as tentativas de linguistas aplicados, convencidos que estavam de que a validade de tal aplicação cabia a eles próprios determinarem. Diga-se que essa vertente ainda persiste atualmente.

A primeira virada: da aplicação de Linguística à Linguística Aplicada

É somente com o trabalho de Widdowson, também no final dos anos 1970, que aparece a distinção entre LA e aplicação de Linguística. Escrevendo como linguista aplicado, Widdowson vai colocar um questionamento severo à vertente aplicacionista.

> É uma suposição comum entre professores de línguas [como resultado das percepções de linguistas, preferiria acrescentar] que sua área deva ser de algum modo definida por referência a modelos de descrição linguística criados por linguistas. [...] Essa mesma suposição domina a linguística aplicada. O próprio nome é uma proclamação de dependência. Bem, não tenho nada contra linguistas. Alguns de meus melhores amigos são linguistas etc. Mas acho que devemos ter cuidado com sua influência [...] E quero sugerir que a própria linguística aplicada como um ramo teórico da pedagogia de ensino de línguas deva procurar um modelo que sirva seu propósito (WIDDOWSON, 1979a/1977, p. 235).

Aqui se percebem duas características das propostas de Widdowson: uma restrição da LA a contextos educacionais e a necessidade de uma teoria linguística para a LA que não seja dependente de uma teoria linguística. Ou, como ainda diz Widdowson (1979a, p. 235): "a Linguística Aplicada só pode ser uma área autônoma de investigação na medida em que se livrar da hegemonia da linguística e negar as conotações de seu próprio nome". E, na verdade, perspicazmente, Widdowson, no mesmo capítulo, ainda afirma que ideias intuitivas e de senso comum sobre a linguagem podem ser muito mais úteis para o ensino de línguas, uma vez que o aprendiz e o analista operam sob condições de relevância diferentes: "não há nenhuma razão para supor, então, que os linguistas tenham qualquer acesso privilegiado à realidade" (WIDDOWSON, 1979a, p. 236). A afirmação é extremamente ousada ainda hoje. Tenho certeza de que causa surpresa a muitos, que estão ainda absortos com as vantagens das teorias e descrições linguísticas para o ensino de línguas.

Portanto, na perspectiva de Widdowson, o modelo que deve interessar ao linguista aplicado é aquele que capta a perspectiva do usuário. Propõe em outro capítulo, porém, que a LA seja uma área que faça a mediação entre a teoria linguística e o ensino de línguas (WIDDOWSON, 1979b), ou seja, na verdade, não descarta totalmente a teoria linguistica. Essa discussão vai, então, estabelecer um campo de investigação que começa a se formular como área mediadora, reconhecendo ainda que os tipos de conhecimentos que podem ser relevantes para a investigação dos processos de ensino de línguas necessitam ir além daqueles formulados pela Linguística (tanto da Linguística do sistema como da do discurso). O objeto de investigação, porém, passa a ser também construído com base na relevância que teorias de outros campos do conhecimento possam ter para sua compreensão. Tal tendência é notada nas publicações de Widdowson (1983), que utilizava então conhecimentos advindos principalmente da teoria linguística, da Psicologia Cognitiva e da Sociologia.

A compreensão subjacente é que nenhuma área do conhecimento pode dar conta da teorização necessária para compreender os processos envolvidos nas ações de ensinar/aprender línguas em sala de aula devido a sua complexidade. Aqui o pensamento de Widdowson proporciona um avanço: a um só tempo nos livramos da relação unidirecional e aplicacionista entre teoria linguística e ensino de línguas e abrimos as portas para outras áreas do conhecimento de forma a se operar de modo interdisciplinar. No Brasil, há uma série de artigos publicados nos anos 1980-90, quando se pode dizer que a LA brasileira começa a tomar força, que seguem tal caminho (CAVALCANTI, 1986; KLEIMAN, 1990; CELANI, 1990; MOITA LOPES, 1990).

A questão da interdisciplinaridade, que se tornou quase um dos truísmos em epistemologias contemporâneas, já era apontada na LA nos anos 80, embora seja necessário reconhecer que fosse sempre mais defendida como plataforma do que de fato executada. Havia e ainda há uma preponderância de teorização linguística, agora principalmente de uma linguística do discurso, o que já me levou a dizer que na LA temos "interdisciplinaridade, *pero no mucho!*" (MOITA LOPES, 2006, p. 20).

Deve-se acrescentar que muito do que se entende por LA internacionalmente nessa época e, em grande parte do mundo, até hoje se restringe ao campo de ensino e aprendizagem de Inglês. Tanto que muitos autores, como Kumaravadivelu (2006), ressaltam que a LA, diferentemente do que ocorre no Brasil e em outros países, está restrita a questões de ensino e aprendizagem de Inglês. É notável, porém, o fato de muitos dos que hoje pesquisam neste campo no Brasil terem começado como pesquisadores no campo do Inglês, e que muitos desses ainda hoje estão lotando os Departamentos de Inglês, apesar de suas pesquisas focalizarem outros tópicos e contextos interacionais. Mas isso não é um fenômeno só da LA: a lotação departamental cada vez mais deixa de refletir os interesses de pesquisa dos professores, provavelmente como efeito de percursos interdisciplinares de investigação que passaram a ser prestigiados na universidade, em alguns círculos. Daí o fato de algumas universidades preferirem as organizações dos professores por projetos de pesquisa, e não mais por departamentos.

Ainda em relação à predominância de questões relacionadas ao processo de ensino e aprendizagem de Inglês na LA, muitos autores (PENNYCOOK, 1998; CANAGARAJAH, 2002) têm chamado a atenção para o papel colonialista desse campo que, no bojo da importância que o inglês teve no tempo da Guerra Fria e que é ainda mais evidente hoje, em tempos de globalização, transformou-se para muitos linguistas aplicados de países centrais (notadamente, estadunidenses e ingleses) em um modo de vida, ou seja, uma maneira de vender suas teorias, seus livros e métodos de ensino de Inglês: um grande negócio, sem nenhuma preocupação com as práticas e as vidas locais. Teorizações sobre práticas de ensinar e aprender Inglês e de influenciar políticas públicas locais colonizaram e continuam a colonizar o mundo como um novo evangelho, por assim dizer, principalmente devido aos interesses mercantilistas que subjazem em tal língua. Não se pode deixar de reconhecer a função colonialista da LA, como tem sido feito também em relação a seu papel na própria definição do que conta como línguas na África (MAKONI e MEINHOF, 2006).

A segunda virada: Linguística Aplicada em contextos institucionais diferentes de escolares

A outra grande virada na LA ocorre quando, abandonando a restrição de operar somente em investigação em contextos de ensino e aprendizagem de línguas estrangeiras (notadamente, Inglês, embora ainda preponderante) e tradução, o campo começa a pesquisar contextos de ensino e aprendizagem de língua materna, no campo dos letramentos, e de outras disciplinas do currículo, e em outros contextos institucionais (mídia, empresa, delegacia de polícia, clínica médica etc.). Foram essenciais aqui os *insights* de teorias socioculturais, na linha de Vygotsky e Bakhtin, sobre a relevância de entender a linguagem como instrumento de construção do conhecimento e da vida social, recuperados em muitas áreas de investigação. Essa mudança passa a ser bem perceptível no Brasil a partir dos anos 90.

Ao compreender a linguagem como constitutiva da vida institucional, a LA passa a ser formulada como uma área centrada na resolução de problemas da prática de uso da linguagem dentro e fora da sala de aula, ou seja, "a preocupação [é] com problemas de uso da linguagem situados na práxis humana" (MOITA LOPES, 1996, p. 3), para além da sala de aula de línguas. O que se torna capital é a natureza da situada da ação e o estudo dos atores sociais nesta perspectiva agindo por meio da linguagem: uma preocupação que passou a ser crucial em outras áreas do conhecimento. Assim, falava-se então em "aprendizagem situada" (LAVE e WENGER, 1991); em "discurso situado" (DURANTI e GOODWIN, 1992) ou em "interação situada" (GUMPERZ, 1992). E o interesse passa a ser "a situacionalidade cultural, institucional e histórica da ação humana" (WERTSCH, 1991, p. 8), que é levada a termo pelo discurso/interação. Uma percepção que só pode ser incorporada à LA por conta de seu olhar interdisciplinar.

Estamos diante de uma formulação de LA bem distante daquela centrada no ensino e aprendizagem de Inglês e que, ao começar a se espraiar para outros contextos, aumenta consideravelmente seus tópicos de investigação, assim como o apelo de natureza interdisciplinar para teorizá-los. Mas, no final do século XX e no início do século XXI, as mudanças tecnológicas, culturais, econômicas e históricas vivenciadas iniciam um processo de ebulição nas Ciências Sociais e nas Humanidades, que começam a chegar à LA. Para aqueles que levaram o projeto da interdisciplinaridade a sério, tentando fazer a LA caminhar pelas lógicas de outras disciplinas e teorizando os objetos de investigação de maneira complexa, não havia outro percurso. Embora em 1996, no livro *Oficina de Linguística Aplicada*, eu já houvesse indicado que a LA é um campo das Ciências Sociais, é somente agora que essa compreensão começa a ser mais desenvolvida (vejam, neste sentido, o livro intitulado *Applied Linguistics as Social Science*, de Sealey e Carter, de 2004, assim como o livro que publiquei em 2006: *Por uma Linguística Aplicada Indisciplinar*).

Os questionamentos que as Ciências Sociais colocavam à modernidade e as indagações sobre como o sujeito social era teorizado de forma homogênea, tendo as diferenças que o constituem apagadas no interesse de prestigiar aqueles colocados em posição de hegemonia nas assimetrias sociodiscursivas, foram fundamentais ao fazer o vasto campo das Ciências Sociais e Humanas se reteorizarem em termos de visões pós-estruturalistas, feministas, antirracistas, pós-coloniais e *queer*. As implicações da redescrição do sujeito social são centrais nessa vertente e têm desdobramentos epistemológicos cruciais, conforme vou me referir posteriormente.

Linguística Aplicada Indisciplinar

É assim que chegamos à formulação do que tenho chamado de uma LA Indisciplinar e outros de antidisciplinar ou transgressiva (PENNYCOOK, 2006) ou de uma LA da desaprendizagem (FABRÍCIO, 2006). É uma LA que deseja, sobremodo, falar ao mundo em que vivemos, no qual muitas das questões que nos interessavam mudaram de natureza ou se complexificaram ou deixaram de existir. Como Ciência Social, conforme muitos formulam a LA agora, em um mundo em que a linguagem passou a ser um elemento crucial, tendo em vista a hiperssemiotização que experimentamos, é essencial pensar outras formas de conhecimento e outras questões de pesquisa que sejam responsivas às práticas sociais em que vivemos. É sobre essa LA que desejo agora discutir.

Ela é indisciplinar tanto no sentido de que reconhece a necessidade de não se constituir como disciplina, mas como uma área mestiça e nômade, e principalmente porque deseja ousar pensar de forma diferente, para além de paradigmas consagrados, que se mostram inúteis e que precisam ser desaprendidos (FABRÍCIO, 2006) para compreender o mundo atual. Ou, como diz Stuart Hall (1996) em relação à teorização pós-colonial: um modo de pensar que tem como objetivo atravessar/violar limites ou tentar "pensar nos limites" ou "para além dos limites". Uma LA que, talvez, seja mais bem entendida como transdisciplinar, no sentido de que deseja atravessar as fronteiras disciplinares, continuamente se transformando.

Essa LA que entendo como "um modo de criar inteligibilidade sobre problemas sociais em que a linguagem tem um papel central" (MOITA LOPES, 2006, p. 14) perde o caráter solucionista que acompanhou a LA por muitos anos (LA como uma área que tentava solucionar problemas) devido a uma forte tendência positivista do que muitos chamam hoje de LA modernista (PENNYCOOK, 1998). E abandona definitivamente sua preocupação em se limitar à Linguística como um componente teórico essencial, uma vez que muitas das compreensões mais relevantes sobre a linguagem no mundo atual, devido à chamada "virada linguística", podem vir de outros campos do conhecimento (da Geografia, da

Sociologia, da Comunicação, por exemplo) do que propriamente da Linguística (ainda que em um sentido macro). Como diz Pennycook (2006, p. 74), "a linguística (na maioria de suas manifestações atuais, é de uso limitado) e, no pior dos casos, tira nossa atenção das questões que precisamos focalizar". Essa é uma ideia impactante, mas que faz todo sentido em relação a esse modo contemporâneo de fazer LA. Não quer dizer que prescindamos de teorizações sobre linguagem, mas que elas podem não vir do campo de estudos linguísticos ou que tais teorizações possam ser construídas nos entrecruzamentos disciplinares. Nas teorizações sobre linguagem que tenho construído, tem sido extremamente útil, por exemplo, o pensamento do geógrafo Milton Santos (2000) e sua compreensão da relevância do discurso no mundo contemporâneo.

Devo dizer que não vejo esse caminho como a única construção possível para a LA, nem como a principal. E também não estou dizendo que todos devam seguir essa cartilha. Como diz Rampton (1997, 2006), a LA está se tornando "um espaço aberto com múltiplos centros", no qual nos deparamos com modos diferentes e próximos de fazer LA. Não há um cânone para a LA, assim como não existe também para outros campos de estudos da linguagem, como para a Sociolinguística e para a Análise do Discurso, a despeito das guerras teóricas: uma visão que desequilibra os alicerces do poder acadêmico e suas igrejas.

A perspectiva da indisciplinaridade em LA requer um nível alto de teorização inter/transdisciplinar (o que envolve ler em vários campos do conhecimento, participar de eventos em outras áreas etc.), embora não seja absolutamente uma unanimidade. Ao contrário, muitos dos linguistas aplicados que ajudaram a fazer a LA em que me formei e que orientaram diretamente minhas dissertações e tese estão em desacordo, principalmente porque lamentam o fim de uma LA coesa que ajudaram a fundar (Davies, 1999).

O fato é que as áreas de conhecimento mudam e novos modos de produzir conhecimento são reinventados, e aos pesquisadores, como sempre, cabe escolher os caminhos a seguir. É fato que o percurso que estou traçando mostra claramente como a área de LA tem se repensado continuamente, o que também, devo dizer, está acontecendo em outros campos: provavelmente, um repensar característico das sociedades reflexivas em que vivemos (Giddens, Beck e Lash, 1997). Além disso, se muitas de nossas crenças desapareceram em vista dos desafios que vivemos, é natural que aquelas de natureza epistemológica precisem ser repensadas.

O sociólogo português Boaventura Santos (2006), por exemplo, tem defendido uma forma de produzir conhecimento que seja também uma maneira de politizar a vida social: um paradoxo para muitos que ainda acreditam em ciência como produção de verdade. Outros, na Sociologia, na Geografia e nos Estudos Culturais (MILTON SANTOS, 2000; ZIZEK, 2004; MUSHAKOJI, 1999; SCOTT, 1999), têm chamado a atenção para a necessidade de ouvir as vozes das periferias ou daqueles que foram alijados dos benefícios da modernidade (os negros, os homossexuais, as mulheres, os povos colonizados etc.), não só como uma forma de produzir conhecimento sobre eles, mas principalmente pelo interesse em entender como suas epistemes, desejos e vivências podem apresentar alternativas para o nosso mundo.

Para finalizar, quero pontuar algumas das características de uma LA Indisciplinar:

Quem é o sujeito da LA?

É necessário reteorizar o sujeito social em sua heterogeneidade, fluidez e mutações, atrelando a esse processo os imbricamentos de poder e desigualdade inerentes. Tradicionalmente, o sujeito da LA tem sido um ser sem gênero, raça e sexualidade. Ou, no máximo, tem sido construído com um gênero, raça e sexualidade fixos do qual não consegue escapar; com a linguagem refletindo o que ele é, ao invés de ser compreendida como um lugar de construção da vida social e, portanto, dele mesmo.

Em que práticas discursivas tal sujeito é construído?

É essencial compreender que a racionalidade e os significados não são anteriores a seus usos em nossas performances nas práticas discursivas; portanto, não existem como formas universais e a-históricas. Somos os discursos em que circulamos, o que implica dizer que podemos modificá-los no aqui e no agora. A racionalidade tem corpo e história: é um reino da ideologia.

O que é a produção de conhecimento?

Ao problematizar a produção do conhecimento e o poder por trás de tal prática, a epistemologia que nos guia deve seguir uma lógica antiobjetivista e antipositivista. Não é possível basear-se em relações de causa e efeito, tendo em vista a complexidade das práticas em que vivemos. Nossa preocupação deve ser criar inteligibilidade sobre a questão que estudamos.

Como não separar política de pesquisa?

Em um mundo atravessado pelo poder de forma multidirecionada e que apresenta desafios para uma série de significados sobre quem somos, que constituíram o cerne da modernidade, é crucial pensar formas de fazer pesquisa que sejam também modos de fazer política ao tematizar o que não é tematizado e ao dar a voz a quem não tem.

Por que é crucial pensar a questão ética?

Tendo em vista a multiplicidade de discursos com que nos defrontamos atualmente, muitos deles entendidos no passado como ilegítimos, tornou-se crucial submeter todas as nossas práticas, inclusive as de pesquisa, a princípios de natureza ética, uma vez que nem todos os significados são válidos. Tais princípios nos devem fazer avaliar as vantagens que levamos em detrimentos de outros, assim como nos devem fazer recusar significados que façam sofrer, um parâmetro do qual não podemos nos afastar.

Qual é o desafio do trabalho indisciplinar?

Atravessar fronteiras no campo do conhecimento, assim como na vida, é expor-se a riscos. Mas um desafio que se deve encarar com humildade e com a alegria de quem quer entender o outro em sua perspectiva. A posição na fronteira é sempre perigosa, já que quem está além da fronteira é aquele que vai se apropriar de nosso conhecimento, vai falseá-lo ou usá-lo incorretamente. Mas ele pode ser também aquele que vai nos fazer refletir, pensar de outra forma ou ver o mundo com um outro olhar. Em sociedades que se constituem cada vez mais de forma mestiça, nômade e híbrida, não seriam as epistemologias de fronteira essenciais para compreender tal mundo? Lembro aqui Mignolo (2000), que nos exorta a pensar por meio de uma epistemologia de fronteira em um mundo de desígnios globais e histórias locais.

Uma palavra final

Se os desafios que apresentam os discursos que constroem alguns modos contemporâneos de fazer LA são muitos, eles também são auspiciosos. Colocados em perspectiva, como tentei fazer neste capítulo, eles mostram o longo caminho que percorremos como uma área que se construía inicialmente como aplicação de Linguística ao ensino de línguas estrangeiras até hoje, quando, de modo indisciplinar, informada por teorizações que têm colocado indagações para as Ciências Sociais e as Humanidades, procura criar inteligibilidade sobre práticas sociais em que a linguagem desempenha um papel central. Além disso, pensar sobre os caminhos da LA contemporânea pode nos prover outros modos de compreender nosso futuro como pesquisadores nesse campo, ao passo que também apresenta novas formas de politizar a vida social para além das histórias que nos contaram sobre quem somos: uma indagação à qual a LA contemporânea precisa responder. Afinal, fazer pesquisa nesse campo pode ser uma forma de repensar a vida social.

Bibliografia

ALLEN, J. P. B.; CORDER, S. Pit (Eds.). **Readings for Applied Linguistics**. Oxford: O.U.P., 1973. (The Edinburgh Course in Applied Linguistics, v. 1).
_____. **Papers in Applied Linguistics**. Oxford: O.U.P., 1975. (The Edinburgh Course in Applied Linguistics, v. 2).
_____. **Techniques in Applied Linguistics**. Oxford: O.U.P., 1974. (The Edinburgh Course in Applied Linguistics, v. 3).
_____; DAVIES, A. (Eds.). **Testing and Experimental Methods**. Oxford: O.U.P.,1977. (The Edinburgh Course in Applied Linguistics, v. 4).
BECK, U. A reinvenção da política: rumo a uma teoria da modernização reflexiva. In: GIDDENS, A.; BECK, U.; LASH, S. **Modernização Reflexiva**. São Paulo: Editora da UNESP, 1997.
CANAGARAJAH, S. Globalization, Methods and Practice in Periphery Classrooms. In: BLOCK, D.; CAMERON, D. (Orgs.). **Globalization and Language Teaching**. Londres: Routledge, 2002.
CAVALCANTI, M. A propósito de Linguística Aplicada. In: **Trabalhos em Linguística Aplicada**. Campinas, SP, v. 7, n. 2, pp. 5-12, 1986.
CHASTAIN, K. **The Development of Modern Language Skills**: Theory to Practice. Chicago: Rand McNally & Company, 1971.
CHOMSKY, N. Language Teaching. In: ALLEN, J. P. B.; BUREN, P. Van (Eds.). **Chomsky: Selected Readings**. Londres: Oxford University Press, 1971.
CELANI, M. A. A. Afinal, o que é Linguística Aplicada? In: PASCHOAL, M. S. Z. de; CELANI, M. A. A. (Orgs.). **Linguística Aplicada**: da aplicação da linguística à linguística aplicada transdisciplinar. São Paulo: EDUC, 1990/1992.
CORDER, S. Pit. **Introducing Applied Linguistics**. Harmmondsworth: Penguin Education, 1973.
FABRÍCIO, B. F. Linguística Aplicada como espaço de desaprendizagem: redescrições em curso. In: MOITA LOPES, L. P. (Org.) **Por uma Linguística Aplicada Indisciplinar**. São Paulo: Parábola, 2006.
DAVIES, A. **Introduction to Applied Linguistics**: from Practice to Theory. Edimburgo: Edinburgh University Press, 1999.
DE GEORGE, R.; DE GEORGE, F. **The Structuralists**: From Marx to Lévi-Strauss. New York: Anchor Books, 1972.
DURANTI, A.; GOODWIN, C. (Eds.). **Rethinking Context**. Cambridge: CUP, 1992.
GIDDENS, A.; BECK, U.; LASH, S. **Modernização Reflexiva**. São Paulo: Editora da UNESP, 1997.
GUMPERZ, J. Contextualizing and Understanding. In: DURANTI, A.; GOODWIN, C. (Eds.). **Rethinking Context**. Cambridge: CUP, 1992.
HALL, S. Who needs 'identity'? In: HALL, S.; GAY, P. du. (Eds.). **Questions of Cultural Identity**. Londres: Sage, 1996.
KLEIMAN, A. Afinal, o que é Linguística Aplicada? **Intercâmbio**, v. 2, 1990. pp. 22-31.
KUMARAVADIVELU, B. A Linguística Aplicada na era da globalização. In: MOITA LOPES, L. P. (Org.). **Por uma Linguística Aplicada Indisciplinar**. São Paulo: Parábola, 2006.
LAVE, J.; WENGER, E. **Situated Learning**. Cambridge: CUP, 1991.
MAKONI, S.; MEINHOF, U. Linguística Aplicada na África: desconstruindo a noção de língua In: MOITA LOPES, L. P. (Org.). **Por uma Linguística Aplicada Indisciplinar**. São Paulo: Parábola, 2006.
MIGNOLO, W. **Local Histories/Global Designs**. Coloniality, Subaltern Knowledges and Border-Thinking. Princeton: Princeton University Press, 2000.
MOITA LOPES, L. P. O ensino de línguas estrangeiras: considerações baseadas no modelo gerativo-transformacional. **Revista Legenda**, Rio de Janeiro, v. 12, n. 2, 1979, pp. 47-55.

_____. Afinal, o que é Linguística Aplicada? **Intercâmbio**, v. 2, 1990. pp. 13-21.
_____. Contextos institucionais em Linguística Aplicada: novos rumos. **Intercâmbio**, v. 5, 1996, pp. 3-14.
_____. **Oficina de Linguística Aplicada**. Campinas, SP: Mercado de Letras, 1996.
_____. (Org.). **Por uma Linguística Aplicada Indisciplinar**. São Paulo: Parábola, 2006.
MUSHAKOJI, K. Em busca de uma nova aliança anti-hegemônica. In: HELLER, A. et al. (1999). **A Crise dos Paradigmas em Ciências Sociais e os Desafios para o Século XXI**. Rio de Janeiro: Contraponto, 1999.
PENNYCOOK, A. A Linguística Aplicada nos anos 90: em defesa de uma abordagem crítica. In: SIGNORINI, I.; CAVALCANTI, M. (Orgs.). **Linguística Aplicada e Transdisciplinaridade**. Campinas, SP: Mercado de Letras, 1998.
_____. Uma Linguística Aplicada Transgressiva. In: MOITA LOPES, L. P. (Org.). **Por uma Linguística Aplicada Indisciplinar**. São Paulo: Parábola, 2006.
RAMPTON, B. Retuning in Applied Linguistics. **International Journal of Applied Linguistics**, vol. 7, n. 1. pp. 3-25, 1997.
_____. Continuidade e mudança nas visões de sociedade em Linguística Aplicada. In: MOITA LOPES, L. P. (Org.). **Por uma Linguística Aplicada Indisciplinar**. São Paulo: Parábola, 2006.
SANTOS, M. **Por uma Outra Globalização**. Rio de Janeiro: Record, 2000.
SANTOS, B. de S. **Renovar la Teoria Crítica y Reinventar la Emancipación Social**. Buenos Aires: Glacso Libros, 2006.
SEALEY, A.; CARTER, B. **Applied Linguistics as Social Science**. Londres: Continuum, 2004.
SCOTT, D. **Refashioning Futures. Criticism after Postcoloniality**. Princeton: Princeton University Press, 1999.
SOUZA-E-SILVA, M. C. P.; KOCH, I. V. **Linguística Aplicada ao Português**: Sintaxe. São Paulo: Cortez, 1983.
_____. **Linguística Aplicada ao Português**: Morfologia. São Paulo: Cortez, 1983.
TUCKER, R. Applied Linguistics. Disponível em: <http://www.lsadc.org/info/ling-fields-applied.cfm>, acesso em: 1 de novembro de 2007.
WERTSCH, J. **Voices of the Mind**. Cambridge, Mass : Harvard University Press, 1991.
WIDDOWSON, H. G. The Partiality and Relevance of Linguistic Description. In: **Explorations in Applied Linguistics**. Oxford: Oxford University Press, 1979a.
_____. Linguistic Insights and Language Teaching Principles. In: **Explorations in Applied Linguistics**. Oxford: Oxford University Press, 1979b.
_____. **Learning Purpose and Language Use**. Oxford: Oxford University Press, 1983.
ZIZEK, S. **O novo eixo da luta de classes**. Caderno Mais! 5/9/2004, Folha de S. Paulo, 2004, pp. 8-11.

Sessenta anos de Linguística Aplicada: de onde viemos e para onde vamos

Vera Menezes
Marina Morena Silva
Iran Felipe Gomes

"Conhecer a história da ciência é reconhecer a mortalidade de qualquer reivindicação de verdade universal."
Evelyn Fox Keller

Este capítulo[1] está organizado da seguinte forma: parte histórica e reflexões sobre Linguística Aplicada (LA), de responsabilidade da primeira autora, daí o uso da primeira pessoa do singular; dados sobre os periódicos internacionais, coletados, organizados e analisados pela segunda autora; e dados sobre os periódicos nacionais, coletados, organizados e analisados pelo terceiro autor.

O que é Linguística Aplicada?

Parece haver consenso de que o objeto de investigação da LA é a linguagem como prática social, seja no contexto de aprendizagem de língua materna ou de outra língua, seja em qualquer outro contexto em que surjam questões relevantes sobre o uso da linguagem. Como afirma Kaplan (1985, p. 4), "a noção de que a língua deve ser estudada em relação a um contexto tomou conta do pensamento dos linguistas aplicados" e eu acrescento que isso acontece independentemente das escolhas teóricas e metodológicas. Existe uma suposta separação entre os estudos da LA e os estudos linguísticos, mas, como veremos mais à frente, esse hiato entre as duas áreas está cada vez menos evidente.

A LA nasceu como uma disciplina voltada para os estudos sobre ensino de línguas estrangeiras e hoje se configura como uma área imensamente produtiva, responsável pela emergência de uma série de novos campos de investigação transdisciplinar, de novas formas de pesquisa e de novos olhares sobre o que é ciência.

Cavalcanti (1986, p. 50) registra que a LA "foi vista durante muito tempo como uma tentativa de aplicação de Linguística (teórica) à prática de ensino de línguas", ou seja, voltada para as questões de métodos e técnicas de ensino. Essa tendência ainda é forte na área, mas muitas outras questões emergiram dos contextos escolares, profissionais e midiáticos. Na visão de Kalaja (s.d.), existe uma visão restrita da LA, definida como pesquisa em ensino e aprendizagem, e uma visão ampla – LA a problemas do mundo real. Eu diria que existem três visões: ensino e aprendizagem (ex.: trabalhos sobre estratégias de aprendizagem de língua estrangeira), aplicação de Linguística (ex.: investigações sobre os princípios e parâmetros da Gramática Gerativa na interlíngua de aprendizes de língua estrangeira) e investigações aplicadas sobre estudos de linguagem como prática social (ex.: estudos sobre identidade).

De onde viemos

Segundo Tucker (s.d.), o primeiro curso independente de LA aconteceu na Universidade de Michigan, em 1946, onde lecionavam Charles Fries e Robert Lado. Segundo o mesmo autor, tanto na Inglaterra como nos Estados Unidos, LA significava a aplicação de uma chamada "abordagem científica" ao ensino de línguas estrangeiras. Essas informações são confirmadas no verbete do *Concise Oxford Companion to the English Language*:

> **LINGUÍSTICA APLICADA** – Aplicação da Linguística ao estudo e melhoria do ensino de línguas, aprendizagem de línguas, planejamento linguístico, comunicação entre grupos, terapia de fala e gerenciamento de problemas de fala, sistemas de comunicação, tradução e interpretação e lexicologia. A maior parte dos trabalhos em Linguística Aplicada até agora se concentra em ensino e aprendizagem de língua, especialmente Inglês como língua estrangeira ou segunda língua. O termo deve sua origem aos programas americanos de ensino de línguas durante e após a Segunda Guerra Mundial, amplamente baseados no *Outline Guide for the Practical Study of Foreign Languages* (1942), de Leonard Bloomfield. Esse trabalho foi influenciado pelos iniciadores do Método Direto, em particular Henry Sweet. Em 1948, Charles C. Fries, na Universidade de Michigan, deu início ao periódico *Language Learning: A*

Quarterly Journal of Applied Linguistics, com apoio de Kenneth L. Pike e W. Freeman Twaddell, dentre outros, com o objetivo de disseminar informações sobre o trabalho do Instituto Fries de Língua Inglesa (fundado em 1941). Na Grã Bretanha, uma Escola de Linguística Aplicada foi criada por J. C. Catford, na Universidade de Edinburgh, em 1956, e em Washington, DC, foi fundado o Centro para Linguística Aplicada, sob o comando de Charles Ferguson, em 1959. Institutos semelhantes têm sido criados em várias partes do mundo. Associações nacionais de Linguística Aplicada se uniram, em 1964, para formar a *Association Internationale de la Linguistique Appliquée* (AILA), que organiza um congresso internacional a cada 4 anos com a publicação de anais. [grifos do original][2,3]

É interessante ler o editorial do primeiro volume da revista *Language Learning*, citada no verbete, onde Davis (1948) apresenta uma justificativa para a criação do novo periódico. Segundo ele, os periódicos de Filologia continham artigos sobre aspectos da Linguística Histórica e da Crítica Textual; os de Linguística, apesar dos inúmeros artigos de natureza descritiva, não se preocupavam com as implicações pedagógicas da ciência linguística; e os de Educação se dedicavam a questões pedagógicas gerais. *Language Learning* se propunha, então, a publicar apenas artigos pedagógicos quando o assunto envolvido fosse a língua. O editorial afirmava que os periódicos já estabelecidos e que se dedicavam ao ensino de línguas estrangeiras continham artigos baseados em análises gramaticais convencionais e que essa nova publicação iria priorizar "descobertas indutivas da ciência linguística" nos seguintes campos:

> Linguística descritiva geral, descrição de línguas específicas, comparação descritiva de duas ou mais línguas, a linguagem das crianças, bilinguismo, o ensino de linguística geral, o ensino de línguas específicas, objetivos de ensino, materiais de ensino, métodos de ensino e experimentos educacionais. (DAVIS, 1948, p. 2)

Ao contrário do que diz o verbete do *Concise Oxford Companion to the English Language* e do conceito que se estabeleceu no senso comum, a LA não nasceu como aplicação da Linguística, mas como uma perspectiva indutiva, isto é, uma pesquisa advinda de observações de uso da linguagem no mundo real, em oposição à língua idealizada. Essa nova forma de fazer ciência abalou a academia e se confrontou com a pesquisa tradicional dentro de modelos teóricos e metodológicos muito rígidos.

Atualmente, o periódico, cujo nome mudou para *Language Learning: A Journal of Research in Language Studies*, apresenta, em sua página na web, a seguinte missão:

> *Language Learning* é um periódico científico, dedicado ao estudo da aprendizagem de línguas definida de forma ampla. Ele publica artigos de pesquisa que aplicam, de forma sistemática, métodos de pesquisa de disciplinas tais como Psicologia, Linguística, Ciência Cognitiva, Pesquisa Educacional, Neurociência, Etnografia, Sociolinguística, Sociologia e Semiótica. O periódico tem interesse em questões teóricas fundamentais como a aquisição de línguas por crianças, a aquisição de segunda língua ou de língua estrangeira, educação linguística e bilinguismo.

Como podemos observar, o texto tem dois aspectos centrais: o diálogo com outras disciplinas e as questões teóricas em temas associados à aprendizagem de línguas.

Nos anos 50, a LA se institucionaliza com a fundação, em 1956, da *University of Edinburgh School of Applied Linguistics*, uma iniciativa do Conselho Britânico, e do *Center for Applied Linguistics*, em 1957, com o apoio da Fundação Ford, em Washington (STREVENS, 1991). Atualmente, o foco central das pesquisas do *Center for Applied Linguistics* é o letramento. Já o curso de LA de Edinburgh tem o seguinte objetivo:

> Em Linguística Aplicada, lidamos com o conhecimento sobre a linguagem, como ela funciona e como é usada para contribuir com questões da vida real. Examinamos o uso da linguagem em um número variado de situações sociais (ex. uso da linguagem na conversa cotidiana, em situações educacionais, em contextos médicos etc.). Focamos a variação linguística (ex.: bilinguismo, sotaques, dialetos etc.) *versus* a diversidade social (ex.: gênero, classe, etnia etc.). Consideramos, também, como o conhecimento sobre a língua usada em contextos sociais reais pode impactar a vida das pessoas.

É visível na descrição do curso a diversidade de contextos e de questões da linguagem possíveis de serem estudadas pelo prisma da LA.

A LA se expandiu na segunda metade do século passado, tanto no exterior como no Brasil, com a criação, de Norte ao Sul do país, de muitas linhas de pesquisa, programas de pós-graduação ou área de concentração em LA. Alguns marcos dessa expansão são: (1) a criação, em 1970, do Programa de Linguística Aplicada ao Ensino de Línguas da Pontifícia Universidade Católica de São Paulo (PUC-SP), posteriormente Programa de Pós-Graduação em Linguística Aplicada e Estudos da Linguagem (LAEL), com a criação do doutorado, em 1980, conforme informações na página na web do programa. Na década de 80, o programa lançou a revista *DELTA* (*Documentação de Estudos em Linguística Teórica e Aplicados*), embora com foco maior na Linguística; (2) a criação do Programa de Pós-Graduação em Linguística Aplicada na Universidade Estadual de Campinas (UNICAMP) e seu periódico *Trabalhos em Linguística Aplicada* (CUNHA, 2003; CAVALCANTI, 2004). Esses dois programas de pós-graduação foram responsáveis pela formação de linguistas aplicados de vários estados brasileiros e pela disseminação da pesquisa em conjunto com a produção de muitos outros programas brasileiros que criaram áreas de concentração em LA, como a Universidade Federal de Minas Gerais (UFMG), ou muitos outros programas em Letras ou Linguística que abriram linhas de pesquisa nessa vertente. Outro marco é (3) a criação da Associação de Linguística Aplicada do Brasil (ALAB), em 1990.

Se a pós-graduação se destacava no impulso à LA, o mesmo não se podia dizer da graduação. O primeiro registro de reconhecimento da necessidade de contratação de profissional em LA na graduação só aconteceu em 2004, quando a Faculdade de Letras da UFMG abriu concurso para contratação de professor em LA para atuar na graduação. Essa ação foi motivada pela Resolução n. 2 de fevereiro de 2002, do Conselho Nacional de Educação, que dispõe sobre a formação de professor e o consequente aumento da carga didática dos conteúdos de formação de professor nos cursos de Letras. Em 2007, a mesma Faculdade institucionaliza a área de LA ao criar duas novas áreas: a de LA ao ensino de línguas estrangeiras e a de tradução, dando-lhes o mesmo *status* das demais áreas e permitindo que professores tenham lotação única ou dupla, de forma a atuarem em uma ou mais áreas. No entanto, o conceito de LA continua atrelado a questões voltadas para o ensino e aprendizagem, o que é plenamente justificado pela demanda curricular.

Kaplan (1985) afirma que a LA, nos seus primórdios, concentrava-se, essencialmente, na pesquisa sobre ensino de línguas, naquele momento sobre forte influência do behaviorismo comportamental e do estruturalismo linguístico. Nos anos 80, amplia-se o escopo da área e Kaplan comprova sua afirmação citando os objetivos do periódico *Applied Linguistics*, quando de seu lançamento em 1980:

> Dar prioridade aos trabalhos que desenvolvem conexões específicas entre os estudos linguísticos teóricos, a pesquisa educacional e o planejamento e a implementação de programas práticos. Dentro dessa perspectiva, o periódico aceita contribuições em áreas de interesse tais como o ensino e a aprendizagem de primeira e de segunda língua, bilinguismo e educação bilíngue, análise de discurso, tradução, testes, ensino de língua, metodologia, planejamento linguístico, estudo das interlínguas, estilística e lexicografia. (KAPLAN, 1985, pp. 3-4)

De fato, a revista fomenta estudos em Análise do Discurso, Tradução, Estilística, Lexicografia, além dos temas já tradicionais. As informações atuais na página da revista, disponível no Portal da CAPES[4] na web, mudam novamente o foco.

A *Applied Linguistics* publica pesquisa sobre linguagem que dê relevância aos problemas reais do mundo. O periódico promove pesquisas, com abordagens éticas e multidisciplinares, sobre questões relacionadas com a linguagem em vários campos abrangidos pela Linguística Aplicada. A revista pretende incentivar o estabelecimento de conexões entre campos, teorias, métodos de pesquisa e discursos acadêmicos, e acolhe contribuições que refletem criticamente sobre práticas correntes na pesquisa em Linguística Aplicada. Ele promove a discussão científica e acadêmica sobre questões que unem e dividem os pesquisadores em Linguística Aplicada. O periódico publica, também, resenhas sobre novas publicações no campo multidisciplinar da Linguística Aplicada.

Percebe-se que o periódico deixa de listar temas específicos para se concentrar em problemas de linguagem no mundo real, com incentivo à multidisciplinaridade nos vários campos da LA. O periódico, sabiamente, não especifica os diferentes campos do saber, pois esses são muitos e, a cada dia, surgem novas vertentes de investigação. Além disso, a revista reconhece que há temas que unem e outros que dividem os intelectuais da área; e isso, em minha opinião, sinaliza o crescimento da LA, pois a ciência progride quando não há consenso. A LA avança, como aponta Moita Lopes (2006), como uma (in)disciplina, sem limites rígidos, híbrida e heterogênea (a esse respeito, ver neste livro o capítulo *Da aplicação de Linguística à Linguística Aplicada Indisciplinar*, desse mesmo autor).

No dizer de Clandlin (2003, p. 79), a LA desafiou a ideia de uma única metateoria para definir uma disciplina e "ocupa, essencialmente, aquela posição pluricentrista característica da condição intelectual pós-moderna", tornando-a adaptativa a mudanças e acomodadora das contradições. Na opinião do autor, essa natureza fragmentada não é algo negativo, pois torna a LA forte, responsiva, dinâmica e vibrante.

Outro periódico, citado por Kaplan (1985, p. 4), é o *Annual Review of Applied Linguistics*, que, naquela época, apresentava um amplo escopo de interesse, incluindo seções sobre "pidginização e criolização, ensino de língua mediado por computador, língua dos sinais, política linguística, linguagem-na-educação, letramento, e um número de outras áreas" (KAPLAN, 1985, p. 4).

Atualmente, esse periódico, que tem por objetivo apresentar "revisões de pesquisa em áreas-chave no amplo campo da Linguística Aplicada", em números temáticos, lista em sua página na web, também disponível no Portal da CAPES, os seguintes campos de investigação: "aprendizagem de línguas e pedagogia, análise do discurso, inovações no ensino, aquisição de segunda língua, instrução mediada por computador, língua em uso em contextos profissionais, sociolinguística, política linguística e avaliação".

Cavalcanti (1986) acredita que há uma inadequação na denominação da área, pois a LA vai além da aplicação de teorias, uma vez que já naquela época começava a desenvolver seus modelos teóricos. A pesquisadora ressaltava, também, o caráter multidisciplinar da LA em sua preocupação com questões de uso da linguagem. Nesse mesmo texto, Cavalcanti explica que o percurso da pesquisa em LA se inicia com a identificação de uma questão de uso da linguagem (não apenas no contexto escolar), seguida de busca de subsídios em áreas de investigação relevantes para depois empreender a análise da questão prática e as sugestões de encaminhamento.

Para Strevens (1991), uma característica da LA é lidar com tarefas práticas, embora ele também rejeite a visão de que a tarefa da LA seja a aplicação de teoria linguística e ressalte seu caráter multidisciplinar. Na mesma linha, Celani apresenta uma argumentação muito convincente sobre o lugar da LA. Diz ela:

> Em uma representação gráfica da relação da LA com outras disciplinas com as quais ela se relaciona, a LA não apareceria na ponta de uma seta partindo da Linguística. Estaria provavelmente no centro gráfico, com setas bidirecionais dela partindo para um número aberto de disciplinas relacionadas com a linguagem, dentre as quais estaria a Linguística, em pé de igualdade, conforme a situação, com a Psicologia, a Antropologia, a Sociologia, a Pedagogia ou a Tradução. As imagens da encruzilhada e da ponte com duas mãos de direção, sugeridas por Pap, estão bem claras na mente dos linguistas aplicados. (CELANI, 1992, p. 21)

Entendo que essa centralidade proposta por Celani não implica, de forma alguma, uma superioridade em relação às outras áreas, mas a ausência de fronteiras que caracteriza a LA, ou a indisciplinaridade, como propõe Rajagopalan (1997, p. 4) quando confessa não mais reconhecer "a necessidade de manter com tanto zelo e ciúme as fronteiras entre as disciplinas". Esse conceito de indisciplinaridade é expandido por Moita Lopes (2006 e capítulo *Da aplicação de Linguística à Linguística Aplicada Indisciplinar*, neste livro) ao propor a Linguística Aplicada "mestiça".

Aparentemente, parece fácil definir a LA em oposição à Linguística. Supostamente, a Linguística teria interesse pela língua como um construto abstrato ou internalizado, e a LA estudaria as manifestações da língua externa, da língua em uso, contextualizada. Apesar de ser essa a distinção mais comum, caracterizar a Linguística dessa forma seria ser fiel aos estudos chomskianos, deixando de fora todos os estudos linguísticos que focam a língua em uso.

Brumfit (2003, p. 299) distingue essas duas áreas dizendo que "[T]radicionalmente, a pesquisa em Linguística investiga a língua como um fenômeno; recentemente, a pesquisa em Linguística Aplicada vem investigando a língua como uma prática". No entanto, essa dicotomia não descreve o que acontece na realidade. Com o passar do tempo, observo que as duas áreas estão cada vez mais próximas e ser linguista ou linguista aplicado acaba sendo muito mais uma questão de afiliação do que de distinção epistemológica ou metodológica. Vejam-se, por exemplo, os estudos em Análise do Discurso no Brasil. Alguns pesquisadores se rotulam como linguistas aplicados e outros como linguistas. Os sociolinguistas nunca aderiram à LA. Da mesma forma, um grande número de estudiosos sobre letramento se identifica como linguistas e muitos pesquisadores que fazem estudos formais sobre interlíngua na área de aquisição de segunda língua se denominam linguistas aplicados.

Se examinarmos os temas e anais dos congressos das associações de Linguística, veremos que a distinção entre as duas áreas fica cada vez mais tênue, pois há um predomínio de pesquisas que não lidam com o uso da língua como um construto idealizado, mas com a língua em uso e/ou com o seu ensino.

É curioso, também, saber que o 53º Congresso da Associação Internacional de Linguística (AILA), em 2007, foi sobre o tema "Políticas linguísticas e planejamento linguístico"; tema esse há muito abraçado pela LA. A ALAB, por exemplo, já promoveu dois eventos sobre política linguística no Brasil, um dos temas presentes na AILA.

Aonde chegamos

A AILA, em sua homepage, descreve a área da seguinte forma:

> A Linguística Aplicada é um campo de pesquisa e de prática interdisciplinar lidando com problemas práticos da linguagem e da comunicação que podem ser identificados, analisados ou resolvidos com a aplicação de teorias disponíveis, métodos e resultados da Linguística ou desenvolvendo novos arcabouços teóricos e metodológicos para lidar com esses problemas. A Linguística Aplicada difere da Linguística geral, principalmente no que diz respeito à sua orientação explícita em direção à prática, aos problemas do dia-a-dia relacionados com a linguagem e a comunicação.
> **Os problemas com os quais a Linguística Aplicada lida** vão dos aspectos da competência linguística e comunicativa do indivíduo, tais como a aquisição de primeira ou segunda língua, letramento, distúrbios de linguagem,

etc. a problemas relacionados com linguagem e comunicação nas sociedades e entre as sociedades como, por exemplo, a variação linguística e a discriminação linguística, o multilinguismo, o conflito linguístico, a política linguística e o planejamento linguístico.

Essa descrição contempla a aplicação de teorias (*applying available theories*) e a geração de teorias e de metodologias (*developing new theoretical and methodological frameworks*). Elenca alguns dos temas estudados, mas muitos são deixados de fora.

Para se ter uma ideia do amplo escopo da LA, podemos recorrer aos índices de dois *Handbooks* sobre o tema. O primeiro editado por Kaplan (2002) e o segundo, por Davies e Elder (2004). Kaplan insere os 39 capítulos em 11 partes, incluindo introdução e conclusão. A seguir apresento as seções e, entre parênteses, o número de capítulos em cada uma delas.

1. Introdução (2)
2. As quatro habilidades: falar, ouvir, ler e escrever (4)
3. Análise do Discurso (1)
4. O estudo da aprendizagem de segunda língua (8)
5. O estudo do ensino de segunda língua (3)
6. Variação no uso da língua e no desempenho linguístico (3)
7. Bilinguismo e o aprendiz individual (3)
8. Multilinguismo na sociedade (5)
9. Política e planejamento linguístico (3)
10. Tradução e interpretação (2)
11. Avaliação da linguagem e de programa (2)
12. Aplicação tecnológica em linguística aplicada (2)
13. Conclusão (1)

Davies e Elder (2004) dividem o livro em duas partes: Linguística Aplicada (*Applied-Linguistics*) e aplicação de Linguística (*Linguistics-Applied*). Eles entendem que a Linguística Aplicada tem um "olhar externo com o objetivo de explicar, ou até melhorar, problemas sociais, enquanto a aplicação de Linguística olha para dentro e não se preocupa em resolver problemas "no mundo real", mas explicar ou testar teorias sobre a própria língua". No primeiro grupo, da aplicação de Linguística, eles incluíram 16 artigos sobre os seguintes temas:

1. Descrições linguísticas
2. Lexicografia

3. Aquisição de segunda língua e proficiência final
4. *Corpora* linguísticos
5. Análise do Discurso
6. Língua dos sinais britânica
7. Avaliação de atitudes linguísticas: estudos sobre a avaliação do falante
8. Perda linguística
9. Linguagem, pensamento e cultura
10. Análise conversacional
11. Linguagem e direito
12. Linguagem e gênero
13. Estilística
14. Linguagem e política
15. Inglês no mundo (*World Englishes*)
16. A filosofia da Linguística Aplicada

No segundo grupo, da Linguística Aplicada, os autores reuniram 32 artigos sobre temas diversos:

1. O falante nativo na Linguística Aplicada
2. Minorias linguísticas
3. Métodos de pesquisa para a Linguística Aplicada
4. Escopo, características e padrões
5. Aprendizagem de segunda língua
6. Diferenças individuais em aprendizagem de segunda língua
7. Influências sociais em aprendizagem de língua
8. Estudos sobre letramento
9. Tendências em metodologia de ensino de línguas
10. Ensino de línguas mediado por computador (ELMC)
11. Formação de professor de línguas
12. A prática do falante nativo em Linguística Aplicada
13. A prática de linguagem para fins específicos
14. Educação bilíngue
15. Manutenção da língua
16. Planejamento linguístico como Linguística Aplicada
17. Testes
18. Linguística Aplicada Crítica
[...]

Apesar da questionável divisão em Linguística Aplicada e aplicação de Linguística, esse agrupamento de temas nos dá uma visão panorâmica dos diversos empreendimentos que se abrigam na área de LA

Outra referência poderiam ser os agrupamentos de pesquisadores da AILA. Até 2007, a associação abrigava 25 grupos de trabalho identificados como "comissões científicas" que se organizavam em torno de investigações sobre os seguintes temas:

1. Aprendizagem de línguas por adultos
2. Linguagem infantil
3. Comunicação nas profissões
4. Linguística contrastiva e análise de erros
5. Análise do discurso
6. Tecnologia educacional e aprendizagem de línguas
7. Metodologia de ensino de línguas estrangeiras e formação de professor
8. Linguística forense
9. Educação em contexto de imersão
10. Interpretação e tradução
11. Língua em contato e mudança linguística
12. Linguagem e Ecologia
13. Linguagem e educação em contextos multilíngues
14. Linguagem e gêneros
15. Linguagem e mídia
16. Linguagem para fins específicos
17. Planejamento linguístico
18. Autonomia do aprendiz na aprendizagem de língua
19. Lexicografia
20. Letramento
21. Educação em lingua materna
22. Psicolinguística
23. Retórica e estilística
24. Aquisição de segunda língua
25. Linguagem dos sinais

Além desses temas, Candlin (2003) aponta, ainda, avaliação de programas, avaliação de linguagem, patologia de linguagem, discursos institucionais, linguagem e identidades sociais, linguagem e vida social. Bygate (2004) aumenta a lista, incluindo patologia da linguagem, perda da língua, linguagem e desenvolvimento profissional, linguagem e família, linguagem e serviços públicos, linguagem e saúde, linguagem e direitos humanos, e linguagem e desenvolvimento internacional.

Seidlhofer (2003, p. 270), apesar de reconhecer a amplidão da listagem da AILA, critica o fato de não haver "quaisquer princípios unificadores ou critérios definidores do que seria incluído em LA". Ela pergunta por que se inclui Análise do Discurso e Psicolinguística e por que ficam de fora a Pragmática e a Sociolinguística. Ela duvida se todas essas áreas foram intensamente estudadas e demonstra curiosidade sobre quais demandariam mais exploração. Seidlhofer (2003) propõe que o mais fácil para caracterizar a LA seria seu modo de pesquisa, ou seja, como se dá a relação entre a teoria e a prática.

No 13º Congresso da AILA, realizado em Singapura, em 2002, os presidentes das várias associações de LA de diversos países, em reunião com a diretoria, fizeram uma análise da atuação dessas comissões científicas e chegaram à conclusão da necessidade de se redefinir a metodologia de constituição e acompanhamento desses grupos, pois nem todos eram atuantes. Isso está sendo feito agora, em 2008, ao final da segunda gestão de Susan Gass como presidente da AILA. As comissões serão substituídas por redes de pesquisa – *Research Networks* (REN) – com o objetivo de reunir e disseminar informação em todas as área acadêmicas da associação com foco especial naquelas com potencial transdisciplinar. A AILA planeja criar 15 grupos para trabalharem durante 3 anos, podendo se renovar por uma vez, com duração total de até 6 anos. A ideia é oxigenar a formação de grupos produtivos, dando espaço para novas ideias. Sem grupos fixos, a associação pode motivar a emergência de novos temas de pesquisa.

Cook (2003) aborda o escopo da LA de uma forma interessante. Ele diz que como a linguagem está implicada em nossa vida diária, há um número aberto de atividades em que a LA seria relevante e propõe três áreas gerais: (1) linguagem e educação, (2) linguagem, trabalho e leis, e (3) linguagem, informação e efeitos. Cada uma dessas áreas abrigaria uma série de estudos. A primeira incluiria aquisição de língua materna e estrangeira, estudos clínicos e avaliação. A segunda abrangeria a comunicação no trabalho, planejamento linguístico e Linguística Forense. A terceira compreenderia Estilística Literária, Análise Crítica do Discurso, Tradução e Interpretação, questões de edição e Lexicografia.

Fica claro que nenhuma das taxonomias aqui apresentadas consegue abranger todas as possibilidades e nem sei se deveria, pois, como todo sistema complexo, a LA é um sistema aberto e de suas interações com os problemas de linguagem no mundo real e com os outros campos do saber nascem inúmeras possibilidades de novos estudos.

A pesquisa em LA

De acordo com Cavalcanti (2004, p. 25), na década de 1970, a pesquisa em LA no Brasil focava a análise contrastiva e, nos anos 80, a leitura. No início da década de 90, a subárea de línguas estrangeiras estava bem consolidada. Cavalcanti ressalta que o final dos anos 90 mostra sinais de diversificação nas pesquisas e a consolidação da LA no Brasil.

Para obter um retrato dessa última década, desenvolvemos um projeto de pesquisa em busca de uma visão panorâmica da produção internacional e nacional em LA. O objetivo geral do projeto foi o levantamento de temas, métodos de pesquisa e teorias mais recorrentes na área de LA. Assim, a pesquisa, desenvolvida entre agosto de 2006 e janeiro de 2008, buscou responder às seguintes perguntas:

1. Quais são os principais temas de pesquisa em LA?
2. Esses temas correspondem às comissões científicas da AILA?
3. Quais são os principais métodos de pesquisa utilizados?
4. Quais são as teorias mais mencionadas?

Metodologia

Para o levantamento dos temas, das teorias e dos métodos mais recorrentes na pesquisa internacional, foram analisados sete periódicos internacionais e cinco nacionais. Os periódicos internacionais foram: *Annual Review of Applied Linguistics*; *International Journal of Applied Linguistics*; *International Review of Applied Linguistics in Language Teaching* (IRAL); *System: An International Journal of Educational Technology and Applied Linguistics*; *Language Learning*, *Modern Language Journal* e *Studies in Second Language Acquisition*. Os periódicos nacionais investigados foram: *Revista Brasileira de Linguística Aplicada*; *Trabalhos em Linguística Aplicada*; *ESPecialist*; *Linguagem e Ensino* e DELTA.

Os artigos internacionais foram gravados em CDs e analisados em seus últimos dez anos, ou seja, de 1996 a 2006. Foram analisados também os dez últimos anos dos periódicos nacionais, privilegiando o formato on-line, excetuando-se o periódico *Trabalhos em Linguística Aplicada*, que não existe nesse formato. Os demais foram pesquisados através de suas versões na web. As revistas *Linguagem e Ensino* e *Revista Brasileira de Linguística Aplicada* são mais recentes. A primeira foi criada em janeiro de 1998 e a segunda, em outubro de 2001. Assim, o *corpus* destes dois periódicos foi inferior a dez anos.

Montaram-se planilhas com os títulos e os respectivos autores de todos os artigos de cada periódico, juntamente com o nome da revista, volume, número e ano. Posteriormente, foram levantados os temas, as teorias e as metodologias.

Para a coleta dos dados nos periódicos, foi feita uma leitura do resumo de cada artigo, juntamente com a estratégia de *scanning* para localizar as informações sobre as teorias e as metodologias ao longo do artigo. Além disso, quando possível, foi utilizada a ferramenta de busca, ou localizador do software PDF (formato dos artigos on-line), com o auxílio de palavras chaves como metodologia, teoria etc.

Foram analisados 1.446 artigos internacionais e 691 nacionais. Antes da análise dos dados, os bolsistas fizeram leituras sobre metodologia de pesquisa e discutiram suas dúvidas em seminários com a orientadora, em conjunto com uma terceira bolsista, que investigava apenas as revistas cujo foco era linguagem e tecnologia. Após o levantamento das informações de cada artigo, foram separados os casos que apresentavam mais dificuldade e estes foram, posteriormente, discutidos nas reuniões do grupo com a orientadora. Mesmo assim, consideramos que pode haver falhas nas classificações, embora isso não nos impeça de ter uma visão geral da área.

A pesquisa internacional

A bolsista procurou classificar os 1.446 artigos pelos títulos e palavras-chaves e os agrupou em vinte temas gerais. Em seguida, usando estratégias de leitura de *scanning*, procurou identificar a teoria de suporte e a metodologia em cada artigo.

Temas

O tema mais recorrente foi "Ensino e aprendizagem de línguas", no qual foram agrupados todos os artigos relacionados com o ensino e/ou a aprendizagem de línguas de uma forma geral. Temas específicos foram categorizados separadamente. Na sequência vem "Aquisição de segunda língua" e "Análise de interações orais". O tema menos recorrente foi "Inglês como língua franca ou língua internacional", com apenas 7 artigos, o equivalente a 0,48 %.

Temas	Nº de artigos
1. Ensino e aprendizagem de línguas	295
2. Aquisição de segunda língua	247
3. Interações orais	219
4. Vocabulário	124
5. Letramento (escrita)	121
6. *Reading*	57
7. Pronúncia	53
8. Estratégias de aprendizagem	50
9. Gramática	49
10. Foco no aprendiz	45
11. Interação, comunicação e aprendizagem mediada por computador	37
12. Teste e avaliação	29
13. Compreensão oral	27
14. Gênero (masculino/feminino)	19
15. Crenças de professores e de aprendizes	16
16. Linguística Aplicada: reflexões sobre a área e sobre a pesquisa	15
17. Tradução	13
18. Língua, cultura e ideologia	12
19. Currículo	11
20. Inglês como língua franca ou língua internacional	7
Total	**1.446**

Figura 1 – Temas de pesquisa em periódicos internacionais.

Teorias

Poucas teorias foram identificadas, pois nem sempre os artigos especificavam o aporte teórico. O fato de não encontrarmos menção a uma teoria específica não quer dizer que os artigos não apresentavam suporte teórico. Isso pode ter acontecido por limitação de nossa metodologia, que focou os resumos e utilizou a técnica de *scanning*, já que seria impossível ler todos os artigos.

Muitos dos artigos investigados são, na realidade, ensaios e, por isso, citam trabalhos de orientações teóricas diversas. Apenas 121 artigos fizeram, explicitamente, menção a uma teoria. Assim, somente 8,35 % deles puderam ser classificados quanto a esse quesito. Dentre as teorias identificadas, a mais mencionada foi a Teoria Sociocultural (Vygotsky), que esteve presente como base teórica em 21 artigos, o equivalente a 17,35 % dentre o total do *corpus*.

Em seguida, temos *Self-determination Theory* (DECI e RYAN, 1985) com seis artigos cada, o correspondente a 4,95 %. Houve, ainda, menção a outras teorias, mas sem recorrência significativa.

Metodologias de pesquisa

Identificar a metodologia não foi, também, uma tarefa fácil, pois muitos dos artigos apenas informavam que fariam uma análise (ex.: de erros, de gramáticas, de filmes etc.). Predomina a pesquisa experimental, com 336 trabalhos. Foram identificadas 239 pesquisas bibliográficas, 125 pesquisas descritivas, 60 estudos de caso, 34 pesquisas que se classificavam como exploratórias e 12, como etnográficas. Alguns artigos explicitavam apenas o instrumento de coleta e foram classificados separadamente. Assim, foram identificados 140 artigos que se valiam de questionários, 116 de testes, 102 de entrevistas, 44 de gravações em áudio e/ou vídeo, 36 de observação de aulas, 20 de análise de *corpus*, 18 de narrativas, 14 de diários e 3 de protocolo verbal. Foram ignorados os dados com apenas uma recorrência.

Conclusões sobre a pesquisa internacional

A amplidão do campo de LA foi comprovada na diversidade dos temas identificados. Alguns eram muito específicos, outros mais abrangentes, contudo, no geral, os temas se encaixaram na classificação das comissões científicas da AILA. A grande maioria focava o ensino e a aprendizagem de uma segunda língua ou de uma língua estrangeira.

Assim como os temas, diversos métodos de pesquisa foram identificados, mas essa identificação não foi tarefa fácil, pois alguns artigos não explicitavam a metodologia. Já outros artigos não só mencionavam claramente o método de pesquisa como detalhavam cada passo da coleta de dados, o que facilitou bastante o trabalho.

As teorias também foram poucas vezes mencionadas e são de difícil identificação, prevalecendo, como citado anteriormente, a Teoria Sociocultural de Vygotsky.

A produção da pesquisa em Linguística Aplicada no Brasil

O *corpus* foi composto de 691 artigos. A pesquisa foi feita com as versões on-line dos periódicos, com exceção da revista *Trabalhos em Linguística Aplicada*, que só existe no formato impresso.

Tema

O bolsista optou por classificar os artigos usando os temas das comissões científicas da AILA. Os textos que não se encaixaram em nenhuma das comissões foram agrupados ao final da planilha, sob o rótulo "Não classificados".

Temas	RBLA	ESPECIALIST	L&E	TLA	DELTA	Total
1. Aprendizagem de Línguas por Adultos						0
2. Linguagem Infantil					1	1
3. Comunicação nas Profissões		2				2
4. Análise Contrastiva e Análise de Erro		2	2	1		5
5. Análise do Discurso	17	37	26	41	26	121
6. Tecnologia Educacional e Aprendizagem de Língua	10	8	5	7		30
7. Metodologia de Ensino de Línguas Estrangeiras e Formação de Professores	21	36	20	23		100
8. Linguística Forense			1			1
9. Educação em Imersão						0
10. Tradução e Interpretação	16	4	1	12	12	45
11. Linguagem e Ecologia						0
12. Linguagem e Educação em Contextos de Multilinguismo			1	1	1	3

13. Linguagem e Gênero	1	8	1	13	3	26
14. Linguagem e Mídia						0
15. Línguas em Contacto e Mudança Linguística						0
16. Linguagem para Fins Específicos	2					2
17. Planejamento Linguístico	2				1	3
18. Autonomia do Aprendiz e Aprendizagem de Língua	2		4	1		7
19. Lexicografia	2	1	2	1	1	7
20. Letramento	3	1	8	10	6	28
21. Educação em Língua Materna	1		7	6	3	17
22. Psicolinguística			1	1		2
23. Retórica e Estilística		1				1
24. Aquisição de Segunda Língua	20	19	10	26	10	75
25. Língua dos Sinais				1	1	2
Não Classificados	13	8	16	10	121	168
Total de Artigos	110	127	105	154	195	691

Figura 2 – Temas de pesquisa em periódicos nacionais.

Dentre os artigos não classificados, alguns abordam questões como ética e parâmetros curriculares. A maioria dos artigos não classificados se encontra na revista *DELTA* e apresenta temas relacionados à Linguística, como análise sintática ou semântica de palavras como "onde" relacionada com "aonde", algumas análises sobre verbos, como "análises dos verbos estativos do português" etc.

Ao comparar os cinco periódicos analisados, constatamos que não há grande diferença entre os tópicos mais pesquisados e que alguns dos temas elencados pela AILA nunca apareceram nesses periódicos.

Análise do Discurso foi o tema mais recorrente e os trabalhos com esse enfoque apareceram com mais frequência entre os anos de 2002 e 2005, num total de 147 artigos. Em seguida, encontramos 101 artigos sobre Metodologia de Ensino de Línguas Estrangeiras e Formação de Professores, com maior ênfase na formação de professores de língua estrangeira. Esse tema possui uma frequência mais homogênea ao longo dos dez anos analisados. Outro tema muito frequente é "Aquisição de Segunda Língua", 85 artigos, que também aparece de forma homogênea ao longo do período analisado.

Teoria suporte

Na maioria dos artigos, não foi possível identificar as teorias de suporte. Embora todos apresentem referências teóricas, elas não foram especificadas nos resumos nem foi possível localizá-las ao longo do texto, seja com o uso do localizador, seja com estratégias de *scanning*. Dos 691 artigos analisados, apenas 126 (18% do total de artigos) especificaram claramente as opções teóricas. No quadro a seguir, foram listadas apenas as teorias que apareceram em mais de um artigo nos diversos periódicos. Todas as outras teorias, tais como teoria da complexidade, inteligências múltiplas, análise de erro, teoria da relevância, tiveram apenas uma ocorrência.

Teoria	Ocorrências
Sociointeracionismo	18
Teoria Bakhtiniana	16
Análise do Discurso da Linha Francesa	16
Análise Crítica do Discurso (Fairclought)	10
Teoria Foucaultiana	8
Teorias de Aquisição de Linguagem	7
Conceitos de Gênero Propostos por Swales (1990) e Bhatia (1993)	5
Semântica Argumentativa/Enunciação (Ducrot)	3
Estudos Descritivos da Tradução, na Visão de Toury	2
Cognitivismo	2

Figura 3 – Teorias mais citadas em periódicos nacionais.

Como podemos observar, a teoria de suporte mais utilizada é a Sociointeracionista. Em 126 artigos, 18 explicitam essa teoria (14% das teorias encontradas); em seguida, vem a Teoria Bakhitiniana e a Análise do Discurso de Linha Francesa, com o mesmo número de artigos – 16 artigos (13%). Um grande destaque é dado à Análise Crítica do Discurso de Fairclough, com ocorrência em 10 artigos. Apesar de o maior número de artigos ser sobre Análise do Discurso, os autores não fazem referências claras às teorias.

Método de pesquisa

Foram classificadas 53 referências diferentes à metodologia de pesquisa, incluindo métodos de pesquisa e instrumentos de coleta de dados. O método mais frequente é o Estudo de Caso, com 183 artigos (26,5% dos artigos), seguido por Revisão de Literatura, 144 artigos (20,8%). Há também 143 artigos (20,6%) na forma de Ensaio. Muitos artigos foram classificados quanto à forma de coleta de dados, por não explicitarem uma metodologia. Observe o quadro onde incluímos todos os artigos, mesmo os que não foram classificados quanto aos temas.

Neste quadro, incluímos apenas as informações sobre metodologia com mais de uma ocorrência. Assim, ficaram de fora, dentre outros, um artigo que fez uso de diários, outro de pesquisa narrativa etc.

Métodos	RBLA	ESPECIALIST	LE	TLA	DELTA	Total
Estudo de caso	42	62	29	34	16	183
Revisão de literatura	22	21	29	9	63	144
Ensaio	20	9	20	38	56	143
Análise de *corpus*	4	10	14	19	29	76
Análise de textos	3		4	4	9	20
Experimento	2	4	6	1	3	16
Entrevistas	1	3	3	7	1	15
Pesquisa etnográfica		2	2	3	1	8
Pesquisa-ação		2	3	3		8
Questionários	1		4	2		7
Análise de *corpora*	2	2		2		6
Análise de narrativa	1		2	1		4
Análise de prova				4		4
Análise de sentenças					3	3
Análise de software	1			1		2
Estudo-Piloto	1			1		2
Análise de documentos oficiais	1		1			2
Pesquisa de *link* na web		1		1		2
Análise de filmes		1			1	2
Proposta de trabalho didático			1		1	2
Análise de curso			1	1		2
Análise de manuais de ensino de língua				2		2

Análise de livros didáticos			2	2
Análise de inquéritos			2	2
Análise de programa televisivo			2	2

Figura 4 – Dados metodológicos em periódicos nacionais.

Comparação entre a pesquisa internacional e a nacional

Analisando os dados da pesquisa sobre a produção internacional e nacional em LA, constatou-se que o Sociointeracionismo é a teoria mais utilizada. Observa-se também que no Brasil, com base nos periódicos analisados, há um grande destaque para as teorias de Análise do Discurso, o que não foi verificado na produção internacional. Isso, no entanto, deve ser visto com cuidado, pois a área de Letras divulga seus trabalhos, com muita intensidade, em capítulos de livros. Os periódicos isolados não retratam, necessariamente, a área com fidelidade.

Na produção internacional, o método de pesquisa mais utilizado é o experimental e, no Brasil, destaca-se o Estudo de Caso, o que pode indicar uma diferença na concepção de pesquisa brasileira, que demonstra afastar-se dos modelos experimentais. A análise conjunta dos periódicos demonstra que a maioria dos artigos encontra correspondência nas comissões científicas da AILA, só que no Brasil a predominância do tema está na Análise do Discurso, enquanto na produção internacional o destaque são os temas relacionados à Metodologia de Ensino de Línguas Estrangeiras e Formação de Professores.

Não foi possível identificar teorias de suporte na maior parte dos artigos classificados que, apesar de oferecerem referencial teórico, não se concentravam em uma teoria específica, talvez em função da natureza ensaística de grande parte deles.

Para onde vamos

Há 23 anos, Kaplan (1985, p. 6) previa o futuro da LA, acreditando que um novo paradigma estaria emergindo e apontando algumas áreas de pesquisa que se consolidariam. Entre elas, ele apontava a Análise do Discurso, a pesquisa em aquisição de segunda língua, letramento, e a continuação do debate sobre fluência e precisão.

A pesquisa realizada pelos bolsistas do CNPq e da Fapemig demonstra que Kaplan acertou em relação aos temas, com exceção da questão da fluência e precisão, que parece não ter merecido a atenção dos pesquisadores em LA.

A área continua com forte afiliação aos estudos sobre ensino e aprendizagem. Enquanto outras áreas assumiram o termo educação – educação matemática, arte-educação –, os profissionais da área de linguagem vinculados aos problemas de ensino e aprendizagem se acomodaram sob o guarda-chuva da LA que, na verdade, no seu começo tratava apenas dessas questões.

O termo "educação linguística" não vingou, apesar de, segundo o *Dicionário de Linguística Aplicada*, "ser algumas vezes usado nos Estados Unidos para se referir a um ramo da Linguística Aplicada que lida com a relação entre linguagem e educação". John Schmitz (em comunicação pessoal) lembra que Spolsky (1978) e Stubbs (1976) publicaram livros com o título "educação linguística", e Van Lier também usa essa terminologia em alguns de seus artigos. De fato, "educação linguística" é o termo proposto por Spolsky (1978), que continua fiel à expressão, tendo lançado, recentemente, *The Handbook of Educational Linguistics* (SPOLSKY e HULT, 2008), cujo primeiro capítulo, de autoria de Spolsky, explica o que ele entende por educação linguística. O termo "educação linguística" começa a ser resgatado no Brasil. Veja, por exemplo, Bagno e Rangel (2005) discutindo as tarefas da educação linguística no Brasil, na *Revista Brasileira de Linguística Aplicada*, e o resumo da participação de Pedro Garcez na mesa-redonda sobre Formação de Professores de Língua Estrangeira, no XI Simpósio Nacional de Letras e Linguística (XI SILEL), na Universidade Federal de Uberlândia, que aqui transcrevemos.

> Apresento uma proposta inicial para a qualificação e a prática do conceito de educação linguística na formação de professores de língua (estrangeira). Examino sinoticamente situações de ensino de língua estrangeira que tenho estudado e testemunhado em encontros de discussão e formação de profissionais de ensino de língua, em cenários que vão desde o ensino de Inglês e outras

línguas estrangeiras em cursos livres e na escola pública regular, passando pelo ensino de Português para falantes de outras línguas, até a educação bilíngue e escolar indígena. A experiência sugere que é importante haver propósitos norteadores claramente indicados a perseguir nesses diferentes cenários. Assim, busco traçar paralelos e distinções relevantes para se pensar os cenários que exigem formação ou de professores de língua estrangeira ou de educadores em língua estrangeira. Desenvolvo a ideia de que, para formar profissionais de educação linguística, é preciso criar condições para a prática de conceitos educacionais em cenários concretos de modo a superar o fenômeno de professores que, em situações de confronto, reproduzem o que experimentaram na sua carreira escolar como alunos, e também o frequente isolamento dos professores de língua estrangeira no sistema regular de ensino. Discuto a necessidade de os formadores de professores de língua estrangeira assumirem uma postura informada e realista para a educação linguística no sistema regular de ensino, sobretudo nas redes públicas. Para tanto, proponho que se enfatize a reflexão acerca de procedimentos de avaliação coerentes com os propósitos da educação linguística. Por fim, procuro estimar quais providências formadoras seriam bem-vindas nos cenários de credenciamento formal de professores de línguas estrangeiras.

O termo "educação linguística" está presente também em Moita Lopes (2006), na dedicatória à professora Antonieta Celani, e na apresentação de Miranda (2007) do n. 2 da revista *Veredas* da UFJF. Nomear os estudos sobre ensino e aprendizagem como "educação linguística" seria benéfico tanto à Linguística quanto à LA, independentemente da afiliação de seus pesquisadores à LA ou à Linguística, pois daria realce a essa dimensão importante dos estudos da linguagem.

Ser ou não um linguista aplicado é hoje muito mais uma questão de afiliação ideológica do que de identidade epistemológica. Tanto é assim que temos pesquisadores trabalhando com questões de ensino que se rotulam como linguistas e outros trabalhando com questões de Linguística Textual que se rotulam como linguistas aplicados.

A Linguística caminha ao encontro da LA e é emblemático o anúncio que Miranda (2007) faz de uma nova linha de pesquisa no Programa de Pós-Graduação em Linguística da Universidade Federal de Juiz de Fora, na introdução de um dos volumes da revista *Veredas*.

> O Programa de Pós-Graduação em Linguística da Universidade Federal de Juiz de Fora anuncia, através do presente número de seu periódico VEREDAS, seu novo espaço de discussão acadêmica instaurado pela nova linha de pesquisa "Linguística e Ensino de Língua". A criação de um projeto investigativo voltado

para as questões do ensino-aprendizagem de línguas em uma universidade pública brasileira dispensa qualquer justificativa, mas o seu elo com a Linguística reforça, ainda uma vez, o necessário e desejado entrelaçamento das pesquisas contemporâneas dessa área com as questões da educação linguística.

Nesse sentido, não há como negar que os avanços obtidos em nosso país, nas últimas décadas, em relação à construção de um sólido conhecimento sobre o ensino de línguas e, em especial, de língua portuguesa, devem muito ao compromisso dos linguistas com a causa da educação. São plurais as contribuições nesta área graças às agendas investigativas propostas pela Linguística Aplicada e à crescente sensibilidade da Linguística e áreas afins aos processos de constituição da significação, do entendimento, em instâncias reais de discurso.

Os congressos da Associação Brasileira de Linguística (ABRALIN) demonstram que a Linguística não é mais a mesma, e que seus estudos formais constituem um grupo cada vez menor. A área foi invadida pelos estudos do discurso, do texto e da aprendizagem. Já a LA se aproxima cada vez mais dos estudos sociais, com as pesquisas sobre identidade, as investigações de base psicanalítica e as divergências epistemológicas.

Ao tentar responder à questão que dá título a esta sessão final, arrisco-me a dizer que estamos caminhando para o aumento da diversidade temática, para o abrandamento das fronteiras entre as áreas, para um encontro mais fraterno com os colegas da Linguística, mas, também, para o enfrentamento de divergências dentro da própria LA.

Com o crescimento da área, aparecem as divergências e também a intolerância dos que se apegam a modelos tradicionais e não admitem o novo. Teremos que conviver também com a imaturidade de alguns que abraçam determinadas vertentes como se fossem donos da verdade e saem rotulando, pejorativamente, os colegas que se dedicam a outros tipos de pesquisa de cartesianos, positivistas etc., como se estes estivessem cometendo pecados epistemológicos. Como há várias formas de se fazer ciência, há também espaço para todos, desde que o respeito e a ética sejam os pares preferenciais.

Marina Morena Silva é graduanda em Letras na UFMG e ex-bolsista de iniciação cientítica do CNPq.
Ivan Felipe Gomes é graduando em Letras na UFMG e ex-bolsista de iniciação científica da FAPEMIG.

Bibliografia

AILA. Disponível em: <http://www.aila.info/about/index.htm>. Acesso em: 15 de janeiro de 2008.
APPLIED LINGUISTICS. Disponível em: <http://www.oxfordjournals.org/applij/about.html>. Acesso em: 7 de janeiro de 2008.
BAGNO, M.; RANGEL, E. O. Tarefas da educação linguística no Brasil. **Revista Brasileira de Linguística Aplicada**. v. 5, n. 1, pp. 63-81, 2005.
BRUMFIT, C. How Applied Linguistics is the Same as Any Other Science. **International Journal of Applied Linguistics**. v. 7, n.1, pp. 86-94, 1997. Reproduzido em SEIDLHOFER, B. **Controversies in Applied Linguistics**. Oxford: Oxford University Press, 2003. pp. 295-302.
BYGATE, M. Some Current Trends in Applied Linguistics: towards a generic view. In: GASS, S.; MAKONI, S. AILA **Review**. V. 17. Amsterdam: John Benjamins, 2004. pp. 6-22.
CANDLIN, C. Notes for a Definition of Applied Linguistics in the 21st Century. AILA **Review**, n.14, pp. 76-114, 2003.
CAVALCANTI, M. C. A propósito da linguística aplicada. **Trabalhos em Linguística Aplicada**. n. 7, pp. 5-12, 1986.
_____. Applied Linguistics: Brazilian perspectives. In: AILA **Review**, n. 17, pp. 23-30, 2003.
CELANI, M. A. A. Afinal, o que é linguística aplicada. In: PASCHOAL, M. S. Z.; CELANI, M. A. A. (Orgs.) **Linguística aplicada**: da aplicação de linguística à linguística transdisciplinar. São Paulo: EDUC, 1992. pp. 15-23.
CENTER FOR APPLIED LINGUISTICS. Disponível em: <http://www.ling.ed.ac.uk/study/postgrad/mscal/>. Acesso em: 8 de janeiro de 2008.
CUNHA, M. J. C. Momentos históricos na pesquisa na área de língua inglesa. In: STEVENS, C. M. T.; CUNHA, M. J. C. (Orgs.) **Caminhos e colheitas**: ensino e pesquisa na área de inglês no Brasil. Brasília: UnB, 2003. pp. 169-223.
DAVIS, A. L. Editorial, **Language Learning**. v. 1, n. 1, pp. 1-2, 1948.
GARCEZ, P. M. **Um conceito de educação linguística para a formação de professores de língua (estrangeira)**. Disponível em: <http://www.mel.ileel.ufu.br/Silel2006/caderno/mr/PedroGarcez.htm.> Acesso em: 20 de janeiro de 2008.
GRABE, W.; KAPLAN, R. B. **Introduction to Applied Linguistics**. Reading, Massachusets: Addison-Wesley, 1991, pp. 13-31.
KALAJA, P. **Homepage pessoal**. Disponível em: <www.jyu.fi/hum/laitokset/kielet/ oppiaineet_kls/englanti/staff/kalaja>. Acesso em: 10 de janeiro de 2008.
DAVIES, A.; ELDER, C. (Eds.). **The Handbook of Applied Linguistics**. Malden, M. A.; Oxford: Blackwell, 2004.
KAPLAN, R. B. (Ed.). **The Oxford Handbook of Applied Linguistics**. Oxford: Oxford University Press, 2002.
_____. Applied Linguistics, the State of the Art: is there one? **English Teaching Forum**. pp. 1-6. April, 1985.
LANGUAGE LEARNING: A JOURNAL OF RESEARCH IN LANGUAGE STUDIES. Disponível em: <(http://www.blackwellpublishing.com/journal.asp?ref=0023- 8333&site=1>. Acesso em: 10 de janeiro de 2008.
MCARTHUR, T. (Ed.). Applied linguistics. In: **Concise Oxford Companion to the English Language**. Oxford: Oxford University Press, 1998. Disponível em http://www.encyclopedia.com/doc/1O29-APPLIEDLINGUISTICS.html. Acesso em: 5 de janeiro de 2008.
MIRANDA, N. S. Apresentação. **Veredas**. n. 2, p. 1. 2007. Disponível em: <http://www.revistaveredas.ufjf.br/volumes/veredas_ensino/apresentacao.pdf>. Acesso em: 11 de janeiro de 2008.
MOITA LOPES, L. P. (Org.). **Por uma linguística aplicada indisciplinar**. São Paulo: Parábola, 2006.
PROGRAMA DE ESTUDOS PÓS-GRADUADOS EM LINGUÍSTICA APLICADA E ESTUDOS DA LINGUAGEM (LAEL), PUC-SP: São Paulo. Disponível em: <http://www.pucsp.br/pos/lael>. Acesso em: 15 de janeiro de 2008.
RAJAGOPALAN, K. A prática da linguística e a linguística da prática: um depoimento pessoal. **Intercâmbio**. v. 6, pp. 3-8, 1997.
SEIDLHOFER, B. **Controversies in Applied Linguistics**. Oxford: Oxford University Press, 2003.
SPOLSKY, B. **Educational Linguistics**: an introduction. Rowley, MA: Newbury House, 1978.
_____; HULT, F. **The Handbook of Educational Linguistics**. Oxford: Blackwell, 2008.
STREVENS, P. Applied Linguistics: an overview. In: GRABE, W.; KAPLAN, R. B. **Introduction to Applied Linguistics**. Reading, MA: Addison-Wesley, 1991, pp. 13-31.
STUBBS, M. **Educational Linguistics**. New York. Basil Blackwell, 1986.
TUCKER, G. R. **Applied Linguistics**. Disponível em: <http://www.lsadc.org/info/ling-fields-applied.cfm>. Acesso em: 7 de janeiro de 2008.

Notas

[1] A autora Vera Lúcia Menezes de Oliveira e Paiva agradece aos amigos John Schmitz e Adail Rodrigues Júnior pelos comentários e contribuições a este capítulo.
[2] Uma correção deve ser feita ao verbete, pois os congressos da AILA, atualmente, acontecem de 3 em 3 anos. O primeiro aconteceu em 1964, na França; o segundo, em 1969, em Cambridge. A partir de então, os eventos passaram a obedecer a periodicidade de 3 anos.
[3] Essa e as demais traduções são de minha responsabilidade.
[4] O Portal da CAPES é um diretório com acesso a 11.419 periódicos eletrônicos assinados pela CAPES e disponível para 163 instituições de pesquisa no Brasil, segundo dados disponíveis em 8 de janeiro de 2008, na página na web http://www.periodicos.capes.gov.br/portugues/index.jsp

O tratamento do conceito de relativismo cultural nas séries iniciais da escolarização

Stella Maris Bortoni

> "A história de muitas línguas em séculos ou gerações recentes é uma história de mudança em aspectos que marcadamente aumentaram a capacidade das línguas e de grupos de seus usuários."
> Hymes

Minha contribuição a este volume de LA é refletir sobre o conceito de relativismo cultural e a sua transposição didática para séries iniciais no Ensino Fundamental. Minha escolha deve-se ao fato de que o princípio do relativismo cultural é crucial na aplicação do conhecimento acumulado na área de Linguística ao trabalho pedagógico com o Português como língua materna nas escolas brasileiras.

De fato, a postulação de duas premissas básicas da Linguística Estrutural do século XX, a saber, o relativismo cultural e o princípio da heterogeneidade linguística sistemática nas comunidades de fala, está nas raízes da Sociolinguística desenvolvida a partir de meados desse século.

Essas premissas avançaram concomitantemente. Os sociolinguistas europeus e norte-americanos, na busca de regularidades estruturais nos dialetos e variedades que descreviam, avançaram para a percepção da heterogeneidade inerente e sistemática nas línguas naturais (WEINREICH, LABOV e HERZOG, 1968). Qualquer língua passa a ser concebida então como um conjunto de variedades sistematicamente ordenadas. O próximo passo seria estender para a comparação entre variedades de uma língua o princípio do relativismo cultural, já postulado para a comparação entre línguas. Isso permitiu que variedades do inglês, particularmente a variedade usada pelos afro-americanos, àquela época denominada *black english* e hoje referida como *vernáculo afro-americano* ou *ebonics*, fosse considerada funcionalmente equivalente às variedades de prestígio usadas nos países anglófonos.

O conceito de relativismo cultural é muito funcional na manutenção do bilinguismo ou multilinguismo com diglossia nos países multilíngues – que são a maioria – e que convivem com uma ecologia sociolinguística diglóssica, isto é, as diferentes línguas estão associadas a esferas socioculturais distintas. É o caso do Paraguai, onde ao castelhano e ao guarani são atribuídas funções distintas na comunidade de fala. Em países monolíngues, ou com uma língua predominante, como é o caso do Brasil, o princípio do relativismo cultural sustenta o entendimento de que a chamada norma culta não é imanentemente superior às demais variedades que constituem a língua.

Em nosso país, a norma culta ou padrão é associada à classe de poder e de prestígio, e não aos contextos de uso, como ocorre em países mais igualitários e democráticos. O processo de constituição de uma língua padrão tem um componente político-institucional, a elaboração de gramáticas, de regras de ortografia e ortoepia e de dicionários, e um componente psicossocial ou ideológico, que consiste no desenvolvimento de sentimentos positivos de admiração e de orgulho para com a norma alçada à condição de padrão (cf. BORTONI-RICARDO, 2005, cap. 2). A contraparte desses sentimentos é um processo perverso de preconceito contra os grupos sociais que ocupam a base da pirâmide socioeconômica e as variedades que formam seu repertório.

Uma das principais contribuições da Linguística à sociedade brasileira tem sido o alerta feito pelos especialistas em favor da equivalência entre as variedades do português brasileiro. Desde o seu nascedouro, a Linguística nacional milita contra a avaliação negativa das variedades populares que não dispõem de uma tradição letrada consolidada. O corolário dessa postura tem sido a recomendação de que nas escolas as características não padrão da fala dos estudantes não deem ensejo à discriminação e ao desrespeito por esses alunos. Os linguistas brasileiros, principalmente a partir da década de 1970, têm preconizado um trabalho pedagógico sustentado por um currículo bidialetal, que amplia a competência comunicativa dos aprendizes e ao mesmo tempo lhes preserva a autoestima e as características sociolinguísticas próprias de sua rede social. Essa não é, contudo, uma missão fácil, principalmente porque no português brasileiro não há fronteiras bem definidas entre as variedades diatópicas ou as diastráticas. Daí a proposta da metodologia de três contínuos – de urbanização, de oralidade e letramento e de monitoração estilística (BORTONI-RICARDO, 2002) – para se analisar a avaliação no português brasileiro.

Os problemas do professor de Português, como língua materna, no trato da variação linguística

Nas nossas escolas, os professores são confrontados com um conflito entre dois conjuntos de valores antagônicos. Por um lado, até mesmo os livros didáticos, por recomendação das comissões constituídas pelo MEC para a seleção de livros no Programa Nacional do Livro Didático (PNLD), incluem o tratamento da heterogeneidade linguística de forma politicamente correta, isto é, considerando a equivalência funcional das variedades e rejeitando o chamado "preconceito linguístico" e a avaliação dicotômica entre o "certo" e o "errado" nos modos de falar e de escrever na produção discente (COELHO, 2007). Por outro lado, há uma forte pressão de muitas agências sociais em favor da gramática normativa e da recepção da norma padrão como a única considerada correta e representativa da língua pátria. Os seguintes excertos de uma entrevista que concedi à revista virtual *Letra Magna*, ano 03, n. 04, 1º semestre de 2006, www.letramagna.com, ilustram a relação conflituosa entre a pesquisa linguística científica e a tradição gramatical normativa e as consequências de tal conflito para o ensino.

> LETRA MAGNA: Os falantes comuns (aqueles que não são ligados à linguística) ainda continuam apegados às regras muitas vezes antigas e engessadas contidas nessas gramáticas. Muitas vezes, sequer aceitam as explicações dos linguistas de que há diversas gramáticas. O que está acontecendo? De quem é a falha (se é que ela existe)?
>
> SB: Os falantes comuns, que não estão familiarizados com a literatura linguística especializada, veem-se muitas vezes diante de polêmicas entre linguistas modernos e gramáticos conservadores em relação a certos usos da língua. A linguística moderna demonstra cientificamente, por exemplo, que um determinado traço linguístico considerado "erro" é descendente legítimo de usos correntes em estágios anteriores da história da língua, ou mostra que algumas exigências da gramática normativa não têm fundamento lógico. Os usuários da língua, no entanto, leem em gramáticas e nos muitos manuais publicados pelos órgãos de imprensa que aquele traço deve ser evitado. É o caso, por exemplo, de certas regências verbais (O verbo implicar deve ser usado como transitivo direto ou indireto? O verbo assistir no sentido de presenciar tem de receber complemento indireto? etc.). Algumas gramáticas normativas mais modernas já vêm incorporando informações fornecidas por estudos linguísticos descritivos, mas de modo geral o usuário prefere "se garantir" aderindo à norma prescritivista quando tem de fazer concursos,

prestar vestibular, redigir um ofício no seu local de trabalho etc. (a propósito, usa-se ou não se usa vírgula antes de etc.?). Seria desejável que as gramáticas normativas escolares contemplassem o conceito de adequação bem como informações sobre variação linguística. Assim poderiam orientar o usuário da língua a fazer a opção certa entre a variante mais tradicional e a mais moderna de uma regra linguística em processo de mudança, de acordo com a situação de fala ou de escrita, com o seu papel social no evento e, principalmente, com seus objetivos comunicativos.

LETRA MAGNA: A senhora acredita que seja necessária uma gramática de referência (do tipo teórica ou normativa) para que uma língua preserve sua cultura ?

SB: Na cultura letrada, presente em praticamente todas as comunidades de fala contemporâneas, a descrição da estrutura e dos usos linguísticos é muito importante como um quadro referencial que pode ajudar os usuários na sua produção linguística oral ou escrita. Essa descrição pode ser muito útil também na formação de professores, que precisam desenvolver sua capacidade de refletir sobre a linguagem que eles próprios usam nas diversas situações comunicativas e sobre a linguagem de seus alunos. Veja-se, por exemplo, o processo de alfabetização, que precisa ser informado por noções de fonologia e de gramática em geral.

LETRA MAGNA: A gramática tradicional normativa foi (e ainda é) vítima de ataques por parte de diversos linguistas no que diz respeito às suas incoerências teóricas. A senhora considera pertinente o posicionamento desses linguistas?

SB: No Brasil herdamos uma tendência a valorizar em demasia a chamada gramática normativa, que tem sido objeto até de legislação federal, como a Lei nº 5765 de 18 de dezembro de 1971, que aprovou alterações na ortografia da língua e a Portaria nº 36 de 28 de janeiro de 1959, do MEC, que propôs a Nomenclatura Gramatical Brasileira (NGB). Essa NGB, desde então, ganhou *status* de conteúdo programático em todos os níveis de ensino. Ensinar Português passou a ser sinônimo de ensinar gramática, em detrimento de um trabalho pedagógico que favoreça a competência comunicativa dos alunos, habilitando-os a desempenhar, com eficiência e segurança, qualquer tarefa comunicativa, na língua oral ou escrita, que se lhes apresente na sua vida social e especialmente profissional. Quando os linguistas criticam a gramática normativa estão considerando dois fatos: o primeiro é a séria distorção na nossa cultura escolar, que confunde o ensino da língua com a memorização de terminologia gramatical. O segundo é a ignorância das normas prescritivas em relação ao processo de evolução natural da língua e aos estudos descritivos, que se baseiam em metodologias mais atualizadas.

Diante da fricção entre essas posições opostas, os professores têm dificuldade para se posicionar e tratar as ocorrências linguísticas próprias das variedades populares e dos estilos não monitorados em seu trabalho pedagógico. É especialmente difícil para eles operacionalizar o conceito de relativismo cultural, fundamental no desenvolvimento da Linguística contemporânea, a partir do século XX, aplicando-o à análise da situação sociolinguística brasileira, com vistas a esclarecer, em salas de aula do Ensino Fundamental, ou mesmo no Ensino Médio, por que certas variedades do nosso português têm aceitação mais ampla que outras.

Um exemplo dessas dificuldades é explicar a alunos de séries iniciais por que a fala de personagens de ficção, nascidos e criados no campo, em particular a de Chico Bento, com a qual eles estão familiarizados, é recebida com reservas nas comunidades urbanas ou até mesmo com franco preconceito. Neste capítulo avalio como é difícil fazer a transposição didática de pressupostos da ciência linguística, como o relativismo cultural, que se contrapõem aos preconceitos em relação a línguas ou variedades de língua e seus falantes, se temos compromisso com a clareza, mas queremos evitar o tratamento trivializado desses conceitos.

Um exemplo das dificuldades didáticas no tratamento da variação linguística

Nesta seção e na próxima examino os esforços de uma professora para levar seus pequenos alunos a receberem com naturalidade as diferenças linguísticas com que a equipe de Maurício de Sousa marca o repertório de fala do personagem Chico Bento, seus familiares e amigos. O seguinte episódio de sala de aula ocorreu numa 1ª série em uma escola pública na cidade de Taguatinga-DF, em 2003.

Trata-se de uma conversa entre professora e alunos depois que eles assistiram a um vídeo do personagem Chico Bento, de Maurício de Sousa. A professora, Sônia Maria Oliveira, é uma alfabetizadora muito competente. É formada em Pedagogia e nunca teve muita oportunidade de estudar Sociolinguística sistematicamente, mas, durante o trabalho de campo da mestranda Maria Alice Fernandes de Sousa, leu e discutiu com ela textos sobre variação linguística. A fala de cada aluno está identificada com um "A" seguido de um número. A fala da professora está identificada com um "P".

A1 – Eu quase num consegui entendê o que o Chico Bento falô, ele fala muito enrolado. Fala muito errado. Parece que ele ainda tá aprendeno a falá. Acho que tá sem dente.

A2 – Ele fala tudo errado mermo. Quando foi dizer "olha", falô "oia".

A3 – Eu acho que ele ainda é muito pequeno, tá aprendeno a falá agora.

A4 – É porque ele ainda não estuda. Quando ele for pa escola, ele vai aprendê a falá bem direitim.

P – Vocês observaram onde o Chico mora?

A5 – Acho que ele mora numa chácara, porque tem uma floresta.

A6 – Ele usa ropa de festa junina, então ele é caipira, deve morá na roça.

A7 – É se ele morasse na cidade ingual nós, ele usava ropa normal, ingual a nossa.

A8 – É ele usa chapéu de paia deve de morá em fazenda. O pai dele deve sê casero.

A9 – Agora entendi, ele fala assim, porque ele mora na roça. Eu tenho um tio que tem um amigo que mora na roça e ele fala parecido o Chico.

Comentário sobre o episódio interacional de sala de aula

Vamos refletir sobre a interação que acabamos de ler. Ela é muito reveladora da competência comunicativa dos alunos e de suas habilidades de tecer comentários pertinentes sobre o filme a que assistiram e de dar respostas adequadas à professora. Observe-se que essas crianças de primeira série, cuja idade varia entre 7 e 8 anos, já são capazes de discorrer sobre as peculiaridades da vida no campo e da vida na cidade. Para interpretar as características sociodemográficas do personagem Chico Bento, que representa a cultura rural, eles as associam a experiências com chácaras, caseiros e festas juninas, pois não têm uma experiência efetiva com a vida rural. Também já são capazes de perceber que há diferenças nos modos de falar no campo e na cidade. Os estudos de atitudes linguísticas desenvolvidos por Lambert e seus associados na Universidade de McGill mostraram que crianças de 10 anos ainda não haviam desenvolvido uma postura negativa ou preconceituosa em relação a grupos minoritários (ANISFELD e LAMBERT, 1964). Por volta dos 12 anos, esse sentimento negativo começa a aparecer e tende a manter-se durante toda a adolescência (LAMBERT, FRANKEL e TUCKER, 1966). Esses psicólogos sociais apontam que o período crucial no desenvolvimento de atitudes linguísticas que refletem preconceitos étnicos é a pré-adolescência.

Há que se notar que os alunos do nosso episódio criam várias hipóteses sobre a fala de Chico Bento. Comentam que Chico fala *"muito enrolado e que parece que ele está aprendendo a falar"*; *"que ele não estuda"* e *"quando for para a escola vai aprender a falar bem direitim"*. Todos esses enunciados revelam uma atitude negativa em relação à fala do personagem. Gradualmente, a professora vai acatando as hipóteses e apresentando perguntas que os levam a evoluir o raciocínio. Aos poucos, as crianças substituem os primeiros enunciados, em que se pode perceber uma certa desqualificação da fala de Chico Bento, por outros que já se alinham com uma visão mais relativista.

No fascículo destinado à formação de professores, depois de reproduzir esse episódio, apresentei a seguinte definição de relativismo cultural:

> O relativismo cultural é uma postura adotada nas Ciências Sociais, inclusive na Linguística, segundo a qual uma manifestação de cultura prestigiada na sociedade não é intrinsecamente superior a outras. Quando consideramos que as variedades da língua portuguesa empregadas na escrita ou usadas por pessoas letradas quando estão prestando atenção à fala não são intrinsecamente superiores às variedades usadas por pessoas com pouca escolarização, estamos adotando uma posição culturalmente relativa e combatendo o preconceito baseado em mitos que perduram há muito tempo em nossa sociedade (BORTONI-RICARDO, 2004, p. 9).

De fato, a professora não chegou a discutir os princípios basilares do relativismo cultural, certamente porque é difícil tratar deles de forma acessível à compreensão das crianças. Optou por enfatizar o fato de que as diferenças entre os modos de falar no campo e na cidade não são um impeditivo para a compreensão entre os falantes dos dois grupos sociais. Partindo dessa premissa, propõe a questão condutora da conclusão final: *"– Então existe jeito certo ou errado de falar?" "– Não, cada pessoa fala do seu jeito"*. Mas conseguiu passar a mensagem de que se deve evitar o preconceito linguístico. Por vias transversas, chegou à própria base filosófica do relativismo cultural.

Discutindo conceitualmente o relativismo cultural

Há duas interpretações mais comuns desse conceito. A primeira é mais radical; a segunda, mais realista.

Um pressuposto na concepção culturalmente relativista dos linguistas e antropólogos, no começo do século XX, é que não existem línguas primitivas no sentido de terem de recorrer a gestos ou outros expedientes para que a comunicação se efetive. Outro é o da equivalência funcional. Segundo interpretações que se tornaram bastante populares a partir de meados desse século, a equivalência funcional entre línguas ou variedades significa que essas se equivalem tanto em sua estrutura quanto em seu uso, ou seja, todas as línguas têm igual complexidade. Sendo assim, afirmavam os primeiros pesquisadores que se dedicaram ao estudo de línguas ameríndias não haver fundamento científico para que um código linguístico seja mais valorizado que outros. Essa postura cumpriu um papel importante na luta contra o preconceito linguístico, cujas vítimas são os usuários da língua ou variedade de pouco prestígio social. Como bem observou Bourdieu (1974), o pouco prestígio de um grupo social acaba por se transferir às suas formas de falar.

Considero que essa é uma interpretação mais forte, ou mais radical, do princípio da equivalência funcional. Embora tenha tido um importante papel de natureza sociopolítica, como observei, essa interpretação é de difícil comprovação empírica, considerando principalmente as diferenças no universo vocabular entre as línguas. Segundo Dell Hymes (1974), é a confiança ideológica e não o conhecimento empírico que leva os linguistas a afirmarem tais coisas (cf. BORTONI-RICARDO, 2005, p. 111).

O Círculo Linguístico de Praga postulava uma escala de três níveis quanto à "intelectualização" e complexidade nas línguas, a saber: dialeto de conversação; técnico rotineiro e científico funcional (GARVIN; MATHIOT, 1974). Na mesma linha de raciocínio, o conceito de diglossia proposto por Charles Ferguson (1959/1972) leva em consideração, além das diferenças estruturais entre línguas e variantes de uma língua, também as diferenças funcionais. Segundo esse pioneiro das ciências linguísticas, um importante traço da diglossia é a especialização de função dos códigos coexistentes no repertório de uma comunidade, isto é, cada um deles assumindo um papel definido. A proposta de Ferguson milita também em favor de uma interpretação mais realista do relativismo cultural, cujas raízes vamos encontrar no trabalho de Franz Boas (1911-1974). Quando Boas e seus contemporâneos travaram contato com as línguas indígenas na América do Norte, a seguinte e crucial questão se lhes apresentou: considerando as especificidades dessas línguas e as diferenças entre elas e as línguas europeias, seria adequado considerar que as línguas ameríndias estavam em um estágio "primitivo", inferior às línguas indo-europeias? Vejamos o que diz o próprio Boas:

> Tem sido dito que a concisão e a clareza de pensamento de um povo dependem em grande escala de sua língua. A facilidade com a qual em nossas modernas línguas europeias expressamos ideias abstratas por meio de um único termo e a facilidade com que amplas generalizações são lançadas nos limites de uma única sentença têm sido consideradas uma das condições fundamentais da clareza de nossos conceitos, da força lógica de nosso pensamento e da precisão com que eliminamos em nossos pensamentos detalhes irrelevantes. [...] Quando comparamos o inglês moderno com algumas dessas línguas indígenas, que são mais concretas em sua expressão formativa, o contraste é gritante (BOAS, 1974, pp. 23-4; tradução nossa).

Para ilustrar sua assertiva, Boas fornece vários exemplos. Em certas línguas indígenas não se pode dizer: "O olho é o órgão da visão", tomando-se a palavra olho genericamente. Só é possível referir-se a olho nessas línguas atribuindo-o a alguém que o possua. No entanto, prossegue o linguista afirmando que seria perfeitamente razoável prever que um ameríndio que recebesse treinamento em Filosofia passaria a usar formas nominais subjacentes dissociadas do elemento possuidor, alcançando formas abstratas, comuns nas línguas europeias. Boas confirmou essa hipótese em um experimento com um grupo étnico falante da língua kwakiutl na ilha de Vancouver. Seus membros foram capazes de usar palavras como "amor" e "piedade" dissociados do elemento possessivo. Outro exemplo da mesma língua que o autor fornece refere-se à ideia de "estar sentado" *(to be seated)*, que os usuários da língua empregavam sempre com um sufixo expressando o lugar onde a pessoa estava sentada. Quando foi necessário, por alguma razão, exprimir a ideia do estado de "estar sentado", foi proposta uma perífrase na língua, equivalente a: "estar numa postura sentada" *(being in a sitting posture)*, mas a oportunidade de empregar essa perífrase raramente ou nunca se apresentou. O autor conclui então que, quando formas genéricas de expressão não são empregadas em uma determinada língua, isso não prova a incapacidade daquela língua de formá-las; prova simplesmente que o modo de vida da comunidade não requer o uso dessas formas genéricas. Elas podem ser desenvolvidas a qualquer momento em que se tornarem necessárias.

Um outro exemplo bastante revelador, também fornecido por Boas, refere-se à capacidade de contar em uma língua usando os números cardinais. Algumas línguas, como o esquimó, dispõem de numerais até 10 (dez). É sabido também que no antigo guarani não se contava além de 3 (três). No entanto, se a comunidade for posta em contato com outras em que a quantificação é indispensável, facilmente desenvolve recursos lexicais, pela via do empréstimo ou da criação morfológica, para suprir as necessidades. Em resumo, segundo Boas, a língua usada por qualquer comunidade tem o potencial de ampliar seu vocabulário ou modificar seus modos de falar de maneira a adaptar-se a necessidades supervenientes naquela comunidade. Dell Hymes ecoa a concepção de equivalência funcional entre línguas, avançada por Boas, quando afirma que "uma relação social implica a seleção ou a criação de meios comunicativos considerados apropriados ou talvez específicos a ela" (DELL HYMES, 1974, p. 76). Podemos, então, concluir que uma interpretação mais realista e menos radical do conceito de equivalência funcional, por sua vez implícito na noção de relativismo cultural, é a de que as línguas se equivalem funcionalmente na medida em que atendem sempre de forma satisfatória às necessidades comunicativas das comunidades que as usam. São equivalentes porque nenhuma delas é mais funcional que as outras para a comunicação nas comunidades em que são usadas. Mas, a bem da verdade, antes de aderirmos a essa conclusão, é preciso tecer algumas considerações.

Se um indivíduo falante de determinada língua migrar para outra sociedade tecnologicamente mais avançada na qual se falam outras línguas ou se toda uma comunidade, por questões políticas, passar a conviver com outros grupos sociais, como é o caso de línguas postas em contato, a língua original do indivíduo ou da comunidade pode necessitar de ajustes e adaptações para se manter funcional. Na Europa Central, cujo mapa político já passou por inúmeras alterações, conhecemos o caso de comunidades falantes do húngaro e do esloveno que, postas em contato com a língua alemã, tornaram-se bilíngues. Nesse processo, passaram a incluir em seus repertórios estratégias de mudança de código (*code-switching*) que lhes permitissem expressar-se, usando um léxico que, apesar de estrangeiro, era mais específico, ou adequado, quando a situação comunicativa assim o exigia (cf. GAL, 1979). Outros recursos de que se socorreram foram os empréstimos para suprir lacunas lexicais.[1]

Pode-se reiterar, então, que uma variedade empregada por um grupo social em uma comunidade de fala atende a todas as necessidades comunicativas daquele grupo e daquela comunidade. Mas há que se considerar também que as necessidades comunicativas podem variar muito de uma comunidade para outra. Essa variação é diretamente condicionada pela complexidade das práticas sociais vigentes, levando-se em conta um contínuo de oralidade-letramento (cf. BORTONI-RICARDO, 2005, para a situação brasileira). É aconselhável tratar essa questão levando em conta práticas sociais letradas e práticas sociais de oralidade, bem como o conceito de alfabetismo funcional.[2]

A variação entre o rural e o urbano no português do Brasil

Sabemos, naturalmente, que as comunidades brasileiras do campo, que Chico Bento representa, e mesmo as comunidades urbanas, praticam uma cultura predominantemente oral e têm pouco acesso a práticas sociais letradas. As taxas de analfabetismo nas áreas rural e urbana no Brasil são de, respectivamente, 28,7% e 9,5 % (dados do Instituto Nacional de Estudos e Pesquisas Educacionais Anísio Teixeira – INEP). A variação linguística que se observa entre os falares rurais e os urbanos é condicionada basicamente pelas diferenças de acesso a certos bens culturais, entre os quais tem maior relevância a cultura de letramento. Neste caso, quem mais se aproximou de uma análise sociolinguística precisa no episódio da sala de aula que lemos foi o aluno $A_{4,}$ ao dizer: *"É porque ele ainda não estuda, quando ele for pa escola vai aprendê a falá direitim"*.

Aos exemplos que Franz Boas fornece sobre línguas ameríndias, para sustentar a concepção de equivalência funcional, podemos aduzir este mais próximo da nossa vivência. Na cultura rural brasileira o cálculo da produção de cereais, especialmente do milho, é feito tradicionalmente com categorias próprias. Um "carro" de milho equivale a 40 "balaios"; um "balaio" equivale a 30 "atios" (atilhos); um "atio" equivale a 4 "espigas de milho". Depois da colheita, o milho ou feijão são depositados em montes, espalhados pela roça, denominados "bandeiras".³ Todas essas categorias são bastante funcionais para o produtor rural. No entanto, se ele precisar interagir com indivíduos de antecedentes urbanos, como o gerente do banco no qual vai buscar financiamento, poderá facilmente ajustar-se ao sistema métrico de cálculo, adotando palavras e medidas como quilograma, tonelada etc. No seu *habitat* as categorias de que o dialeto dispõe são perfeitamente funcionais. Fora dali, se for necessário, o falante do dialeto caipira pode ampliar o seu repertório. O mesmo vale para toda uma comunidade rural. Com a introdução de tecnologia agropecuária no campo, a variedade usada pela comunidade vai incorporar, por empréstimo, novos itens lexicais ou até mesmo desenvolver os termos necessários valendo-se da morfologia derivacional do dialeto. Nesse sentido, o falar rural é funcionalmente equivalente às variedades urbanas da língua.

Na sociedade brasileira, a cultura urbana é historicamente mais prestigiada que a cultura rural. Essa não é a situação em todos os países. Na Inglaterra, por exemplo, dialetos de certas áreas rurais muito aprazíveis são mais prestigiados que dialetos de áreas urbanas degradadas pela industrialização.

Não se pode esquecer também de que a toda diferença corresponde uma desigualdade. No caso brasileiro, as desigualdades têm início com a própria formação do país. A clivagem entre os brasileiros alfabetizados e os que não sabem ler e escrever começou nas primeiras décadas da colonização.

Sabemos que até meados do século XIX o Brasil era um país essencialmente rural. Segundo Buarque de Holanda (1997), no Brasil-Colônia, assim como em outros países de história colonial recente, mal existiam tipos de estabelecimento humano intermediários entre os meios urbanos e as propriedades rurais; os primeiros, restritos, neste país, à faixa litorânea, e as últimas espalhando-se pelas regiões interioranas, à medida que as terras eram desbravadas e se sucediam os ciclos na produção agropecuária. Nessas grandes extensões interioranas, as condições sociolinguísticas nos primeiros séculos de colonização, a saber: o contato de línguas – as várias línguas dos grupos étnicos, a língua geral e as interlínguas dos indígenas no seu esforço para se comunicar com o colonizador e, posteriormente, as línguas africanas –; a ausência de um sistema educacional e a ínfima circulação de textos escritos em português, já que até 1808 era proibida na Colônia qualquer atividade de imprensa, contribuíram para formar uma variedade dialetal de português oral, muito distinta da língua falada e escrita em centros urbanos em Portugal e, posteriormente, no Brasil. Essa variedade dialetal permaneceu infensa à influência das agências letradoras próprias da cultura urbana. Essa é a origem da língua e da cultura caipira, que veio a receber uma primeira descrição em 1920, com *O Dialeto Caipira* de Amadeu Amaral (1976).

A padronização do português brasileiro

A padronização do português brasileiro correu paralela ao processo de urbanização, intermitente e caótico. É bem verdade que, já em 1770, o primeiro-ministro português, Marquês de Pombal, impôs uma gramática normativa única a todas as escolas de Portugal e de além-mar. Mas essa providência teve pouco efeito porque, como já observei, a massa populacional brasileira não tinha acesso à escola nem a práticas letradas, restritas ao clero e à elite que representava o Estado português na colônia.

Na Europa, a industrialização precedeu a urbanização e há entre os dois processos uma relação de causa e consequência. No Brasil, como no resto dos países em vias de desenvolvimento, a urbanização não foi consequência da industrialização e se explica por circunstâncias históricas e pressões econômicas que delas decorrem.

Podem-se identificar dois períodos na urbanização brasileira (PEREIRA DE QUEIROZ, 1978). O primeiro tem início com a colonização, quando se criam os núcleos urbanos litorâneos do Brasil-Colônia. Salvador foi construída a partir de 1549, para abrigar a administração colonial; a fundação do Recife e de Olinda está associada às invasões holandesas ainda no início do século XVI e a do Rio de Janeiro, às invasões francesas em 1565. Mas a população carioca só começa a adotar hábitos de sociedade burguesa quando a cidade se torna sede do reino português, no final de 1808, após a vinda da Corte, que fugia do ímpeto conquistador de Napoleão Bonaparte. Cerca de trinta anos mais tarde o modo burguês de vida chegaria a São Paulo que, no século seguinte (século XX), consolida-se como uma grande metrópole graças à cultura cafeeira. As primeiras cidades de Minas Gerais surgem com a exploração aurífera no início de século XVIII. O ouro e os diamantes financiaram suas igrejas, casario e toda a sua estrutura urbana.

À medida que o modo de vida burguês ganhava prestígio, aprofundava-se uma clivagem entre a cultura urbana e a cultura tradicional interiorana. As cidades se tornaram, por excelência, o *locus* da cultura de letramento, enquanto no interior se perpetuava uma cultura predominantemente oral.

O processo de industrialização só começou no Brasil no final dos anos 40 do século XX. Inicia-se aí uma segunda fase de urbanização. Mas a ausência de uma sólida base industrial no século XIX e começo do século XX determinou que apenas algumas poucas cidades desenvolvessem um sistema social estratificado. Nas cidades menores e em regiões mais pobres, foram mantidas a uniformidade e a tradição do modo rural de vida.

A difusão dos hábitos citadinos teve como consequência o aprofundamento da clivagem entre a cultura urbana, diretamente influenciada pelos modelos europeus, e a cultura rural, e levou as cidades a assumirem uma posição de superioridade em relação à vida interiorana. No século XX, a urbanização brasileira acelerou-se, implementada pela introdução de tecnologia no campo, pelo massivo êxodo rural e melhorias nos sistemas de comunicação e de transporte. Contudo, a população rural que se deslocou para as cidades recriou, no novo *habitat*, espaços culturais "rurbanos" (BORTONI-RICARDO, 1985). Sua efetiva integração ao modo urbano de vida é lenta e depende muito das oportunidades de acesso à escola e a práticas letradas.

A avaliação negativa que os pequenos estudantes em nosso episódio fizeram da fala de Chico Bento e, consequentemente, da cultura rural, embora eles próprios tenham em seu repertório traços dessa fala (por exemplo, "nós fala" e "ingual"), reflete o estereótipo negativo associado a essa cultura que se foi formando na sociedade brasileira desde seus primeiros séculos de história.

Para justificar a equivalência funcional entre os falares rural e urbano, a professora valeu-se do argumento da inteligibilidade mútua entre esses falares.

> P – Mas vocês conseguiram entender a conversa do Chico com o Zé Lelé no filme? Conseguiram entender a história?
>
> A11 – Sim, até posso contá.
>
> P – Então o que há de diferente entre a fala do Chico e a fala de vocês?
>
> A12 – Agora eu tô pensando, a diferença é porque ele mora na roça, fala igual as pessoa de lá e nós moramo aqui na cidade, falamo igual as pessoa da cidade.
>
> A13 – Cada pessoa fala de um jeito, se mora na cidade fala do jeito do povo da cidade, se mora na roça fala do jeito do povo da roça.
>
> P – As pessoas da cidade conseguem entender o que as pessoas da roça querem dizer ao falarem? E as pessoas da roça conseguem entender as pessoas da cidade?
>
> A14 – Consegue, na minha família tem pessoa que mora em chácara e a gente consegue entender o que eles falam e eles também consegue entender o que nós fala.

Entretanto, a questão dessa inteligibilidade é complexa. Os brasileiros que têm pouca escolarização e, consequentemente, pouco contato com a cultura de letramento podem ter muita dificuldade para entender o discurso de um evento de letramento, como o de um jornal televisivo, ou uma entrevista de um político ou de um cientista no rádio ou na televisão (BORTONI-RICARDO, 1984). Dificuldades de entendimento como essas têm de ser levadas em consideração porque representam um forte entrave para a inclusão social da população iletrada em nosso país. Contribuem também para criar nessa população um sentimento de insegurança linguística. Quando a professora e os alunos argumentam que não há dificuldades de entendimento entre falantes de variedades rurais e falantes de variedades urbanas, têm em mente que não existe uma total falta de inteligibilidade, como existe entre os falantes de dialetos distintos em países da Europa, Ásia ou África.

Considerações finais

Voltando, então, à interação da professora Sônia com seus aluninhos, visando desenvolver neles uma atitude culturalmente relativista em relação às diferenças sociolinguísticas no português do Brasil, vemos que o tratamento da questão do dialeto caipira poder beneficiar-se de reflexões sobre o relativismo cultural. A professora poderia ater-se a alguns pontos:

1. Há muitas diferenças entre os modos de falar nas cidades e os modos de falar de pessoas, como Chico Bento, que nasceram e vivem no campo.
2. Muitas das diferenças entre os modos de falar na cidade e no campo se relacionam ao vocabulário empregado em cada uma dessas áreas. No campo, por exemplo, os falantes dispõem de vocabulário mais específico relacionado às plantas medicinais, às árvores, à criação de animais; à alimentação etc. Nas cidades, os falantes dispõem de vocabulários específicos relacionados às atividades urbanas, em especial às atividades tecnológicas e científicas, como a informática, as artes plásticas, a medicina, a ecologia, a engenharia e tantas outras.
3. As pessoas que vivem em áreas rurais têm mais oportunidade de envolver-se em práticas sociais de oralidade; os residentes em áreas urbanas, por sua vez, têm iguais oportunidades de participar de práticas sociais orais e práticas mediadas pela língua escrita, ou seja, práticas sociais letradas.
4. A participação efetiva em práticas sociais letradas está diretamente relacionada ao grau de alfabetismo funcional do indivíduo.[4]
5. Essas diferenças não impedem que pessoas da cidade e de áreas rurais possam conversar entre si, sem problemas. Por isso é que vemos Chico Bento conversando com seu primo que vive na cidade. Há países em que as diferenças nos modos de falar de uma região para outra são tão grandes que às vezes impedem ou dificultam a comunicação.
6. Não nos podemos esquecer, porém, de que as diferenças nos modos de falar entre as comunidades do campo e as da cidade podem criar problemas de compreensão para os habitantes das áreas rurais, que muitas vezes não conseguem compreender bem um jornal televisivo ou uma entrevista na televisão ou no rádio, por exemplo.
7. É frequente ouvirmos pessoas nas cidades criticando os modos de falar e os modos de viver das populações rurais. Essa é uma postura que se implantou no Brasil, desde o começo de sua história, à medida que as cidades passaram a ter mais prestígio que as áreas rurais.
8. A atitude negativa em relação à cultura e aos modos de falar de Chico Bento e sua família reflete um preconceito, que devemos aprender a evitar (cf. BAGNO, 1999).
9. Como qualquer preconceito, o estigma relacionado à cultura rural no Brasil não se apoia em evidências científicas.

10. Podemos dizer que as variedades linguísticas empregadas nas áreas rurais ou semirrurais (*rurbanas*) no Brasil são funcionalmente equivalentes às variedades empregadas nas cidades, pelas pessoas escolarizadas, porque as variedades usadas na roça pelos grupos sociais, como a comunidade em que vive Chico Bento, são perfeitamente adequadas para que as pessoas que lá vivem se comuniquem, realizando todas as tarefas comunicativas que têm de realizar. Usando essa variedade, interagem na família, no trabalho, rezam, engajam-se em uma rica cultura musical etc. Da mesma forma, a variedade usada nas áreas urbanas é adequada a todas as necessidades comunicativas de seus usuários (cf. Duarte, 2008).
11. Se o próprio Chico Bento decidir vir morar numa cidade, frequentar escola, fazer vestibular e seguir uma carreira, seus modos de falar vão ajustar-se às novas necessidades. Ele vai aprender palavras novas e vai modificar em alguns pontos a sua pronúncia. Vai também acostumar-se a participar de práticas sociais letradas na cultura urbana.
12. Da mesma forma, se um indivíduo nascido e criado na cidade for viver numa comunidade rural ou rurbana, terá de aprender palavras específicas da fala rural e participar de práticas sociais próprias da cultura com a qual passou a conviver (cf. Bortoni-Ricardo, 1985).
13. Tanto em um caso como em outro vai ocorrer um processo de acomodação, por meio do qual os falantes tendem a alterar sua fala e suas práticas interacionais, tomando como modelo as pessoas que os cercam e com as quais convivem ou, em algum momento de suas vidas, com quem passaram a conviver.

Bibliografia

Amaral, A. **O dialeto caipira**. São Paulo: hucitec, Secretaria da Cultura, Ciência e Tecnologia, 1976.
Anisfeld, E.; lambert, W. E. Evaluational Reactions of Bilingual and Monolingual Children to Spoken Languages. **Journal of Abnormal and Social Psychology**, 69 (1) pp. 89-97, 1964.
Bagno, M. **Preconceito linguístico**. São Paulo: Loyola, 2. ed. 1999.
Boas, F. Introduction to the Handbook of American Indian Languages. In: Blount, B. G. (Org.). **Language Culture and Society**: a book of readings. Cambridge, Ms: Winthrop Publishers, 1974, pp. 12-31 (1ª publicação em 1911).
Blom, J. P.; Gumperz, J. J.(1972) Social meaning in Norway. In: Gumperz, J. J.; Hymes, D. (Orgs.). **Directions in Sociolinguistics**. New York: Holt, Rinehart e Winston, pp. 407-34 (traduzido em Ribeiro, B. T; Garcez, P. M. (Orgs.). **Sociolinguística interacional**. São Paulo: Edições Loyola, 2002, pp. 45-84).
Bourdieu, P. **A economia das trocas simbólicas**. São Paulo: Perspectiva, 1974.
Bortoni-Ricardo, S. M. **The Urbanization of Rural Dialect Speakers**: a sociolinguistic study in Brazil. Cambridge: Cambridge University Press, 1985.
_____. **Da fala para a escrita 1**. Brasília: Centro de formação continuada de professores da Universidade de Brasília – ceform, mec/seb, 2004.

_____. Problemas de comunicação interdialetal. **Revista Tempo Brasileiro 78/9**. 1984, pp. 9-32, reproduzido parcialmente em Bortoni-Ricardo, 2005, capítulo 14.
_____. **Nós cheguemos na escola, e agora?** Sociolinguística & Educação. São Paulo: Parábola Editorial, 2005.
_____. Um modelo para a análise sociolinguística do português do Brasil. In: BAGNO, M. (Org). **Linguística da norma**. São Paulo: Edições Loyola, 2002, pp. 333-50.
BUARQUE DE HOLANDA, S. **Raízes do Brasil**. São Paulo: Companhia das Letras, 1997.
COELHO, P. M. C. R. **O tratamento da variação linguística no livro didático de português**. Dissertação de mestrado, Universidade de Brasília, 2007.
DUARTE, A. do N. **A preservação da identidade sociocultural por meio de práticas discursivo-religiosas em contextos rurais**. Dissertação de mestrado, Universidade de Brasília, 2008.
FERGUSON, C. A. Diglossia. **Word**, vol. 15, 1959, pp. 325-40.
GAL, S. **Language Shift**: social determinants of linguistic change in bilingual Austria. Nova York: Academic Press, 1979.
GARVIN, P. L.; MATHIOT, M. A urbanização da língua guarani. In: FONSECA, M. S.; NEVES, M. H. M. (Orgs.). **Sociolinguística**. Rio de Janeiro: Eldorado, 1974. pp. 119-130.
HYMES, D. **Foundations in Sociolinguistics**: an ethnographic approach. Philadelphia: University of Pennsylvania Press, 1974.
LAMBERT, W. E.; FRANKEL, H.; TUCKER, G. R. Judging Personality Through Speech: a French-Canadian example. **Journal of Communication**, 16, pp. 305-21, 1966.
PEREIRA DE QUEIROZ, M. I. **Cultura, sociedade rural, sociedade urbana no Brasil**. Rio de Janeiro: Livros Técnicos e Científicos e São Paulo: EDUSP, 1978.
WEINREICH, U.; LABOV W.; HERZOG, M. I. **Fundamentos empíricos para uma teoria da mudança da linguística**. São Paulo: Parábola Editorial, 2008 (publicado no original, em inglês, em 1968).

Notas

[1] É comum na literatura sociolinguística fazer-se uma distinção entre processos de "code-switching" e o empréstimo no nível lexical.
[2] Ver: www.acaoeducativa.org.br ou www.ipm.org.br.
[3] Devo essas informações à professora. Miliane Nogueira Magalhães Benício.
[4] Para mais informações sobre alfabetismo funcional, ver: www.acaoeducativa.org.br e www.ipm.org.br.

Ensinar, escrever, refazer(-se): um olhar sobre narrativas docentes e identidades

Carla L. Reichmann

> "Esta profissão precisa de se dizer e de se contar: é uma maneira de a compreender em toda a sua complexidade humana e científica. É que ser professor obriga a opções constantes, que cruzam nossa maneira de ser com a nossa maneira de ensinar; e que desvendam na nossa maneira de ensinar a nossa maneira de ser."
> Antônio Nóvoa

Alinhando-se à epígrafe, este capítulo[1] tem como objetivo discutir o impacto vital da produção e recepção de diários em contextos de letramento e formação docente, partindo das seguintes premissas: (i) a língua constitui e é constituída por processos sociais, representando e ressignificando saberes, relações e identidades sociais (Fairclough, 1992); (ii) a escrita reflexiva é uma ação profissional (Burton, 2005); e (iii) "narrativas [docentes] constituem um singular foco de pesquisa no campo da Linguística Aplicada" (Pavlenko, 2007).[2]

Sob a ótica da Linguística Sistêmico-Funcional (doravante LSF) (Halliday, 1994), este texto lança um olhar sobre diários e relatos reflexivos produzidos por duas professoras de Inglês como língua estrangeira atuantes na rede pública – uma engajada no Ensino Fundamental, outra no Ensino Superior, ambas alunas em um curso de pós-graduação em Linguística em uma universidade pública na região Nordeste.[3] Pretende-se, também, tornar público o trabalho da recém-criada linha de pesquisa em Linguística Aplicada no Programa de Pós-Graduação em Linguística (PROLING/UFPB) – linha que prioriza a pesquisa com professores de língua estrangeira e materna que atuam no Ensino Fundamental, Médio e Superior de redes públicas de ensino.

Ao problematizar e documentar práticas discursivas docentes, retextualizações catalisadas pela produção diarista podem engendrar inusitados espaços narrativos, ou *paisagens de saberes profissionais* (CONNELLY e CLANDININ, 1999), lugares onde o professor simultaneamente reconstrói sua narrativa, seu objeto de estudo e a si mesmo. De acordo com Fairclough (2003, p. 160), "[a] consciência de si mesmo é uma pré-condição para processos sociais de identificação, ou seja, a construção de identidades sociais, incluindo a identificação social em discursos, em textos". Conforme apontado por Block (2007, p. 1), "[i]dentidade implica negociar novas posições de sujeito na encruzilhada do passado, presente e futuro"; também é relevante sublinhar, segundo Dubar (2005, p. 33), que as identidades sociais e profissionais típicas são "construções sociais que implicam a interação entre trajetórias individuais e sistemas de emprego, de trabalho e de formação".

Cabe aqui definir dois conceitos adotados neste trabalho: *letramento* e *retextualização*.

Letramento é "um conjunto de práticas sociais nas quais um sujeito ou um grupo de sujeitos se engaja e em que escrita é parte integrante" (KLEIMAN, 1995 apud GUEDES-PINTO, GOMES e SILVA, 2005, p. 68); e questões de poder estão intrinsecamente ligadas à prática da escrita, que é construída socioculturalmente ao longo da história humana.

Por retextualização, entende-se uma "atividade que implica a produção de um novo texto a partir de um ou mais textos-base (MATENCIO, 2002), envolvendo relações entre gêneros e textos (intertextualidade) e entre discursos (interdiscursividade)" (GUIMARÃES SILVA e MATENCIO, 2005, p. 246).

Ancorado nesses conceitos, este capítulo torna pública uma experiência em sala de aula que objetivou promover um trabalho coerente com as questões aqui apresentadas, em um momento em que uma formadora vê o entrecruzamento de sua história com outras histórias profissionais. Dito de outra forma, momento em que uma formadora, cuja prática discursiva está alicerçada na produção e recepção diarista, lança um desafio e quando duas professoras de Inglês mergulham no desconhecido, produzindo diários reflexivos[4]. Os diários em questão foram concebidos na disciplina Fundamentos de Linguística Aplicada (doravante FLA), no primeiro semestre de 2006, e tais diários desdobraram-se nos relatos reflexivos analisados neste capítulo.

Na seção seguinte, delineamos um breve panorama sobre o projeto de pesquisa em questão, seguindo-se seções que focalizam o gênero diário reflexivo, a LSF, metodologia e uma discussão sobre os relatos. A cada momento, é sublinhada a relevância da documentação e interpretação de práticas discursivas docentes por meio da produção diarista. Subjaz ao longo de todo o capítulo a crença de que diários e relatos reflexivos podem visibilizar práticas identitárias e permitem um olhar crítico sobre práticas de letramento docente.

O projeto "Professores-em-construção"

Divergindo de uma postura alinhada à racionalidade técnica, tendências contemporâneas na área de letramento e formação de professores de línguas convergem para práticas identitárias pautadas na complexidade, pluralidade e fluidez das paisagens de saberes profissionais, como podemos ver em trabalhos brasileiros recentes de Ludke (2001), Celani e Magalhães (2002), Moita Lopes (2004), Gimenez, (2005), Castro e Silva (2006), Fabrício (2007) e Medrado (no prelo), entre outros. Norteados por um paradigma qualitativo, os trabalhos desses educadores e linguistas aplicados privilegiam pesquisas de cunho narrativo, etnográfico e interpretativista, problematizando temas como letramento e formação docente, o professor reflexivo, o professor-pesquisador, ética em pesquisa e identidade profissional, por exemplo.

De acordo com Johnson (2006), a recente virada sociocultural nas Ciências Humanas teve um impacto significativo no modo como a academia entende a maneira pela qual professores de língua estrangeira aprendem a profissão. Entre outros desafios, a autora aponta a relevância da formação "localizada" de professores de língua estrangeira, buscando "coconstruir com os professores respostas localmente apropriadas às suas necessidades de formação docente" (JOHNSON, 2006, p. 246). A linguista acrescenta que é crucial integrar em ações de formação as experiências prévias dos professores, suas interpretações em relação às atividades nas quais se engajam, como também seus contextos de atuação profissional.

Alicerçado nas questões acima e abarcando questões relativas às representações, relações e identidades sociais construídas por professores, o projeto de pesquisa "Professores-em-construção" é uma consequência direta do trabalho de doutorado da autora[5] e tem como objetivo incentivar novas pesquisas sobre letramento e formação docente na perspectiva êmica do professor-pesquisador. Fundamenta-se em aspectos teóricos e práticos envolvidos na recepção e produção de textos reconfigurando práticas discursivas docentes, com ênfase nas retextualizações de agentes de letramento em formação engajados com pesquisa narrativa e pesquisa-ação colaborativa baseadas em rememorações, diários dialogados, relatos reflexivos e memoriais de formação, por exemplo. Ao retratar a pluralidade de percursos e práticas de letramento e formação docente, este projeto visa ser coerente com as múltiplas variáveis envolvidas nas práticas sociodiscursivas em jogo no processo de ensino e aprendizagem de línguas.

Ou seja, a fim de possibilitar um alinhamento coerente com a complexidade dos processos sociais envolvidos nas diversas práticas e trajetórias de letramento e formação docente, o projeto "Professores-em-construção" prioriza a coconstrução de espaços narrativos nos quais complexas histórias discursivas, relações interpessoais e vivências profissionais formam uma intrincada rede social e tornam possível o (re)posicionamento identitário. Como aponta Elbaz-Luwisch (2005, p. 38), "representar a nossa experiência, e a de professores, em texto, é visto como um empreendimento desafiador, complexo e criativo, aberto a revisões e questionamentos constantes; e neste processo, nós não só revisamos o texto, como também o próprio texto pode forjar novas experiências".

Documentando a formação crítico-reflexiva de agentes de letramento, ancorado em práticas linguístico-discursivas, e pretendendo construir uma visão mais complexificada de percursos e práticas de letramento de professores de língua estrangeira, consideramos a universidade como espaço privilegiado de investigação. É também relevante sublinhar a sensibilidade e flexibilidade em relação aos dados – o *corpus* consistirá de narrativas ancoradas, especialmente, na produção diarista. Esses textos serão analisados em uma perspectiva funcionalista, através da LSF (HALLIDAY, 1994). Em outras palavras, pretende-se documentar e analisar as construções discursivas produzidas por professores de língua estrangeira, desvelando como o professor (re)lê a sua realidade profissional e (re)constrói colaborativamente sua identidade social e prática discursiva docente. Nesse sentido, através de práticas discursivas críticas, esperamos contribuir para uma compreensão mais ampla do discurso pedagógico, como também para a formação de professores-pesquisadores de língua estrangeira. Algumas perguntas que norteiam este trabalho são as seguintes: Que aspectos devem ser levados em conta no processo de inserção de professores (em formação inicial e continuada) nessas práticas de letramento? Quais os impactos da pesquisa narrativa nos processos de letramento de professores de língua estrangeira? Quais os fazeres e reposicionamentos docentes sinalizados por escolhas léxico-gramaticais nas narrativas? Que desdobramentos esta pesquisa traz para esta proposta de intervenção?

O projeto também tem como finalidade divulgar a produção acadêmica dele decorrente, voltando-se especialmente para aspectos relativos à socialização e letramento crítico de professores de Língua Inglesa. Almeja também buscar subsídios para novos cursos e pesquisas relacionados a práticas discursivas inovadoras entre agentes de letramento, incentivando o intercâmbio entre a universidade e a escola pública. Alguns desdobramentos que já foram catalisados pelo projeto incluem: criação do grupo de pesquisa de CNPq "Reflexo"; produção textual (focalizando narrativas de aprendizagem) em diversos cursos universitários, tais como *portfolios* no Curso de Educação Continuada para Professores de Língua Inglesa (CECPLIN); um blog em uma disciplina de Língua Inglesa, na graduaçao em Letras; diários dialogados em uma especialização em Estudos Linguísticos e Literários em Língua Inglesa; memoriais, relatos e diários reflexivos na pós-graduação em Linguística; e relatos reflexivos publicados no Projeto AMFALE (PAIVA, 2006). Ainda no âmbito do projeto "Professores-em-construção", foram concluídas duas monografias de especialização focalizando diários docentes (BRANDÃO, 2008; NÓBREGA, 2008) e quatro pesquisas de mestrado estão em andamento (DIAS, 2008; FERNANDES, 2008; OLIVEIRA, 2007; ROCHA, 2008).

Um breve olhar sobre diários e relatos reflexivos

Narrativas docentes podem ser realizadas por meio de diários, autobiografias, memoriais, histórias de vida, relatos reflexivos, *portfolios* e *webfolios*, por exemplo. Ao reconstruir histórias pessoais e profissionais por meio de rememorações, ao criar sentido do presente e ao sinalizar possibilidades profissionais, produções diaristas podem ser cruciais, ressignificando processos de letramento de professores de línguas.

Sobre o diário, objeto deste capítulo, é sabido que constitui um gênero narrativo relativamente comum, abrangendo diários pessoais e diários de bordo, por exemplo, como também diários divulgados publicamente, tais como os de Samuel Pepys (1633-1703), Katherine Mansfield (1888-1923), Anne Frank (1929-1945) e Anaïs Nin (1903-1977). [6] Mais recentemente, com o advento da internet, verifica-se também o surgimento do diário digital, ou blog. Enquanto gênero escolarizado, o diário tem sido muito utilizado como ferramenta de reflexão crítica em contextos internacionais, como nos trabalhos de Bailey (1990), Zabalza (1992), Clandinin e Connelly (2000), Burton e Carroll (2001) e Elbaz-Luwisch (2005), entre outros. No cenário brasileiro, estudos sobre diários de aprendizagem discente e docente também têm sido crescentes, como pode ser constatado nos trabalhos de Machado (1998), Liberali (1999), Reichmann (2001), Mello (2005) e Tápias-Oliveira (2006), para citar alguns.

Vale destacar a relevância da produção diarista em contextos universitários de formação continuada, o foco deste trabalho. O diário reflexivo, como gênero acadêmico, é essencialmente um espaço narrativo pessoal, protegido, no qual o professor/aprendiz/autor pode colocar suas dúvidas, percepções, questões, críticas, seus anseios e conflitos – enfim, pode documentar suas tensões, reflexões e (re)elaborar crenças, atitudes e práticas. Colocado na posição de autor, o professor/aprendiz constrói um espaço narrativo singular, textualizando um diálogo interior. Se esse texto é compartilhado ou não na sala de aula, por exemplo, de que maneira é compartilhado depende de uma negociação coletiva entre os participantes. Em termos de aprendizagem, conscientização e transformação, o particularmente interessante em um diário é seu aspecto longitudinal – releituras podem ser surpreendentes. Ao criar seu próprio objeto de estudo, a documentação de discursos docentes constitui um excelente campo de pesquisa, possibilitando ao próprio professor retextualizar sua prática, utilizando sua sala de aula como espaço de formação. Narrativas de aprendizagem, na forma de diários, possibilitam retextualizar a prática, as vozes, histórias e trajetórias de formação.

Considerando o diário reflexivo como um gênero catalisador (SIGNORINI, 2006), a autora tem utilizado diários de várias formas, dependendo do contexto. Por exemplo, como um diário dialogado (aprendiz-aprendiz, aprendiz-professor) ou como um diário reflexivo pessoal. Na disciplina de FLA a opção foi por diários reflexivos individuais, em que as participantes documentaram seu processo de aprendizagem, visando criar a base para a produção posterior de um relato reflexivo no final do semestre. Dito de outra forma, os diários, produzidos individualmente pelas duas professoras de Língua Inglesa, doravante Maria e Ana (nomes fictícios), balizaram os relatos reflexivos em foco. Motivada pelo evidente engajamento de Maria e Ana com seus diários e o impacto dessa produção diarista, visível ao longo dos relatos reflexivos finais, a autora se propôs a examinar esses textos, uma vez que a proposta da disciplina englobava principalmente a produção diarista.

Em relação a relatos reflexivos, Signorini afirma que o gênero encapsula duas funções vitais:

> A primeira dessas funções é a de dar voz ao professor enquanto profissional. Através da elaboração do "relato reflexivo", são desencadeados processos de articulação e legitimação de posições, papéis e identidades

autorreferenciadas, ou seja, construídas pelo narrador/autor para si mesmo. A segunda função é a de através da interlocução mediada pela escrita, criar mecanismos e espaços de reflexão sobre teorias e práticas que constituem os modos individuais e coletivos de compreensão e de produção/reprodução desse campo de trabalho... (SIGNORINI, 2006, p. 55).[7]

As duas funções apontadas por Signorini são claramente verificadas nos relatos reflexivos (baseados em releituras dos diários reflexivos, pessoais, que não foram compartilhados), espaços narrativos onde ocorrem ressignificações da práxis, de fazeres e de identidades profissionais, como veremos adiante. Cabe ressaltar aqui o construto de *identidade narrativa* (RICOEUR, 1997), constituindo uma estrutura temporal. Ricoeur afirma que, ao narrar-se,

> [o] sujeito mostra-se, então, constituído ao mesmo tempo como leitor e como escritor de sua própria vida [...]. Como a análise literária da autobiografia verifica, a história de uma vida não cessa de ser refigurada por todas as histórias verídicas ou fictícias que um sujeito conta sobre si mesmo. Essa refiguração faz da própria vida um tecido de histórias narradas (RICOEUR, 1997, p. 425).

Em seu projeto hermenêutico, Ricoeur cunhou o termo *tríplice mímese* para sintetizar os seguintes níveis: o da (i) experiência, (ii) produção textual sobre a experiência e (iii) recepção do texto, ou seja, níveis sintetizados, respectivamente, nos tempos de *pré-figuração, configuração* e *refiguração* – processos temporais que aqui servem como enquadre para a produção e recepção diarista. Conforme Carvalho (2003, p. 289), "[e]sses tempos constituem as mediações simbólicas constitutivas do ato de narrar e, como tal, da própria experiência compreensiva". Alinhando-se à hermenêutica de Ricoeur, a dimensão da história vivida e da experiência docente constitui o tempo prefigurado da ação, e pode-se entender a produção diarista como uma *configuração* (a experiência narrada), possibilitando ao professor-autor uma leitura subsequente sobre seu próprio texto (um *ler-se*) – constituindo a *refiguração*. Como esclarece Gagnebin (2007, p. 174), "o conceito de *refiguração*, de transformação da experiência temporal do leitor, apela para um conceito enfático de *leitura* como atividade específica de recepção e de reapropriação transformadora". Enfim, como exemplo de trabalhos recentes sobre identidade narrativa em contextos educacionais diversos, podemos citar os estudos de Elbaz-Luwisch (2002), Mishler (2002), Anhorn (2003) e Estola (2003).

A retomada dos relatos reflexivos em foco, um olhar inicial sobre esses textos, como se verá adiante, revela que a narrativa de Ana, professora do Ensino Fundamental, focaliza como ela vê os professores no seu contexto e descreve sua própria atuação em sala de aula. Ela diz que procurou a pós-graduação para entender por que a gramática é ensinada de uma forma tão tradicional na escola e, ao concluir seu relato, afirma que compreendeu o motivo pelo qual o professor ensina gramática do modo que ensina (como será visto adiante). Já no texto de Maria, professora universitária, surgem descrições referentes a uma atividade que realizou com seus alunos, baseada na sua prática diarista em andamento, refletindo sobre o que funcionou e o que faria diferentemente. Nos dois textos, é visível a maneira semelhante como é retratada a formação de professores, evidenciando o descompasso entre a formação do professor de língua estrangeira e o mundo do trabalho. As interpretações das professoras mandam um recado claro aos formadores: as histórias vividas na universidade deixam a desejar.

A Linguística Sistêmico-Funcional

Conforme colocado anteriormente, a língua é concebida como uma forma de prática social, representando e ressignificando o mundo (FAIRCLOUGH, 1992). Ecoando Fairclough, Lemke (1984) aponta que a língua é um sistema aberto e dinâmico, e que "o universo inteiro enquadra cada enunciado, cada texto"; ou seja, nossas escolhas léxico-gramaticais são situadas, atreladas à nossa história discursiva. Fairclough (1992, pp. 25-6) indica que para formular sua teoria de Análise Crítica do Discurso inspirou-se, entre outros, na Linguística Crítica, uma abordagem desenvolvida na Universidade de East Anglia (FOWLER et al, 1979; KRESS e HODGE, 1979). Essa linha combinava Linguística Textual com uma teoria social de funcionamento da língua baseada na teoria funcionalista de Halliday (1978), conhecida como Linguística Sistêmico-Funcional – a orientação teórico-metodológica utilizada no projeto de pesquisa "Professores-em-construção".

A LSF surge na década de 1960, desenvolvida por Michael Halliday, na chamada Escola de Londres. Segue a tradição teórica desenvolvida nos anos 20 pelo antropólogo Bronislaw Malinowski (que cunhou os termos *contexto de situação/contexto de cultura*, por exemplo) e inspira-se no trabalho do linguista John R. Firth e dos linguistas Edward Sapir e Benjamin Whorf (afirmando que as línguas incorporam específicas visões de mundo), como também no trabalho dos funcionalistas da Escola de Praga (fundada em 1926). Vale ressaltar que o Círculo Linguístico de Praga se opõe à corrente formalista, que focaliza o uso da língua como expressão do pensamento. Por esse prisma, de cunho funcionalista, o modelo de Halliday vem sendo desenvolvido desde os anos 60 (HALLIDAY 1967,

1968, 1973, 1978, 1985, 1992, 1994, 1996; HALLIDAY e MATTHIESEN, 2004). Atualmente, há diversas linhas de pesquisa e associações de LSF em todos os continentes e é na Austrália, na Escola de Sydney (com Halliday e seus seguidores), que a corrente funcionalista anglo-saxônica, a LSF, mais tem se desenvolvido. Trabalhos têm sido realizados na área de letramento visual e multimodalidade, teoria da valoração, e alfabetização e letramento (KRESS e VAN LEEUWEN, 1996; MARTIN e ROSE, 2003; CHRISTIE, 2004, respectivamente). No Brasil, a UFSC e a PUC-SP foram precursoras de estudos que focalizam a LSF, tendo formado uma geração de pesquisadores (ROMERO, 1998; HEBERLE e MEURER, 2004, entre outros).[8]

Halliday (1994) define a língua como um sistema semiótico social, organizando e significando a experiência humana. Sob a ótica da LSF, função é compreendida de um modo amplo (as *metafunções*, segundo Halliday), sendo de extrema relevância as escolhas léxico-gramaticais relativas ao uso da linguagem em determinados *contextos de situação*: a organização da sintaxe de uma sentença está relacionada ao seu contexto discursivo. Em outras palavras, enunciados e textos são analisados à luz das funções desempenhadas interpessoalmente, a língua reflete papéis sociais, atrelados a situações comunicativas. Halliday (1994, p. 14) elabora uma teoria da língua enquanto escolha, afirmando que a língua é sistêmica, pois implica redes de escolhas, e é funcional, pois todo texto se desenrola em contextos de uso, como pode ser visto no quadro adiante. De acordo com Neves (2001, p. 60), podemos observar que "diferentes redes sistêmicas codificam diferentes espécies de significados, ligando-se, pois, às diferentes funções da linguagem". Vemos também que na perspectiva hallidayana os itens de uma oração são *multifuncionais,* construindo simultaneamente significados em três níveis: as escolhas léxico-gramaticais são realizadas por meio do *sistema de transitividade* (a gramática da experiência, com conteúdos ideacionais, representando a atividade social); do *sistema de modo/modalidade* (inscrevendo questões ligadas às relações interpessoais); e do *sistema de tema* (relativo à estruturação do texto, por exemplo, coesão e referência), como é retratado a seguir.

SISTEMA <=> FUNÇÃO		CODIFICAM	ESPECIFICAM
redes de escolhas léxico-gramaticais; nível: oração	*componente (meta) funcional semântico*	*tipos de significados*	*aspectos constitutivos do contexto de situação*
Transitividade	Ideacional	representação de mundo	campo *(field)*: a experiência humana
Modo (modalidade)	Interpessoal	troca/interação	relação *(tenor)*: relações humanas – hierarquia, posturas dos participantes
Tema (informação)	Textual	Mensagem	modo *(mode)*: estruturação da informação

Quadro 1 – Sistemas, funções linguísticas, significados.[9]

Em suma, Halliday incorpora a Semântica à análise sintática, enfatizando a relevância da Semântica para a análise da estrutura linguística. É relevante ressaltar que na LSF dois pontos são básicos: a multifuncionalidade dos itens em uma oração e a concepção de que a unidade maior de funcionamento é o texto (HALLIDAY, 1994, p. 63). Alinhando-se à visão macro da Análise Crítica do Discurso, segundo Fairclough, a LSF, de certa maneira, constitui uma visão micro, ou seja, na dimensão da materialidade da língua, detendo-se nas escolhas léxico-gramaticais, constituindo textos produzidos em contextos de situação específicos. Nas palavras de Cunha e Souza (1997, p. 53), "as formas léxico-gramaticais são estudadas em relação às suas funções sociais", pois, como esclarece Fairclough em relação às escolhas realizadas de acordo com as circunstâncias sociais, supõe-se que "[...] opções formais constituem significados contrastantes e as escolhas em relação à forma são significativas, sempre" (FAIRCLOUGH, 1992, p. 26).

A análise na seção seguinte, alicerçada na produção diarista e na LSF, pretende ilustrar sucintamente o potencial desta pesquisa sobre práticas de letramento docente. Neste recorte será utilizada inicialmente uma categoria gramatical específica da LSF, a saber, os processos no sistema de transitividade. Consoante Cunha e de Souza,

> a transitividade é responsável pela materialização [de um] conjunto de atividades através dos tipos de processos (verbos) ... a transitividade é compreendida pela LSF como a gramática da oração, com uma unidade estrutural que serve para expressar uma gama de significados ideacionais ou cognitivos (CUNHA e SOUZA, 2007, p. 53).

Em suma, no sistema de transitividade (e correspondente metafunção ideacional), as representações de experiências extralinguísticas são codificadas por escolhas léxico-gramaticais realizadas por meio de processos, participantes e circunstâncias – *o que é feito por quem* e em *que circunstâncias*, respectivamente. Neves esclarece que "na questão da organização semântica, verifica-se que o texto representa linguisticamente a experiência extralínguística, seja do mundo exterior, seja no mundo interior (pensamentos, percepções, sentimentos)" (NEVES, 2001, p. 71).

Segundo Halliday (1994) existem seis tipos de processos, realizados através de sintagmas verbais, representados da seguinte forma:

Materiais	*Mentais*	*Relacionais*	*Verbais*	*Existenciais*	*Comportamentais*
Inscrevendo o fazer, eventos	Expressando ideias, percepções, sentimentos	Estabelecendo e construindo relações	Relativos às variadas formas do dizer e contar	Relativos ao existir	Expressando comportamentos humanos

Quadro 2 – Classificação dos processos (verbos) de acordo com Halliday (1985, 1994).

Vale destacar que a classificação do quadro 2 é flexível: as linhas fronteiriças entre os processos são frequentemente difusas e a maneira como o processo será interpretado depende do contexto de situação. É comum vermos estudos que seguem uma orientação sistêmico-funcional em que se ressalta a ambiguidade inerente à classificação de categorias gramaticais, lembrando a natureza aberta e dinâmica da linguagem, como postulado anteriormente.

Outro construto que desponta nos relatos analisados a seguir é o sistema de modalidade. Esse sistema refere-se às escolhas léxico-gramaticais na oração em termos da interação, da metafunção interpessoal, inscrevendo relações e identidades sociais, ou seja, encapsulando na linguagem atitudes, hierarquia, relações de poder, papéis e posturas dos participantes. De acordo com Halliday (1994), resumidamente, o sistema de modalidade subdivide-se em *modalização* e *modulação*. De uma forma sucinta, a *modalização* se refere à probabilidade e frequência, enquanto a *modulação* se refere à obrigação e inclinação. A modalidade pode ser inscrita de três maneiras diferentes: por meio de operador modal (por exemplo, *isto **pode** ser feito...* você ***deve*** ir...); por meio de adjunto de modo (por exemplo, *eu **provavelmente** irei... eu **nunca fui**...*) e por meio de operador modal e adjunto de modo (por exemplo, *ela **provavelmente poderá** viajar*).

Há ainda outra forma de modalidade relevante neste trabalho, denominada *metáfora gramatical de modalidade*. Essa construção envolve uma relação semântica de projeção, na qual "a opinião enunciada [...] não é codificada como um elemento modal, dentro da oração, que seria sua realização congruente, mas sim como uma oração projetada, separada [...]" (HALLIDAY, 1994, p. 354). Como será ilustrado adiante, nesses casos a modalidade é construída por meio de orações que projetam, como em *Acho que.../ Sei que.../ Percebo que...* (modalidade subjetiva:explícita) ou *É possível que...* (modalidade objetiva:explícita).

Alinhando-se à visão vygotskyana de que a língua é central na construção de significados, nesta microanálise é utilizada a LSF, que concebe a língua como prática social que organiza e significa a experiência humana. Focalizando funções e significados, a LSF tem sido utilizada em pesquisas recentes sobre letramento e formação docente, como em trabalhos de Romero (1998), Reichmann (2001), Dellagnelo (2003) e Malatér (2005), entre outros.

Metodologia

Vale lembrar as condições de produção dos diários e relatos reflexivos: os alunos, cursando a disciplina FLA em um curso de pós-graduação em Linguística, foram solicitados a registrar na forma de um diário suas reflexões ao longo do semestre letivo, tendo como base as leituras e discussões realizadas nas aulas. Como trabalho final, os alunos produziram um relato reflexivo sobre o diário. Dois relatos foram selecionados nesta breve análise que segue, produzidos por duas professoras de Língua Inglesa, Maria e Ana (pseudônimos).

Uma visão geral sobre os relatos reflexivos de Maria e Ana revela que os principais temas discutidos são questões e tensões referentes às leituras, à escritura do diário e à atuação profissional. Visando investigar especificamente como as professoras representam sua atuação profissional, o seu mundo de trabalho, esta análise focaliza a categoria *professora-em-ação* inscrita nas reflexões finais de Maria e Ana. Em outras palavras, neste recorte foram selecionados fragmentos em que elas se referem a si mesmas – foram verificados, por exemplo, os trechos em que o ator social é representado pela primeira pessoa do singular ou plural, *eu* e *nós*, como também por *professores de língua estrangeira em escola pública*, exemplificados nos fragmentos que seguem, de Maria e Ana, respectivamente.

Fragmento 1 – Maria

Pergunto-me, é possível instituir a prática da pesquisa docente pelo próprio professor em sala de aula em nosso contexto? (...) *Acho* que *gostaria* de tentar me envolver num projeto dessa natureza. Um outro evento que *registrei* no diário concerne às minhas aulas. *Tenho* constantemente me *feito* os seguintes questionamentos:como *estou dando* minhas aulas? O que *tenho feito* para contribuir com a aprendizagem de meus alunos? Há interação entre conteúdo/alunos/professora? *Tenho considerado a*s necessidades reais de meus alunos? Estes e outros questionamentos vêm sendo motivo de preocupação durante as preparações de minhas aulas bem como durante a execução dos conteúdos em sala. Não que essas preocupações não existissem antes, apenas elas passaram a ter um sentido diferente, *creio* que o olhar sobre minha prática docente esteja mudando. Como resultado deste 'novo olhar', é que *ousei usar* 'uma certa adaptação' da estratégia do diário com uma turma de doze alunos no curso de Letras. *Solicitei* que eles fizessem uma análise de seu desempenho ao término de uma unidade estudada, realizando anotações de suas dificuldades, dos pontos positivos e negativos, possíveis interferências na aprendizagem.

Fragmento 2 – Ana

Como professores de língua estrangeira em escola pública podem ser agentes de letramento? Refletindo sobre minha prática em sala de aula de língua inglesa, *percebi* que posso me considerar, em algumas aulas, um agente de letramento. Eis as razões: *uso,* preferivelmente, fotocópias de diferentes tipos de textos: anúncios de jornal, cartas, receitas, cardápios, músicas, diálogos, quadro de feriados, gravuras de cidades, cartões postais; *estimulo* o aluno a levantar hipóteses sobre o assunto dos textos através de conhecimento prévio do tema, de seu conhecimento de mundo, de palavras parecidas com português, de vocabulário conhecido, de leitura das questões de compreensão; *explico* a gramática a partir do texto trabalhado com exemplos do próprio texto; (...) Se [as alunas], que às vezes nem sabem que têm direito à licença-gestante, não desistem, por que eu, que *sou* agente de letramento, me *atreveria* a desistir? (...) *[C]ompreendi* um dos motivos que levam a gramática de uma língua estrangeira a ser abordada tradicionalmente: o professor não ser um agente de letramento.

Dessa maneira, foram selecionados trechos em que as professoras retratam sua própria atuação, para uma posterior investigação linguística. Sob a ótica da transitividade (HALLIDAY, 1994), isto é, da representação da experiência, esta análise inicialmente mapeou as escolhas léxico-gramaticais inscritas no discurso docente, desvelando quais os processos mais salientes nos fragmentos produzidos no trabalho final na disciplina FLA. Ou seja, a fim de compreender como a experiência das professoras é representada, nos fragmentos foram inicialmente mapeados os *processos materiais, mentais, relacionais* e *verbais* (HALLIDAY, 1994), respectivamente relativos ao *fazer*, ao *pensar/sentir/perceber*, ao *ser/estar/ter* e ao *dizer*, como nestes exemplos retirados dos Fragmentos 1 e 2 [destaques meus]:

> Processo material: *Um outro evento que **registrei** no diário concerne às minhas aulas; Como resultado deste 'novo olhar', é que ousei **usar** 'uma certa adaptação' da estratégia do diário com uma turma de doze alunos no curso de Letras.* (Maria)

> Processo mental: ***Refletindo** sobre minha prática em sala de aula de língua inglesa, **percebi** que posso me **considerar**, em algumas aulas, um agente de letramento.* (Ana)

> Processo relacional: *Se [as alunas], que às vezes nem sabem que têm direito à licença-gestante, não desistem, por que eu, que **sou** agente de letramento, me atreveria a desistir?*(Ana)

> Processo verbal: ***Solicitei** que eles fizessem uma análise de seu desempenho ao término de uma unidade estudada, realizando anotações de suas dificuldades, dos pontos positivos e negativos, de possíveis interferências na aprendizagem.* (Maria)

Da análise inicial, despontaram alguns aspectos relevantes de modalidade – inscrevendo relações sociais, referindo-se a dúvidas, julgamentos, inclinações, posturas e atitudes – tais como modalizações de probabilidade, modulação e metáforas gramaticais de modalidade, como será discutido na próxima seção.

Discussão

Ao realizar esse mapeamento preliminar, percebemos como ocorrência significativa: *o processo material **usei**;* o *processo relacional **sou**;* e *processos mentais* como ***refletindo**, **percebi** e **ousei**.* É interessante esclarecer que *ousei*, um processo mental formando um complexo de sintagma verbal material,[10] expressa uma inclinação, uma postura, ou seja, sinaliza modalidade (especificamente, uma modulação) realizada em *Como resultado deste "novo olhar", é que **ousei usar** "uma certa adaptação"*[...]. ***Ousei usar*** sugere uma nova postura, uma nova forma de agir.

Ocorrem também processos mentais constituindo metáforas interpessoais, ou *metáforas gramaticais de modalidade* (do tipo subjetivo:explícito), constituídas por projeções mentais, como em *... **Acho que** gostaria de tentar* *me envolver num projeto dessa natureza; ...**creio que** o olhar sobre minha prática docente esteja mudando* (Maria); *...**percebi que** posso me considerar, em algumas aulas, um agente de letramento* (Ana); e interrogativas modalizadas sinalizando possibilidade/probabilidade, tanto por metáfora gramatical de modalidade (do tipo objetivo:explícito), como em *Pergunto-me, **é possível** instituir a prática da pesquisa docente pelo próprio professor em sala de aula em nosso contexto?* (Maria), como também por operador modal, como em *Como professores de língua estrangeira em escola pública **podem** ser agentes de letramento?* (Ana).

Através das projeções mentais em metáforas gramaticais de modalidade subjetiva:explícita e objetiva:explícita, foi verificado que novos posicionamentos são sinalizados: de professora-como-pesquisadora e de professora-como-agente-de-letramento. Em relação às metáforas interpessoais, complementando a questão apontada por Reichmann (2001), podemos ver que "além de expressar incerteza, no entanto, a metáfora gramatical assume o importante papel de inscrever questões [*identitárias*] emergentes no discurso docente" (REICHMANN, 2001, p. 100).

Notamos uma outra construção linguístico-discursiva significativa nos textos das professoras: a *reconstrução*, uma forma de ação no processo reflexivo elaborado no construto proposto por Smyth (1992), de inspiração freireana, sobre formas de ação no processo reflexivo crítico. Às vezes não apresentando separações nítidas e se fundindo, as formas de ação reflexiva são *descrever, informar, confrontar* e *reconstruir*. Conforme aponta Romero (2007, p. 224), "a atenção consciente dada a cada uma delas resulta em maiores possibilidades e oportunidades de reflexão". Em relação à reconstrução, de uma forma sucinta, a pergunta que resumiria essa ação seria *Como posso fazer diferente?* Não pretendendo analisar detalhadamente as formas de ação nas narrativas docentes, o foco é em *reconstruir*, em *como fazer diferente* – uma forma de ação saliente, como pode ser visto a seguir:

Fragmento 3 – Maria

Mesmo assim, achei que a atividade foi válida, apesar de achar algumas falhas de metodologia. Primeiro, acho que *devia ter pedido* pra eles fazerem anotações no diário ao longo da unidade estudada e não somente após o termino dela; segundo, *devia ter comentado* com todos os alunos coletivamente minha avaliação de suas colocações – em vez de fazê-lo individualmente, e mesmo assim, apenas com alguns alunos; terceiro, percebi que a atividade foi bem aceita, apesar de alguns terem se colocado muito superficialmente; quarto, *devia ter continuado* com a estratégia do diário após o termino de cada conteúdo estudado ao longo do semestre. Isso *me daria* subsídios para uma análise mais precisa; e por fim, eu *devia ter tirado* cópias dos textos deles, para comparar com outros textos de futuros alunos sobre a mesma atividade, pois e*stou pensando em introduzir* a prática do diário numa turma de Letras no próximo semestre, e desta vez penso em *usá-lo* ao longo do semestre, desde os primeiros encontros. [grifos meus]

No fragmento anterior, a sequência de reconstruções sinaliza que um fazer/ser diferente ocorreu em sala de aula (de certa forma se entrelaçando com o fragmento seguinte) – a professora estimulou seus alunos, "nas aulas de língua estrangeira, a identificar suas dificuldades, pontos fortes e despertar a autoestima muitas vezes adormecida" (Ana):

Fragmento 4 – Ana

Por que não estimular alunos de escolas públicas, nas aulas de língua estrangeira, a identificar suas dificuldades, pontos fortes e despertar a autoestima muitas vezes adormecida? Talvez, alguém precise antes fazer o mesmo com os professores. Isto pode ser feito através de diálogos, de reflexões, troca de experiências, interação entre professor-aluno, aluno-aluno, professor-professor.

Vale ressaltar, como diz Ana no fragmento (4), que *Talvez **alguém** precise fazer o mesmo com os professores*, ou seja, *Por que não estimular **professores** de escolas públicas, nas aulas de língua estrangeira, a identificar suas dificuldades, pontos fortes e despertar a autoestima muitas vezes adormecida?*, remetendo-nos ao Fragmento (3) – onde se vê que, sim, há ***alguém*** buscando práticas inovadoras. Sem dúvida, o Fragmento (4) sinaliza a urgente necessidade de processos de formação pautados na consciência crítica e reconstrução política (DEMO, 2000), em modelos críticos inclusivos (SIGNORINI, 2006), trabalhando a interação e a língua como prática social, possibilitando um discurso solidário, emancipador e includente – contrapondo-se a processos de formação pautados na educação bancária (FREIRE, 1970, 2005), na reprodução de um discurso autoritário, excludente.

Enfim, nos fragmentos analisados, foram identificadas novas possibilidades discursivas, novas posturas, apontadas por processos materiais, relacionais e mentais, por modalizações de probabilidade, modulação e metáforas gramaticais de modalidade, como também por reconstruções, sugerindo uma convergência entre o *agir* e *ser* (no caso, professor-pesquisador e agente de letramento). Retomando as palavras de Nóvoa, na epígrafe deste capítulo, "[é] que ser professor obriga a opções constantes, que cruzam nossa maneira de ser com a nossa maneira de ensinar; e que desvendam na nossa maneira de ensinar a nossa maneira de ser" (NÓVOA, 1992, p. 9), como pôde ser constatado nas retextualizações docentes produzidas por Maria e Ana. Novas atitudes e posturas, novas práticas discursivas e identitárias despontam nos textos através de opções léxico-gramaticais diferenciadas, tanto no sistema de transitividade, como no de modalidade. Por meio da mediação dos diários reflexivos e, posteriormente, dos relatos reflexivos (focalizados nesta discussão), verifcou-se que fazeres e (re)posicionamentos docentes constituem e são constituídos por escolhas linguísticas.

Considerações finais

Este capítulo discutiu a relevância da produção e recepção diarista em contextos de formação docente e, à luz da Linguística Sistêmico-Funcional, discutiu fragmentos de dois relatos reflexivos produzidos por duas professoras de Língua Inglesa como trabalho final para a disciplina Linguística Aplicada. Verificou-se, nos textos dessas professoras, a ocorrência de traços discursivos de construções identitárias emergentes sinalizadas por aspectos ideacionais e interpessoais, a saber:

(i) o processo material *usei*, o processo relacional *sou* e os processos mentais *refletindo*, *percebi* e *ousei*, lembrando que *ousei* constitui uma modulação saliente, em *Como resultado deste "novo olhar", é que ousei usar "uma certa adaptação" da estratégia do diário...*;

(ii) modalizações de probabilidade, por exemplo, *Como professores de língua estrangeira em escola pública podem ser agentes de letramento?* e metáforas gramaticais de modalidade, tais como *[...] creio que o olhar sobre minha prática docente esteja mudando* e *[...] percebi que posso me considerar, em algumas aulas, um agente de letramento*.

Também é relevante a ocorrência da *reconstrução*, apontada por Smyth (1992) como a forma de ação indicando o *refazer* – que aqui sugerimos ser indicativo do *refazer-se*. Em suma, ao documentar, problematizar e rearticular a prática discursiva docente, verificou-se que as identidades sociais se tornaram mais complexas – retomando a observação de Dubar (2005), citada anteriormente, acerca das identidades sociais e profissionais serem "construções sociais que implicam a interação entre trajetórias individuais e sistemas de emprego, de trabalho e de formação" (DUBAR, 2005, p. 33).

Na abertura deste capítulo, foram apontadas algumas questões relativas à complexidade e pluralidade de variáveis envolvidas na formação de professores. Este trabalho dá visibilidade a uma proposta engajada na formação docente localizada (JOHNSON, 2006), entendendo que a reflexão-sobre-a-ação (SCHÖN, 2000) como uma prática discursiva sistemática pode sinalizar reposicionamentos docentes e a reorganização de paisagens de saberes profissionais, indicando que relatos e diários reflexivos podem ser ferramentas viáveis em termos de intervenções alternativas. Focalizando o papel da língua na construção de identidades, constatou-se que, através de retextualizações docentes, o professor pode trilhar novos caminhos e renovar suas práticas discursivas, (re)inventando e iluminando a vida na sala de aula – desvendando, na sua maneira de narrar, o ensinar, a sua maneira de tornar-se professor.

Bibliografia

ANHORN, C. T. G. **Um objeto de ensino chamado história**: a disciplina de história nas tramas da didatização. 2003. Tese. (Doutorado em Educação) – Departamento de Educação, PUC-Rio, 2003.
BAILEY, K. The Use of Diary Studies in Teacher Education Programs. In: RICHARDS, J. C.; NUNAN, D. (Eds). **Second Language Teacher Education**. Cambridge: Cambridge University Press, pp. 215-26, 1990.
BLOCK, D. **Identity in Second Language Learning Research:** where we have been and where we are at present. Mímeo, plenária no I Congresso Internacional da ABRAPUI, Belo Horizonte, UFMG, 2007.
BRANDÃO, A. M. **Conflicts and Journal Writing in a Public School**: breaking the chains of alienation. Monografia do Curso de Especialização em Estudos Linguísticos e Literários em Língua Inglesa, DLEM/UFPB, 2008.
BURTON, J. The Importance of Teachers Writing on TESOL. **TESL-EJ**, v. 9,n. 2, pp. 1-18, 2005.
BURTON, J.; CARROLL, M. (Eds.). **Journal Writing**. Alexandria, VI: TESOL Inc, 2001.
CARVALHO, I. C. M. **Biografia, identidade e narrativa**: elementos para uma análise hermenêutica. Horizontes Antropológicos, Porto Alegre, ano 9, n. 9, pp. 283-302, julho de 2003. Disponível em: <http://www.scielo.br/pdf/ha/v9n19/v9n19a11.pdf>. Acesso em: 5 de julho de 2007.
CASTRO, S. T. R.; SILVA, E. R. (Orgs.). **Formação do profissional docente**: contribuições de pesquisas em Linguística Aplicada. Taubaté: Cabral Editora, 2006.
CELANI, M. A. A.; MAGALHÃES, M. C. C. Representações de professores de inglês como língua estrangeira sobre suas identidades profissionais. In: MOITA LOPES, L. P.; BASTOS, L. C. (Orgs.). **Identidades**: recortes multi e interdisciplinares. São Paulo: Mercado de Letras, pp. 319-38, 2002.
CHRISTIE, F. Systemic Functional Linguistics and a Theory of Language in Education. In: HEBERLE, V. M.; MEURER, J. L. (Orgs.). Systemic-Functional Linguistics in Action. **Ilha do Desterro**, n. 46, UFSC, Florianópolis, pp. 13-40, 2004.
CLANDININ, D. J; CONNELLY, F. M. **Narrative Inquiry**: experience and story in qualitative research. San Francisco: Jossey-Bass, 2000.
CONNELLY, F M.; CLANDININ, D. J. **Shaping a Professional Identity**: stories of educational practice. New York: Teachers College Press, 1999.
CUNHA, M. A. F.; SOUZA, M. M. **Transitividade e seus contextos de uso**. Rio de Janeiro: Lucerna, 2007.

DELLAGNELO, A. C. K. **Self-Evaluative Reports**: a discursive investigation of teacher reflectivity. Tese inédita. (Doutorado em Letras, opção Linguística Aplicada) – Pós-Graduação em Inglês, UFSC, 2003.
DEMO, P. **Ironias da educação**: mudança e contos sobre mudança. Rio de Janeiro: DP&A, 2000.
DIAS, S. M. A. **A (re)construção da identidade profissional do professor/formador de inglês através da produção diarista**: a prática discursiva docente em foco. Projeto de Mestrado, Programa de Pós-Graduação em Linguística, UFPB, 2008.
DUBAR, C. **A socialização**: construção de identidades sociais e profissionais. São Paulo: Martins Fontes, 2005.
ELBAZ-LUWISCH, F. **Teachers Voices**: storytelling and possibility. Greenwich, Connecticut: Information Age Publishing, 2005.
_____. O ensino e a identidade narrativa. **Revista de Educação**, Porto, vol. XI, n. 2, pp. 2-32, 2002.
ESTOLA, E. **In the Language of the Mother** – re-storying the relational moral in teachers stories. Tese (Doutorado em Educação) – Faculdade de Educação, Universidade de Oulu, 2003. Disponível em: <http://herkules.oulu.fi/isbn9514269713/html>. Acesso em: 3 de julho de 2007.
FABRÍCIO, B. F. Narrativização da experiência: o triunfo da ordem sobre o acaso. In: MAGALHÃES, I.; CORACINI, M. J.; GRIGOLETTO, M. (Orgs.). **Práticas identitárias**: língua e discurso. São Carlos, SP: Claraluz, pp. 191-210, 2007.
FAIRCLOUGH, N. **Analysing Discourse**: textual analysis for social research. London and NY: Routledge, 2003.
_____. **Discourse and social change**. Cambridge: Polity Press, 1992.
FERNANDES, C. R. P. **A produção diarista e a (re)construção identitária de uma professora de língua inglesa da rede pública**: uma perspectiva sistêmico-funcional. Projeto de Mestrado, Programa de Pós-Graduação em Linguística, UFPB, 2008.
FOWLER, R.; HODGE, B.; KRESS. G.; TREW, T. **Language and Control**. London: Routledge, 1979.
FREEMAN, D.; REICHMANN, C. L. **Dialogue Journal**. Texto inédito. School for International Training, Vermont, 1991.
FREIRE, P. **Pedagogia da autonomia**. Rio de Janeiro: Paz e Terra. 2005.
_____. **Pedagogia do oprimido**. 17. ed. Rio de Janeiro: Paz e Terra. 1970.
GAGNEBIN, J. M. **Lembrar escrever esquecer**. São Paulo: Editora 34, pp. 163-78, 2007.
GIMENEZ, T. Desafios contemporâneos na formação de professores de línguas: contribuições da Linguística Aplicada. In: FREIRE, M. M.; ABRAHÃO, M. H. V.; BARCELOS, A. M. F. (Orgs.). **Linguística Aplicada e Contemporaneidade**. São Paulo: ALAB, Campinas, SP: Pontes, pp. 183-201, 2005.
GUEDES-PINTO, A. L.; GOMES, G. G.; SILVA, L. C. B. Percursos de letramento dos professores: narrativas em foco. In: KLEIMAN, A. B.; MATENCIO, M. L. M. (Orgs.). **Letramento e formação do professor**: práticas discursivas, representações e construção do saber. São Paulo: Mercado de Letras, pp. 65-92, 2005.
GUIMARÃES SILVA, J. Q.; MATENCIO, M. L. M. Referência pessoal e jogo interlocutivo: efeitos identitários. In: KLEIMAN, A. B.; MATENCIO, M. L. M. (Orgs.). **Letramento e formação do professor**: práticas discursivas, representações e construção do saber. São Paulo: Mercado de Letras, pp. 245-66, 2005.
HALLIDAY, M. A. K. Notes on Transitivity and Theme in English. **Journal of Linguistics**, v. 3, parte I: pp. 37-81, 1967; parte II, pp. 199-244, 1968.
_____. **Exploration in the Functions of Language**. London: Arnold, 1973.
_____. **Language as Social Semiotic**: the social interpretation of language and meaning. London: Edward Arnold, 1978.
_____. How do You Mean? In: DAVIES M.; RAVELLI, L.(Orgs.). **Advances in Systemic Linguistics**: recent theory and practice. London and New York: Pinter Publishers, pp. 20-35, 1992.
_____. **An Introduction to Functional Grammar**. London: Edward Arnold, 1985, 1994.
_____ Literacy and Linguistics: a functional perspective. In: HASAN, R.; WILLIAMS, G. (Orgs.). **Literacy in Society**. New York: Addison Wesley Longman, pp. 339-76, 1996.
HALLIDAY, M. A. K.; HASAN, R. **Language, Context, and Text**: aspects of language in a social semiotic perspective. Oxford: Oxford University Press, 1989.
_____; Matthiesen, C. M. I. M. **An Introduction to Functional Grammar**. London: Hodder Arnold, 2004.
HEBERLE, V. M. **An Investigation of Textual and Contextual Parameters in Editorials of Women's Magazines**. Tese de doutorado inédita, PGI, UFSC, 1997.
HEBERLE, V. M.; MEURER, J. L. (Orgs.). Systemic-Functional Linguistics in Action. **Ilha do Desterro**, n.46, UFSC, Florianópolis, 2004.

JOHNSON, K. The Sociocultural Turn and its Challenges for Second Language Teacher Education. TESOL **Quarterly**, vol. 40, n. 1, pp. 235-57, 2006.

KLEIMAN, A. B. Modelos de letramento e as práticas de alfabetização na escola. In: KLEIMAN, A. B. (Org.). **Os significados do letramento**: uma perspectiva sobre as práticas sociais da escrita. Campinas, SP: Mercado de Letras, 1995.

KRESS, G; HODGE, R. **Language as Ideology**. London: Routledge, 1979.

_____; VAN LEEUWEN, T. **Reading Images**: the grammar of visual design. London: Routledge, 1996

LEMKE, J. L. **Semiotics and Education**. Toronto Semiotic Circle Monographs, Working Papers and Prepublications Toronto: Victoria University, 1984.

LIBERALI, F. C. **O diário como ferramenta para a reflexão crítica**. Tese de Doutorado em Linguística Aplicada ao Ensino de Línguas. LAEL, PUC-SP, 1999.

LUDKE, M. O professor, seu saber e sua pesquisa. **Educação e Sociedade**, n. 74, pp. 77-96. 2001.

MACHADO, A. R. M. **O diário de leituras**: a introdução de um novo instrumento na escola. São Paulo: Martins Fontes, 1998.

MALATÉR, L. S. O. **What I am Teaching, why I am Teaching and Also to Whom I am Teaching**: discursive construction of prospective EFL teachers. Tese inédita. (Doutorado em Letras, opção Linguística Aplicada). Pós-Graduação em Inglês, UFSC, 2005.

MARTIN, J. R.; MATTHIESSEN, C. M. I. M.; PAINTER, C. **Working with Functional Grammar**. London: Edward Arnold, 1997.

_____; ROSE, D. **Working with Discourse**. London: Continuum, 2003.

MATENCIO, M. L. M. Atividades de (re)textualização em práticas acadêmicas: um estudo do resumo. **SCRIPTA**, v. 6, n. 11. Belo Horizonte, PUC, pp. 109-22, 2002.

MEDRADO, B. P. A constituição dos relatos de experiência como um gênero na formação de professores. **Revista Leitura**, UFAL, 2008 (no prelo).

MELLO, D. M. **Histórias de subversão do currículo, conflitos e resistências**: buscando espaço para a formação docente na aula de Língua Inglesa do curso de Letras. Tese inédita. (Doutorado em Linguística Aplicada e Estudos da Linguagem), LAEL, PUC-SP, 2005.

MISHLER, E. G. Narrativa e identidade: a mão dupla do tempo. In: MOITA LOPES, L. P.; BASTOS, L. C. (Orgs.). **Identidades**: recortes multi e interdisciplinares. Campinas, SP: Mercado de Letras, pp. 97-119, 2002.

MOITA LOPES, L. P. Contemporaneidade e construção de conhecimento na área de estudos linguísticos. **SCRIPTA**, v. 7, n. 14. Belo Horizonte, pp. 159-71, 2004.

NEVES, M. H. M. **A gramática funcional**. São Paulo: Martins Fontes, 2ª tiragem, 2001.

NÓVOA, A. (Org.). **Vidas de professores**. Porto: Porto, 1992.

NÓBREGA, M. O. A. P. **Reading Teaching an Investigation of EFL Teachers Interactive Group Journals from a Systemic-Functional Approach**. Monografia do Curso de Especialização de Estudos Linguísticos e Literários em Língua Inglesa, DLEM/UFPB, 2008.

OLIVEIRA, A. M. **Narrativas de professores de língua inglesa e construção de identidade profissional**: um estudo linguístico sobre um diário dialogado no CECPLIN. Projeto de Mestrado, Programa de Pós-Graduação em Linguística, UFPB, 2007.

PAIVA, V. L. M. O. Aprendendo com memórias de falantes e aprendizes de língua estrangeira – AMFALE.FALE, UFMG, 2006. Disponível em: <http://www.veramenezes.com/amfale.htm>. Acesso em: 2 de fevereiro de 2008.

PAVLENKO, A. Autobiographic Narratives as Data in Applied Linguistics. **Applied Linguistics** (28) 2, pp. 163-88, 2007.

REICHMANN, C. L. **Reflection as Social Practice**: an in-depth linguistic study of teacher discourse in a dialogue journal. Tese inédita. (Doutorado em Letras, opção Linguística Aplicada), Pós-Graduação em Inglês, UFSC, 2001.

RICOEUR, P. **Tempo e narrativa**, tomo 3. São Paulo: Papirus, 1997.

ROCHA, S. C. **A coconstrução discursiva de duas professoras de Inglês em um diário dialogado**: um estudo de caso na perspectiva da GSF. Projeto de Mestrado, Programa de Pós-Graduação em Linguística, UFPB, 2008.

ROMERO, T. R. S. A dimensão afetiva no processo de reflexão crítica. In: SILVA, E. R.; UENO E. Y.; ABUD, M. J. M. **Cognição, afetividade e linguagem**. Taubaté: Cabral Editora e Livraria Universitária, pp. 209-34, 2007.

_____. **A interação coordenador e professor**: um processo colaborativo? Tese inédita. (Doutorado em Linguística Aplicada ao Ensino de Línguas), LAEL, PUC-SP, 1998.

SCHÖN, D. **Educando o professor reflexivo**: um novo design para o ensino-aprendizagem. Tradução de Roberto Cataldo Costa. Porto Alegre: Artmed, 2000.
SIGNORINI, I. (Org). **Gêneros catalisadores**: letramento e formação do professor. São Paulo: Parábola, 2006.
SMYTH, J. Teachers Work and the Politics of Reflection. **American Educational Research Journal**, v. 6, n. 2, pp.1-6, 1992.
TÁPIAS-OLIVEIRA, E. M. **Construção identitária profissional no Ensino Superior**: prática diarista e formação do professor. Tese de Doutorado. UNICAMP, 2006.
VENTOLLA, E. Text Analysis in Operation: a multilevel approach. In: FAWCETT, R. P.; YOUNG, D. J. (Orgs.). **New Developments in Systemic Linguistics**: theory and application. vol. 2, 1988.
VYGOTSKY, L. **Mind in Society: the Development of Higher Psychological Processes**. Orgs.: COLE, M.; JOHN-STEINER V.; SCRIBNER, S.; SOUBERMAN, E. Cambridge: Harvard University Press, 1978.
ZABALZA, M. A. **Diários de sala de aula**: contributo para o estudo dos dilemas práticos dos professores. Porto: Porto, 1992.

Notas

[1] Versões iniciais deste texto foram publicadas nos Anais do I Congresso Internacional ABRAPUI e na SIGNUM, v. 10, n.1.
[2] Todas as traduções de citações neste artigo são de responsabilidade da autora.
[3] Agradecimentos especiais às duas professoras que compartilharam seus textos.
[4] Vale mencionar que a produção diarista tem sido um fio condutor na prática profissional da autora desde a produção de um diário dialogado realizado durante seu mestrado (FREEMAN E REICHMANN, 1991).
[5] Sob o título de *Reflection as Social Practice: an in-depth linguistic study of teacher discourse in a dialogue journal*, defendida em 2001 na UFSC e orientada pelo professor doutor José Luiz Meurer.
[6] Há também versões filmadas de produções diaristas, tais como *Diários de Motocicleta* e *Escritores da Liberdade*.
[7] Embora se referindo a relatos reflexivos autobiográficos de professores de língua materna, as colocações de Signorini se aplicam aos relatos em questão.
[8] Cabe destacar o papel crucial desempenhado pela professora doutora Rosa W. Konder (UFSC) na área de LSF no Brasil.
[9] Adaptado de NEVES, 2001; HALLIDAY E HASAN 1989; HALLIDAY 1973; VENTOLLA, 1988 apud HEBERLE, 1997.
[10] Ver comentários de Halliday (1994, pp. 288-90) e Martin, Matthiessen e Painter (1997, pp. 116-17) sobre processos mentais em complexos de sintagmas verbais.

Imagens no espelho:
reflexões sobre a prática docente

Betânia Passos Medrado

> "Na verdade, a linguagem existe para que as pessoas possam relatar a estória de suas vidas, eventualmente mentir sobre elas, expressar seus desejos e temores, tentar resolver problemas, avaliar situações, influenciar seus interlocutores, predizer o futuro, planejar ações."
> Margarida Salomão

Para Maturana e Varela (2003), o espelho, metaforicamente representando a capacidade de reflexão, é um bom exemplo para se pensar na linguagem enquanto faculdade poderosa que possuímos para entender as nossas ações no mundo, lembrando que elas resultam das nossas mais diversas interações. Ao contrário de outros animais, o homem é capaz de relacionar a imagem refletida no espelho a sua própria existência e consciência, por mais que a imagem lhe cause estranheza ou o surpreenda.

Ao ter a chance de descrever e interpretar a própria prática – de se olhar no espelho –, o professor pode, através do seu discurso, não apenas desconstruir seu *habitus* didático (BOURDIEU, 1991), mas também influenciar as representações que um grupo todo tem do processo de ensino e aprendizagem. Esta é a grande importância do discurso como impulsionador de práticas transformadoras (FAIRCLOUGH, 2001, 2003). Esta é a concepção que temos de linguagem, que está, inerentemente, vinculada a uma reflexão sobre a construção do conhecimento do professor, visto que os sentidos estão vinculados às escolhas discursivas que fazemos e na forma como significamos o mundo (SALOMÃO, 1999).

Neste capítulo, buscamos, por meio de narrativas orais de professoras de Língua Inglesa, observar como elas atribuem sentidos ao seu fazer pedagógico e reconstroem suas ações durante um processo de espelhamento. Este trabalho, resultado de uma pesquisa de doutorado, serviu de gatilho para o projeto "Práticas discursivas e construção identitária de professores em desenvolvimento", vinculado ao Programa de Pós-graduação em Linguística – PROLING/UFPB.

Assim, organizamos este capítulo em seis seções, nas quais discorreremos sobre o projeto e suas propostas de investigação; o marco teórico que serviu de base para a análise do *corpus*; os instrumentos utilizados para a coleta de dados e a análise qualitativa dos dados.

Um projeto

O projeto citado anteriormente nasce da convicção de que hoje temos o compromisso científico na Linguística de fazer pesquisa observando a língua como situada e conduzida por uma realidade sociocultural, que está, impreterivelmente, atrelada à atividade humana.

Consideramos que o professor constrói o mundo da sua prática docente e as representações que tem de si mesmo a partir das leituras (reflexões) que faz das suas mais diversas experiências. Nesse momento, seu mundo de significações é criado ou, usando termo de Marcuschi, discretizado. Segundo esse autor,

> o mundo comunicado é sempre fruto de uma ação cognitiva e não de uma identificação de realidades discretas aprendidas diretamente. O mundo é um contínuo de sensações e a realidade empírica não tem um contorno imediatamente apreensível. A ação de discretização do mundo na forma como o comunicamos é um trabalho sociocognitivo sistemático (MARCUSCHI, 2003, p. 47).

Nos últimos anos, principalmente a partir da década de 1990, as vozes de professores têm-se manifestado através de textos escritos e orais (videobiografias, narrativas, relatos autobiográficos), que são resultantes das mais diversas possibilidades de olhar para a prática. Pensando na importância de um discurso de professores que parece legitimar a memória profissional, optamos por fazer dos relatos de professores de Língua Inglesa da rede pública o nosso objeto de investigação. Os relatos autobiográficos – ou narrativas – permitem que elaboremos explicações sobre as imagens que, socialmente, o professor constrói de si mesmo e do seu trabalho.

Com isso em mente, acreditamos que o discurso dos professores não possui uma relação objetiva com um mundo exterior, único e tangível, isto é, não retrata uma realidade *a priori*, como nos alerta Marcuschi na citação anterior. A partir desse raciocínio, acreditamos que não podemos deixar de considerar que entre o ser humano e o mundo que ele constrói existe a nossa capacidade cognitiva de organização e construção conjunta das experiências. Essa capacidade envolve a memória dos professores, seu raciocínio, suas interações sociais e suas emoções, que vêm à tona no discurso sobre si mesmos.

Pesquisas que enfocam a relação entre linguagem e conhecimento têm legitimado a ideia de que tal relação se dá de maneira integrada com as ações, as crenças e os propósitos que temos no nosso convívio social. Dito isso, vemos que não é interessante isolar o discurso dos relatos autobiográficos e analisá-lo fora do seu contexto sócio-histórico, haja vista que a linguagem não é autônoma nem independente de outras habilidades humanas (LAKOFF, 1977), como o afeto, as emoções e as crenças. Portanto, faz-se necessário que olhemos para os relatos como um espaço no qual as professoras constroem suas identidades, organizam e dão sentido às suas experiências.[2]

Dentre os pesquisadores contemporâneos que tratam a cognição como um evento social, encontra-se Tomasello (2003), o qual sustenta que a cognição é a "[...] capacidade de cada organismo compreender os coespecíficos como seres iguais a ele, com vidas mentais e intencionais iguais às dele" (TOMASELLO, 2003, p. 7). O olhar que Tomasello lança à cognição implica a ideia de que os indivíduos se imaginam na pele mental do Outro, a fim de que não só aprendam do Outro, mas através do Outro, permitindo que compreendamos que os outros fazem escolhas, e que estas são motivadas por uma representação mental que elaboramos de algum objetivo ou meta.

Tomasello (2003) atesta que o ser humano difere de outras espécies animais, principalmente por sua capacidade de combinar, transformar, adaptar e transmitir conhecimentos adquiridos aos coespecíficos através do processo de sociogênese e evolução cultural cumulativa. Entender o Outro como agente intencional igual a si mesmo possibilita, ao pesquisador, a existência de processos através dos quais os indivíduos colaboram entre si para criar artefatos e práticas culturais, gerando, também, processos de aprendizagem cultural e internalização. Para esse autor,

> a linguagem não cria novos processos cognitivos do nada, é claro, mas quando as crianças interagem com outras pessoas intersubjetivamente e adotam suas convenções comunicativas, esse processo social cria uma nova forma de representação cognitiva – uma forma que não encontra contrapartida em outra espécie animal (TOMASELLO, 2003, p. 298).

Ao considerar a relevância da sociogênese da linguagem e da cognição social humana, a Linguística tem trilhado caminhos nos últimos anos que se afastam de uma concepção de língua como espelho da realidade ou como instrumento de comunicação. A partir do próprio entendimento de língua como uma atividade cognitiva, social e histórica, vários pesquisadores têm privilegiado o social nos estudos da linguagem. Assim, a concepção de linguagem como forma de ação – de base sociocognitivista – também se fundamenta na tese proposta por Clark (1996), o qual postula que atos comunicativos são, inerentemente, atos conjuntos, ou seja, só existe sentido na sua construção em interações que permitam que um participante sinalize para o outro e este, por sua vez, reconheça o que o primeiro quis significar. Para o autor, ação conjunta alude a um entendimento de coordenação entre sujeitos que agem. Nesse sentido, os falantes se coordenam para fazer alguma coisa juntos, utilizando, simultaneamente, recursos internos, individuais e recursos sociais. O uso da linguagem pode ser visto, então, como incorporando tanto processos individuais como sociais.

Clark compara o produto das ações de linguagem ao que acontece quando duas pessoas pedalam um barquinho, dançam uma valsa, disputam uma partida de tênis ou fazem um dueto ao piano (CLARK, 1996, p. 3). Nenhuma dessas atividades pode ser concebida como ato isolado, pois o sujeito necessita da sua contraparte para juntos realizarem tais tarefas.

O processo de conceitualização do mundo e, por conseguinte, de construção identitária nasce, então, das mais diversas interações que nos são possibilitadas pela nossa condição de sermos humanos. Nasce do que temos denominado atos solidários de comunicação (MEDRADO, 2006) entre sujeitos que buscam o partilhamento, a construção, a negociação de sentidos ou, até mesmo, de experiências.

As abordagens que concebem uma cognição situada e distribuída mostram um interesse primário nas atividades praxiológicas do indivíduo e nas tarefas que constroem sentidos e que são realizadas conjuntamente. Sendo assim, ao investigarmos a construção identitária de professores de línguas, temos também como premente a necessidade de não rejeitar aspectos sociais e interativos como nucleares nesse processo.

Subjacente ao projeto "Práticas discursivas e construção identitária de professores em desenvolvimento" está, então, a premissa de que "[...] não há como dissociar interpretação do mundo, representação-de-si e escolha da linguagem" (SALOMÃO, 1999, p. 72). Assim sendo, olhamos para o contexto social e histórico no qual os professores estão inseridos, tentando observar como esse contexto define/influencia a representação que eles têm de si mesmos e dos lugares que ocupam, com base nas escolhas que fazem discursivamente. Sabemos que a produção de sentidos estará, inevitavelmente, alinhada a esses fatores sociais e institucionais, visto que a prática que narram está inserida nas relações sociais de poder e crenças. Em consequência desse raciocínio, nós nos ateremos à noção de discurso como transformador e instaurador de uma prática social que faz significar mundos (Fairclough, 2001, 2003).

Conforme discutimos em um outro trabalho (Medrado, 2008), o relato de experiências de professores tem sido um instrumento imprescindível para compreender e transformar suas ações em sala de aula. Estamos, de fato, tratando de um discurso que emerge em uma prática que se apresenta não só como veiculadora de inúmeros valores sociais, culturais e institucionais que refletem o pensar e o fazer de um grupo, mas também como possuidora de um potencial para reproduzir e influenciar a forma de pensar e agir de um grupo.

O relato tem-se constituído um procedimento autobiográfico que permite ao professor "[...] uma melhor compreensão das suas ações, evidenciando uma prática social permeada por uma conscientização da metodologia, da linguagem e da representação de si mesmo" (Medrado, 2008). O discurso presente nos relatos autobiográficos de professores pode ser considerado, a partir dessa perspectiva, em suas dimensões cognitiva e social, porque engendra ferramentas capazes de descrever e explicar as relações entre cognição, linguagem e realidade social no processo de conceitualização.

Uma perspectiva sociocognitiva

O ponto de encontro no qual dois olhares – o cognitivo e o social – pudessem entrecruzar-se e produzir respostas às indagações sobre a natureza da linguagem foi, aos poucos, sendo construído no final do século XX na Linguística.

Por várias décadas, insistimos em fazer análise linguística pautada em descrições estruturais. No entanto, a posição que atesta ser objetivo de uma análise linguística considerar a interação social e seus propósitos comunicativos motivou, como bem afirma Pezatti (2004), escolas, metodologias e movimentos teóricos diversos a empreenderem estudos voltados para uma análise acerca de questões discursivas que extrapolassem a forma. Dentre estes, encontram-se a Sociolinguística, as várias Análises de Discurso, a Análise da Conversação, a

Etnografia da Fala e a Pragmática. Os estudos da linguagem vinculada ao uso e, por consequência, a elementos ideológicos e de poder ganham força a partir das investigações de base crítica (FAIRCLOUGH, 2001), que entendem estar o fenômeno linguístico inerentemente ligado ao fenômeno social.

No momento em que a Linguística passou a elaborar o seu objeto de estudo, considerando a face cognitiva da linguagem, houve um redirecionamento das investigações, fazendo surgir um campo de estudo muito mais amplo, que envolve não só as questões centrais da ciência da linguagem como também aquelas concernentes ao social e à cognição. Investigar a linguagem é hoje, indubitavelmente, investigar aspectos cognitivos, afetivos e sociais.

Marcuschi (2003, 2004) tem ressaltado, insistentemente, que estamos elaborando uma nova agenda investigativa para a Linguística contemporânea ao revisitar e oxigenar (MARCUSCHI, 2004, p. 271), de maneira promissora, problemas antigos. Investigar a mente humana e, consequentemente, a linguagem desencarnada (LAKOFF, 1977; MONDADA, 2002) do contexto sociocultural enfraquece os estudos das relações entre linguagem e conhecimento. Por conseguinte, tem havido

> [...] um esforço da Linguística atual em favor da despsicologização do conhecimento com o deslocamento do enfoque individual para a observação do caráter social da cognição. Conhecer é visto como um ato social produzido coletivamente no exercício da linguagem (MARCUSCHI, 2004b, p. 266).

O programa da hipótese sociocognitiva da linguagem, formulado e liderado por Margarida Salomão (1997, 1999), da Universidade Federal de Juiz de Fora, propõe uma agenda investigativa que concebe cognição e linguagem como socialmente constituídas. Essa agenda leva em consideração todas as formas de cognição do ser humano: "[...] Com isto, põe-se o processo de produção de sentido antes da análise das formas e muda-se toda a agenda da Linguística para o século XXI" (MARCUSCHI, 2004b, p. 269). Justamente por esta razão, esse programa é batizado de sociocognitivo, pois existe uma "[...] ênfase equilibrada em todas as fontes de conhecimento disponíveis (gramática, esquemas conceituais, molduras comunicativas) [...]" (SALOMÃO, 1997, p. 65).

A proposta de Salomão é de base funcionalista, pois sustenta que a análise do uso deve preceder à análise do código, sendo a linguagem concebida como um fenômeno social, cuja aquisição deriva das necessidades comunicativas resultantes da inserção do homem na vida em sociedade; ou seja, o estudo da linguagem é visto em relação a sua função social e comunicativa. Assim, ao centrar-se, muito mais, em como os enunciados estão socialmente situados, contrapõe-se a uma abordagem de caráter formalista, segundo a qual a análise elabora descrições estruturais de uma língua vista como código. No entendimento funcionalista de discurso, existe uma inter-relação entre língua e contexto, visto que uma descrição funcionalista completa do fenômeno da linguagem vai incluir não apenas a expressão linguística, mas também o falante, o ouvinte, seus papéis sociais e a situação de interação.

A hipótese sociocognitiva da linguagem nasce a partir da hipótese-guia de que o sinal linguístico orienta o processo de significação no contexto de uso. Para isso, reúne concepções sociolinguísticas sobre o processo de interação verbal,[3] bem como visões sobre a significação nos trabalhos de Lakoff (1990), Fauconnier (1994), Fauconnier e Turner (1996), dentre outros, de base cognitivista, encontrando, também, respaldo teórico nas discussões de Tomasello (2003).

Fauconnier busca, através dos princípios da teoria da integração conceitual, explicar os fenômenos da linguagem natural a partir das capacidades cognitivas da mente humana, propondo um construto teórico que demonstra como a projeção entre domínios mentais opera a produção, a transferência e o processamento do sentido. A proposta fauconneriana parte do pressuposto de que, ao construirmos qualquer interpretação, mobilizamos uma enorme quantidade de conhecimento prévio. Os recursos cognitivos dos quais fazemos uso, inconscientemente, na construção das nossas significações encontram-se todos imersos.

A teoria, desenvolvida por Fauconnier e colaboradores (entre eles, Eve Sweetser e Mark Turner), caminha em sentido oposto aos estudos semânticos tradicionais, que entendiam a análise do significado atrelado a sua forma, com uma visão de língua como portadora de sentido e segundo a qual o significado das palavras poderia ser encontrado nelas próprias. Fauconnier, ao contrário, concebe língua como mediadora da construção do significado, que é, por sua vez, resultado de uma operação cognitiva complexa e criativa, realizada on-line no curso do pensamento e da fala.

A proposta da hipótese sociocognitiva difere, em certos aspectos, do cognitivismo de Fauconnier (1994) e Fauconnier e Turner (1996), uma vez que estes, embora anunciem "[...]a dimensão contextualizada do processo de significação", acabam, "[...] de fato, presos a um trato do usuário como um agente essencialmente cognitivo [grifo da autora] " (MIRANDA, 2000, p. 59). Em contrapartida, o programa formulado por Salomão propõe um entendimento de cognição como social e culturalmente constituída, postulando a linguagem como aquela que opera uma conceitualização socialmente localizada a partir de um sujeito que é cognitivo, mas que se encontra, todo o tempo, em situações comunicativas reais, produzindo significados como construções mentais a serem legitimadas no fluxo da interação.

A preocupação premente da hipótese sociocognitiva é descrever e explicar processos reais de conceitualização a partir de um programa de investigação tripartite, no qual se encontram a cognição, a linguagem e a interação humanas. Assim sendo, leva em conta, no seu trato analítico, um contexto semiologizado, que traz para a cena interativa não apenas aspectos linguísticos, paralinguísticos e suprassegmentais, mas elementos corporais, gestuais, identidades institucionais e papéis sociais, ou seja, elementos socioculturais, produzindo uma relação dinâmica entre linguagem, cognição e interação:

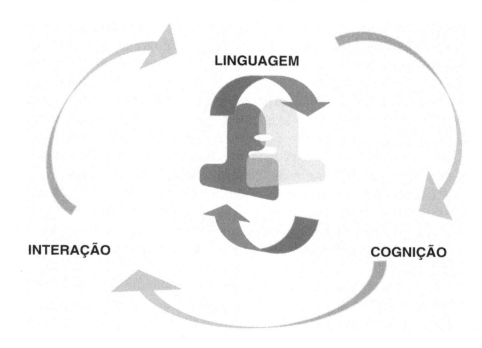

A linguagem é, nessa visão, um dispositivo para a construção do conhecimento, constituindo-se, assim, em conhecimento para o Outro. A cognição tem, por sua vez, uma natureza social, isto é, a criança nasce dotada de recursos cognitivos, mas não de uma faculdade inata da linguagem que dispense a experiência social e cultural. Por fim, os processos interativos permitem que produzamos representações através das quais conhecemos e damos a conhecer, ajustando, a todo o tempo, o que está sendo conhecido a um conhecimento prévio para significar, interpretar e criar novos conhecimentos.

O programa sociocognitivo também amalgama, no seu modelo teórico, dois princípios basilares das pesquisas atuais em Linguística Cognitiva, quais sejam: (1) o princípio da escassez da forma linguística e (2) o princípio do dinamismo da determinação contextual.

O princípio da escassez da forma linguística induz a uma nova maneira de conceber a relação linguagem/mundo, visto que cai por terra a tese de que a linguagem é o espelho da realidade. Aqui, podemos retomar a metáfora de Fauconnier (1997), que proclama a forma linguística meramente como uma pista ou a ponta de um *iceberg*. Submersos estão todos os recursos cognitivos de que precisamos para elaborar sentido e realizar interpretações, num verdadeiro encobrimento cognitivo. Para Miranda, praticando esse tipo de representacionismo, a hipótese sociocognitiva da linguagem focaliza o caráter social da cognição, demonstrando em suas análises que

> [...] conhecemos através do outro, projetando-nos, identificando-nos e socializando a nossa memória. Assim, essa vertente reconhece a memória e as estruturas estáveis que a constituem e o drama da projeção na atividade interativa. Esse é o *locus* da representação. Esse é o *locus* da linguagem (MIRANDA, 2000, p. 35).

O princípio da determinação contextual induz a uma concepção de linguagem como forma de ação, fundamentando-se na tese proposta por Clark (1996), que postula atos comunicativos como, inerentemente, atos conjuntos, ou seja, só existe sentido na construção desses atos em interações que permitam a um participante sinalizar para o outro e que este, por sua vez, reconheça o que o primeiro quis significar. Para o autor, ação conjunta alude a um entendimento de coordenação entre sujeitos que agem. Nesse sentido, os falantes se coordenam para fazer alguma coisa juntos, utilizando, simultaneamente, recursos internos, individuais e recursos sociais.

A compreensão de contexto, a partir dessa perspectiva, impetra que tomemos não apenas a forma linguística, mas o mundo como sinal, produzindo uma dinamicidade incontestável entre linguagem, conhecimento e realidade. Essa acepção de contexto maleável, que não oferece um terreno rígido, mas que permite a convivência de diversas semioses, implica, também, a ideia de que a construção do sentido acontece à medida que o sujeito vai assumindo uma ou outra perspectiva sobre uma cena em um contínuo reenquadramento.[4] Interpretar, ou seja, representar – no sentido dramático de representação – é, para Salomão, uma operação social, pois o sujeito sempre constrói o sentido ou interpreta para alguém que divide com ele a cena, mesmo que esse alguém seja ele próprio e, no dizer da pesquisadora, "[...] a interpretação passa a ser prática interativa, tão social quanto a própria linguagem" (SALOMÃO, 1999, p. 72).

Dado esse quadro, o programa sociocognitivista defende que toda experiência social é semantizante, pois só é possível engajar-se na cena interativa atribuindo-lhe sentido, seja este produto de um conhecimento consensual socialmente distribuído ou resultado de uma motivação singular de realizar objetivos localmente relevantes. Assim sendo, ao postular uma "[...] continuidade essencial das semioses", Salomão explicita que "Não há como dissociar interpretação-do-mundo, representação-de-si e escolha da linguagem" e reconhece "[...] que igualmente se misturam, como representações, a conceitualização do mundo e a comunicação do mundo" (SALOMÃO, 1999, p. 72).

Resumimos, no quadro a seguir, os principais axiomas da hipótese sociocognitivista:

Noções/Axiomas	Hipótese sociocognitiva da linguagem
Cognição	Constituída social e culturalmente
Linguagem	Dispositivo para a construção do conhecimento
Experiência humana	Um "modo de ação"
Interações entre indivíduos	Essenciais para a construção e negociação do conhecimento
Construção do conhecimento	Partilhado e negociado nas interações sociais
Sentido	Resultado da atividade conjunta entre interagentes

As narrativas das professoras sobre a sua prática durante o processo de espelhamento podem, então, ser consideradas, a partir dessa perspectiva, em suas dimensões cognitiva e social porque engendram ferramentas capazes de descrever e explicar as relações entre cognição, linguagem e realidade social no processo de conceitualização das ações e de sua reconstrução.

Metodologia

Os dados[5] analisados neste trabalho são compostos por narrativas de quatro professoras de Língua Inglesa, que serão, a partir de agora, identificadas como Ana, Isabela, Luísa e Beatriz. Durante a coleta do material, as professoras lecionavam no Departamento de Letras Estrangeiras Modernas da UFPB, como docentes substitutas. As narrativas foram geradas durante processo de autoconfrontação (CLOT; VIEIRA, 2003),[6] em que cada uma das professoras assistiu ao vídeo de sua aula junto com a pesquisadora, que procurou suscitar o diálogo sobre as ações desenvolvidas pelas professoras em sala de aula.

Para essa pesquisa, as professoras foram solicitadas a monitorar, com o auxílio do controle remoto, o vídeo e interromper, quando quisessem, para comentar atitudes suas, dos alunos ou quaisquer outras situações. De um local privilegiado, fomos observadores de observadores (cf. figura a seguir). Assim, pudemos observar não só a prática de quatro professoras de Língua Inglesa, mas observar, principalmente, as professoras na contemplação de suas imagens no espelho.

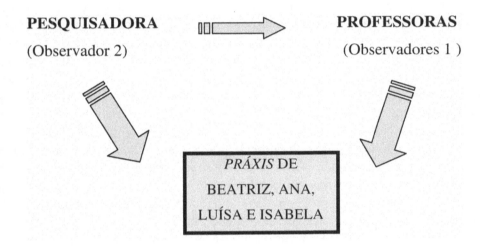

A linguagem no processo de autoconfrontação, como nos alerta Souza e Silva (2004), longe de ser para o professor apenas um meio de explicar o que ele fez, torna-se um modo de levar o pesquisador a pensar e a sentir segundo a perspectiva do professor, mas, ao mesmo tempo, mantendo sua posição de pesquisador. A autora conclui que

> [...] podemos dizer que, se ensinar é uma atividade, aquela da ação vivida, dizer como se procede para fazer tal ação, pertinente ao ato de ensinar, é outra atividade, aquela da ação direcionada a um interlocutor *externo*. Essas idas e vindas em cascatas sucessivas, a passagem pelo coletivo, são momentos de re-construção, são modos de se *desfazer* do vivido para reinscrevê-lo diferentemente em novas possibilidades de ação [grifos da autora] (SOUZA E SILVA, 2004, p. 103).

Vejamos, nas subseções seguintes, como desenvolvemos nossa interpretação dos dados coletados durante a autoconfrontação.

Ajustando o foco

Apesar das especificidades de cada narrativa – cada professora desenvolveu uma forma distinta de olhar para sua prática – à medida que foram comentando o seu fazer, um viés interpretativo se instalou, conduzindo-as para a análise e reconstrução das ações, e permitindo-lhes a explicitação dos sentidos que elas, de fato, atribuem ao seu fazer pedagógico.

As professoras teceram comentários sobre vários aspectos enquanto assistiam aos vídeos: abordaram a aplicação da metodologia proposta; a condução da aula e das atividades; a forma como interagiram com os alunos e como perceberam a interação entre eles; a correção que realizaram dos erros dos alunos naquela aula e a adequação do material didático às necessidades e expectativas dos alunos. As professoras comentaram, também, sobre o desempenho, o comportamento e o envolvimento dos alunos, concentrando-se, muitas vezes, em alunos específicos. Avaliaram sua postura física e movimentos em sala de aula, o conteúdo lecionado e, finalmente, a experiência de ter a aula filmada.

Luísa fez 70 comentários avaliativos sobre sua aula. A sua maior preocupação foi com relação à forma como conduziu as atividades, mais especificamente, a atividade de *writing* que propôs aos alunos naquela aula. Foram, ao todo, 17 comentários sobre a monitoração dessa atividade, incluindo o seu planejamento, o tempo programado e o tempo efetivamente gasto pelos alunos para a sua realização.

Nos 61 comentários que teceu, Isabela, diferentemente de Luísa, demonstrou uma grande preocupação com a maneira como apresentou o conteúdo (21 comentários), voltando-se, também, para o tipo de linguagem que utilizou, conscientizando-se de que repetia, incessantemente, determinadas expressões. Outrossim, demonstrou uma grande inquietação com a maneira como forneceu instruções aos alunos, a seu ver, de forma insatisfatória e inadequada para as atividades que solicitou. Em determinado momento, Isabela demonstrou impaciência em relação à forma como interagia com os alunos, a qual, a seu ver, soava muito maternal (parece uma mãe falando; soou tão mamãe brigando com filho). Observamos, de fato, que o uso de expressões no diminutivo (detalhadozinho, pouquinho, tudinho, prontinhos, sentadinha, zoadinha, tempinho, minutinhos) permeia a fala de Isabela, e talvez isso seja, realmente, um indicativo dessa relação que mantém com os alunos.

Assim como Isabela, Ana produziu 61 comentários, sendo que apenas 15 diziam respeito ao modo como conduziu sua aula. Aqui, no entanto, gostaríamos de salientar que foi muito recorrente, na sua fala, a empatia que tem por essa turma específica, e isso pôde ser observado pelo número de vezes em que fez menção ao grupo, sempre de maneira bastante positiva, como podemos ilustrar através de sua fala (essa turma é tão boa; eu fiquei impressionada com essa turma; eu me divirto muito com essa aula; essa turma é aquela que você entra e quando vê já acabou a aula; pense numa turma que é superinteressada; eu amo essa turma; mas essa turma é realmente muito especial; essa turma você pode dinamizar à beça; a interação eu acho que é a parte fundamental nessa turma).

Beatriz, por sua vez, elaborou 67 comentários diferentes sobre a aula registrada. Novamente, percebemos que a condução da aula foi o item mais observado (22 comentários). Ela também analisou, com bastante recorrência, o envolvimento dos alunos e a sua interação com a turma. Vejamos, a seguir, quadro que ilustra, quantitativamente, os diferentes aspectos abordados pelas professoras durante o processo de autoconfrontação.

PROFESSORA	Número de Comentários	Aspecto que mais chamou a atenção da professora
Luísa	70	Monitoração da atividade de *writing* (17 comentários)
Isabela	61	Apresentação do conteúdo (21 comentários)
Ana	61	Condução da aula (15 comentários)
Beatriz	67	Condução da aula (22 comentários)

Quadro 1 – Número de comentários por professora.

O fato de as reflexões terem-se concentrado na condução das aulas sinaliza para que consideremos como evidência que as professoras, realmente, olharam mais para si mesmas do que para outros aspectos de sala de aula, o que, de certa forma, corrobora o processo de espelhamento.

Vejamos, na subseção seguinte, como as professoras, ao se colocarem diante de suas práticas através das imagens, tornaram-se observadoras da sua práxis. Ao tomarem consciência das suas condutas linguísticas e não linguísticas, elaboraram perguntas e buscaram respostas nas suas próprias ações.

Desconstruindo certezas didáticas

Como afirmamos anteriormente, a ideia básica da autoconfrontação simples é que o professor se volte para sua aula, analisando-a e estabelecendo parâmetros avaliativos que possam resultar na reconstrução das ações, para com ela aprender e aperfeiçoar-se. Essas avaliações podem levar as professoras à desconstrução das suas certezas didáticas, revelando que, muitas vezes, aquilo que nos parece mais óbvio e evidente na nossa prática é sempre o mais difícil de enxergar.

Ao se verem diante do espelho, as professoras estabeleceram relações com sua competência ou capacidade didático-pedagógica e com sua identidade como pessoas e como professoras, o que fez surgir, muitas vezes, um sentimento de ineficácia e incompletude.

A conscientização no processo reflexivo é, geralmente, um processo lento, que não acontece de uma hora para a outra. No entanto, a autoconfrontação, a nosso ver, permite que a conscientização aconteça muito mais rapidamente, porque a imagem mostra o inegável, o irrecusável (embora esse fato não resulte, necessariamente, em mudanças na prática pedagógica, como discutiremos a seguir). Durante a autoconfrontação, as professoras se deram conta de atitudes suas que, de fato, desconheciam:

Segmento 1
Beatriz
tá sendo uma surpresa pra mim essa fita...

Segmento 2
Luísa
nunca eu pensei que eu mexesse tanto os braços ((ri))

Segmento 3
Isabela
tem hora que eu sou engraçada/.../ eu devia tirar do meu vocabulário *basically e indeed* ((ri))

Segmento 4
Ana
eu pensei que não era eu ...eu imaginei que eu agisse de outra forma...

A conscientização – a partir das imagens refletidas no vídeo – é marcada por expressões como "uma surpresa"; "nunca eu pensei", "pensei que não era eu" e "outra forma". Isabela, por outro lado, ao tomar consciência do uso recorrente que faz das palavras *basically* e *indeed*, chega a se aborrecer consigo mesma, balançando a cabeça, desaprovando a atitude de repetir os advérbios inúmeras vezes durante a aula.

As professoras, ao se colocarem diante de suas práticas através das imagens, tornaram-se observadoras/questionadoras da sua práxis. Ao tomarem consciência das suas condutas linguísticas e não linguísticas, elaboraram perguntas e buscaram respostas nas suas próprias ações. Vejamos como Isabela toma consciência do seu fazer, a partir da observação desse próprio fazer:

Segmento 5

eu acho que eu complico muito dando instrução com medo deles não entenderem ((pausa longa)) eu sinto muita dificuldade porque eu percebo que **muitas das instruções que eu dou devem ter um *gap* não é?** em algum momento em que muitas vezes o *feedback* não é o que eu espero ... aí eu tento detalhar e quanto mais eu detalho pior fica ... ó ... se eu fosse meu aluno eu ia dizer "ah que professora enrolada" porque essa instrução tá dada em pedaços ... não tá legal ... eu percebo isso nas minhas instruções...elas são muito confusas (...) eu tô falando muito em português ... a princípio eu não teria que sair de mesa em mesa assim pra explicar a atividade novamente porque eu percebi que uns não tavam entendendo... **o que significa a questão da instrução né? que não foi clara**

As imagens mostram para Isabela que as instruções fornecidas por ela para uma determinada tarefa não obtiveram sucesso. Ela só percebe isso quando, ao assistir ao vídeo, se vê monitorando cada grupo de alunos, explicando, novamente, o que fora solicitado e concluindo que as instruções não ficaram claras.

A maneira como constrói a percepção do seu desempenho quando dá instruções pode ser organizada a partir das próprias escolhas lexicais de Isabela: "eu complico", "com medo", "sinto muita dificuldade", "deve ter um *gap*", "o *feedback* não é o que eu espero", "quanto mais eu detalho pior fica", "instrução dada em pedaços", "não tá legal", "são muito confusas".

Através das imagens que vê, percebe que teve que explicar, mais uma vez, aos alunos o que eles deveriam fazer. Isabela dá voz a um aluno hipotético (se eu fosse meu aluno eu ia dizer "ah que professora enrolada"), e parece organizar esses momentos nos quais solicita a execução de atividades. Assim, temos a impressão de que Isabela constrói sentidos não apenas para si mesma (não tá/ não tá legal), mas também para a pesquisadora (o que significa a questão da instrução, né?).

As inconsistências da prática, geradas entre preferências pessoais e/ou o que é recomendado pelos manuais e instituições, provocam, muitas vezes, a sensação da incompletude de uma ação que não foi satisfatória. A observação do fazer e, consequentemente, a conscientização deste fazer faz emergir o sentimento de poder sobre o agir. Sentimento este que percebe a ação futura como algo que pode ser gerenciado ou regulado e, até mesmo, previsível, embora se saiba que isso não ocorrerá, haja vista que a sala de aula é o espaço do imprevisível, onde situações inevitáveis e inesperadas surgem a cada instante.

Reconstruindo as incertezas da prática

É importante salientar que não podemos garantir o que cada professora, agente-participante desta pesquisa, realizará na sua prática a partir da reflexão sobre o seu fazer. Não cabe aqui avaliarmos se as professoras, de fato, modificaram ou modificarão as suas atitudes (embora esperemos que o repensar sobre a prática possa ter produzido reconstruções positivas). Contudo, ao analisar e verbalizar seu fazer pedagógico, as professoras explicitam, no seu discurso, escolhas sintáticas e lexicais que atestam (ou indicam?) a possível reconstrução da ação no futuro. Observemos o seguinte excerto da fala de Luísa:

Segmento 6

como essa aula era mais curta eu trouxe esses papeizinhos que tinham o animal e o problema mas eu achei que foi controlado demais que **eu podia ter feito isso de uma forma mais aberta assim... eles terem escolhido o animal e talvez o problema** (...) mas eu acho que foi muito tempo naquela primeira atividade **eu acho que teria dado tempo de ter feito as duas coisas** de ter feito a carta e já o *reply* até porque ficou muito perdido o que aconteceu que a *reply* alguns entregaram na outra aula outros não entregaram e aí ficou meio perdida a ideia... Neide [uma aluna] vai demorar um tempão pra escrever porque ela escreve/ vê e pensa em francês... escreve de novo... acho que **se isso tivesse sido feito pra casa talvez ... a ideia tivesse sido dada (...) se eles tivessem levado ...eu acho que funcionaria melhor.**

Gostaríamos de pontuar que há movimentos discursivos na fala de Luísa que nos permitem considerar que, de fato, ela reconstrói um momento de sua aula. Ao dizer "eu podia ter feito isso de uma forma mais aberta", a professora não apenas oferece a reconstrução de uma ação (eles terem escolhido o animal e talvez o problema), mas constrói uma nova forma de perceber essa atividade, atribuindo sentido às suas ações. Ao compreender que é possível dividir com o grupo a opção pelo personagem a ser assumido pelos alunos, e o problema a ser resolvido por eles, Luísa parece entender que pode negociar esse tipo de atividade com o grupo, dividindo com eles a criação, estruturação e resolução dessa atividade.

Romero (2003, p. 194) constata que, na fase de reconstrução, a marca linguística é o tempo futuro e os verbos modais, que também indicam a ideia de futuro. O modal em "eu podia ter feito"; o verbo no futuro do pretérito em "eu acho que teria dado tempo", bem como a recorrência da contrafactualidade (se isso tivesse sido feito pra casa; se eles tivessem levado) indicam sugestões de novas formas de agir. Os contrafactuais também foram observados na fala da professora Isabela, a seguir, e indicam que uma outra alternativa pode ser viabilizada, e o que não funcionou pode, certamente, vir a funcionar da próxima vez.

Segmento 7

Precisava de tanta história prévia? **se eu talvez não tivesse colocado** essas atividades antes... mhm **se eu já tivesse ido** direto pro livro... **se eu não tivesse ido mais**... né? e **se EU fosse** mais pra perto **se eu chegasse mais perto** ... e continuo achando que ainda é muito *teacher centered* ... a aula ainda é assim... um formato muito quadrado... é... segue uma sequência muito assim eu conduzindo muito não dou muito espaço pra na hora o aluno participar interagir o inesperado acontecer e a partir daí a gente começar a construir...

Percebemos que Isabela descreve sua aula, entendendo ser seu formato muito quadrado. A avaliação da professora recai na maneira como conduz sua aula, isto é, muito centrada na figura do professor. A observação que faz é baseada em determinado momento da aula no qual ela domina, por alguns minutos, o turno, perguntando e respondendo ao mesmo tempo. Assim, passa a reconstruir as suas ações, a partir da perspectiva do aluno (não dou muito espaço pra na hora o aluno participar, interagir).

Esse momento na fala de Isabela é extremamente rico, uma vez que parece emergir de uma profunda reflexão: O que é a sala de aula? Qual é o papel do professor? E o do aluno? Quais as expectativas que o professor e o aluno podem ter em relação à aula? A partir daí, ela parece elaborar um novo sentido para a sala de aula, vista como um espaço de construção, de negociação. O professor, como aquele que permite que essa construção, efetivamente, aconteça, dando voz ao aluno para que o inesperado ocorra. Esse é o tipo de saber construído a partir do olhar sobre a prática pedagógica, essas são as significações que surgem quando o professor é colocado diante do espelho.

O movimento que conduz à reconstrução na fala das professoras fica muito claro durante todo o desenrolar da autoconfrontação, demonstrando que o processo reflexivo, sem dúvida alguma, leva o professor não apenas a pensar sobre o que fez, mas, principalmente, a elaborar sentidos sobre como poderia ter feito/agido de outra forma e, por conseguinte, a construir novos saberes. Examinemos mais um momento em que isso ocorre, na fala de Beatriz:

Segmento 8
eu acho que eu tô indo muito rápido na minha correção... como se eu tivesse lidando com alunos que já saibam sabe assim? eu não tô indo muito mastigadinho **eu acho que eu poderia ter mastigado mais...** não sei ... e eu falo demais também..**eu devia ter deixado o aluno falar isso né? (...) tudo eu falo tudo... quem interpreta sou eu eu explico interpreto dou a resposta** ai meu Deus ... lá vai eu "como é? a temperatura fria a gente vai saber que tá onde? logo aqui embaixo"/.../ tá errado... tá vendo que elas não tão acompanhando? eu já tô lá na frente e elas ainda tão... aquela de amarelo tá assim... tentando entender... ó... eu devia ter... porque eu tô trabalhando os prefixos e os sufixos que eles acharam **então de repente ficaria bem mais claro se eu colocasse no quadro né?** e aí eu tô dando como se **eles já dominassem o assunto... eu não tô lidando com alunos que sabem a língua** que conhecem (...) ó... "*shiny* que vem de *shine*" mas e daí né? eles nem sabem que *shine* a gente escreve com *e* no final e depois vai tirar o *e* e colocar o *y* e aí? ai ai ((pausa longa)) **se fosse comigo eu iria enfrentar muitos problemas porque eu sou extremamente visual**

Nesse segmento, verificamos como Beatriz faz uma avaliação do ritmo em que está apresentando o conteúdo (eu acho que eu tô indo muito rápido na minha correção). Logo depois já reconstrói essa ação, afirmando que "poderia ter mastigado mais". Aqui, novamente, atentamos para o uso do modal (eu poderia... eu devia...). Na sua fala, podemos perceber certa angústia no momento em que se conscientiza da atitude de corrigir o exercício rapidamente, e assim imprime um ritmo acelerado a sua fala, culminando em "ai meu Deus".

Ao reconstruir a sua ação ("eu acho que eu poderia ter mastigado mais" e "eu devia ter deixado o aluno falar isso"), Beatriz também demonstra construir um entendimento de que a turma precisa de tempo (ideia que retoma posteriormente) e que, ao permitir uma participação maior dos alunos, ela pode provocar, juntamente com eles, interações mais dinâmicas, evitando assim que só ela fale, interprete, explique e responda.

No final desse excerto, Beatriz se coloca na posição de aluna para sustentar os próprios argumentos de que a apresentação do conteúdo não foi bem-sucedida. Ao se definir como visual, ela, de certa forma, direciona todo seu processo de reflexão para a compreensão de que os alunos possuem estilos de aprendizagem diferentes. A professora constrói um novo entendimento de que ela pode apresentar conteúdo de uma outra forma (então ficaria bem mais claro se eu colocasse no quadro).

Perrenoud afirma que "Nenhum profissional pode apresentar sua prática como um material em estado bruto porque não consegue descrever pura e simplesmente o que faz sem propor uma interpretação" (PERRENOUD, 2002, p. 131). Não apenas isso, mas acreditamos, também, que nenhum profissional interpreta a sua prática sem propor formas alternativas de ação, ou seja, sem reconstruí-la. Entretanto, é necessário reiterar que estamos tomando a concepção de interpretar como uma operação cognitiva e social, pois o sujeito vai sempre construir sentidos para ele próprio ou para alguém que com ele divide a cena (SALOMÃO, 1999).

Considerações finais

Durante as autoconfrontações, quando a prática pôde ser narrativamente revisitada, pudemos observar as professoras interpretando o seu fazer pedagógico, atribuindo sentido à prática docente na contemplação da própria experiência. Ao reconstruírem suas ações em sala de aula, Ana, Beatriz, Isabela e Luísa pautaram-se pelos momentos em sala nos quais constataram que o planejado não surtiu o efeito desejado. A partir daí, reconstruíram o fazer e, por conseguinte, novas compreensões sobre a condução de suas aulas puderam ser elaboradas.

A partir do momento em que as professoras trouxeram sua prática para o nível da consciência, através do processo de autoconfrontação, a construção do saber ficou explícita.

Como instrumento de pesquisa e de reflexão, as narrativas proporcionaram: (1) a observação de que a reconstrução da prática está diretamente atrelada à conceitualização do fazer e à consequente construção de um novo saber e (2) uma compreensão sobre a prática docente, que seria impossível sem a explicitação do fazer pelas próprias professoras. Assim, a partir do processo reflexivo nas narrativas, pudemos observar as professoras interpretando conceitos; explicitando convicções e crenças; descrevendo ações e objetivos.

Embora tenhamos recorrido às expressões linguísticas para analisarmos o modo como as professoras construíram sentidos sobre sua prática, o que nos forneceu evidências para que esta análise se realizasse (afinal, é o que temos de tangível), fomos mais além, buscando nas suas histórias, e nas relações que estabeleceram entre elas, os reais sentidos que, elas mesmas, atribuíram ao seu fazer pedagógico. As pistas estavam, de fato, na língua, mas os sentidos se encontravam bem mais além.

Pensamos que a análise demonstrou como as professoras semantizaram o seu fazer, não apenas para si mesmas, mas também para a pesquisadora, confirmando a premissa de que temos a necessidade de dar a conhecer o outro (MARCUSCHI, 2003). Nesse sentido, pudemos atestar que a construção do sentido possui uma natureza interativa, tão social quanto a própria linguagem (SALOMÃO, 1999).

Talvez a grande vantagem da autoconfrontação seja possibilitar que professores revisitem suas ações porque as imagens têm o poder de resgatar, na memória, aspectos que não ficaram registrados ou que passaram despercebidos. As narrativas de Ana, Beatriz, Isabela e Luísa ecoam o que elas conhecem da sua prática diária de professoras, seus saberes tácitos e teóricos. Podemos dizer que as professoras imergiram em suas próprias aulas através do vídeo para, ao mesmo tempo, distanciarem-se delas e analisá-las, fazendo, no/do exercício da reflexão, um processo contínuo e circular de desconstrução de certezas didáticas e reconstrução das incertezas da prática.

Bibliografia

BATESON, G. **Steps to an Ecology of Mind**. New York: Ballantine, 1999[1972].
BARTLETT, F. Remembering. **A Study in Experimental and Social Psychology**. Cambridge: Cambridge University Press, 1995 [1932].
BOURDIEU, P. **Language and Symbolic Power**. Cambridge: Polity Press, 1991.
CLARK, H. H. **Using Language**. Cambridge: Cambridge University Press, 1996.
CLOT, Y.; VIEIRA, M. Reflexões metodológicas sobre a autoconfrontação cruzada. DELTA, V. 19. n. 1, 2003, pp. 123-54.
FAIRCLOUGH, N. **Discurso e mudança social**. Brasília: Editora da UnB, 2001[1992].
_____. **Analysing Discourse**: textual analysis for social research. New York: Routledge, 2003.
FAUCONNIER, G. **Mental Spaces**: aspects of meaning construction in natural language. Cambridge: Cambridge University Press, 1994 [1985].
_____. **Mappings in Thought and Language**. Cambridge: Cambridge University Press, 1997.
_____; TURNER, Mark. Blending as a Central Process of Grammar. In: GOLDBERG, A. E. (Ed). **Conceptual Structure, Discourse and Language**. Stanford, CA.: CSLI Publications, 1996.
LAKOFF, G. Linguistics Gestalts. **Papers from the Thirteenth Regional Meeting of the Chicago Linguistic Society**. Chicago, Illinois, 1977, pp. 236-87.
_____. **Women, Fire, and Dangerous Things**: what categories Reveal about the Mind. Chicago: The University of Chicago Press,1987.
_____. The Invariance Hypothesis: is abstract reason based on image-schemas? **Cognitive linguistics**, 1990, V.1-1, pp. 39- 74.
MARCUSCHI, L. A. Perplexidades e perspectivas da linguística na virada do milênio. VI Semana de Letras. João Pessoa: UFPB, 2003 (mimeo).
_____. Contribuições da linguística contemporânea ao estudo das relações entre língua e conhecimento. In: HENRIQUES, C. C.; SIMÕES, D. **Língua e cidadania**: novas perspectivas para o ensino. Rio de Janeiro: Editora Europa, 2004, pp. 255-72.

Maturana, H. R.; Varela García, F. J. **A árvore do conhecimento**. 3. ed. São Paulo: Palas Athena, 2003.
Maturana, H. R. **Cognição, ciência e vida cotidiana**. Belo Horizonte: Editora ufmg, 2001.
Medrado, B. P. **Espelho, Espelho meu**: um estudo sociocognitivo sobre a conceptualização do fazer pedagógico em narrativas de professoras. 2008 (no prelo).
_____. A constituição dos relatos de experiência como um gênero na formação de professores. **Revista Leitura**, ufal, 2008 (no prelo).
Miranda, N. S. de. **A configuração das arenas comunicativas no discurso institucional**: professores versus professores. Tese de Doutorado, Belo Horizonte: ufmg, 2000.
Mondada, L. Cognition et parole-en-interaction. **Veredas**: Revista de Estudos Linguísticos. V. 6, n. 1, jan/jun, 2002. pp. 9-27.
Perrenoud, P. A **Prática reflexiva no ofício de professor**: profissionalização de razão pedagógica. Porto Alegre: ArtMed, 2002.
Pezatti, E. G. O funcionalismo em linguística. In: Mussalim, F.; Bentes, A. C. (Orgs.). **Introdução à linguística**: fundamentos epistemológicos. São Paulo: Editora Cortez, 2004. pp. 165-218.
Romero, T. R. de S. Reflexões sobre a auto-avaliação no processo reflexivo. In: Celani, M. A. A. (Org). **Professores e formadores em mudança**: relato de um processo de reflexão e transformação da prática docente. São Paulo: Mercado de Letras, 2003, pp. 91-105.
Salomão, M. M. M. Gramática e interação: o enquadre programático da hipótese sociocognitiva sobre a linguagem. In: **Veredas**. Revista de Estudos Linguísticos. Juiz de Fora: edufjf, Vol. 1, n. 1. janeiro-junho/1997. pp. 23-39.
_____. A questão da construção do sentido e a revisão da agenda dos estudos da linguagem. **Veredas**. Revista de Estudos Linguísticos. Juiz de Fora: edufjf, Vol. 3, n. 1. janeiro-junho/1999. pp. 61-79.
Souza e silva, M. C. P. O ensino como trabalho. In: Machado, A. R. (Org.). **O ensino como trabalho**: uma abordagem discursiva. Londrina: eduel, 2004, pp. 81-104.
Tomasello, M. **Origens culturais da aquisição do conhecimento humano**. São Paulo: Martins Fontes, 2003[1999].

Notas

[1] Espelho, espelho meu: um estudo sociocognitivo sobre a conceptualização do fazer pedagógico em narrativas de professora, tese defendida em 2006, na ufpe, sob a orientação da professora doutora. Abuêndia Padilha Pinto.
[2] É importante ressaltar que estamos tomando o termo experiência como em Lakoff (1987, p. 266) e Maturana (2001), ou seja, em um sentido mais amplo do que aquilo que apenas acontece ou aconteceu a um indivíduo. Para esses autores, a experiência envolve a natureza dos nossos corpos, nossas capacidades genéticas, a forma como funcionamos fisicamente no mundo, nossa organização social etc. Assim, experiência aqui envolve todas as especificidades de sermos humanos e, por conseguinte, aquilo de que fazemos uso tácita e teoricamente para agirmos no mundo.
[3] Processos de base goffmaniana e aqueles pensados por Gumperz, como as concepções de moldura dramática, de sujeito, papéis sociais e pistas de contextualização presentes nesses processos.
[4] Novamente aqui, a hipótese sociocognitiva pede empréstimo à Sociolinguística de Goffman, ao entender que uma interação comunicativa (ou encontro, em termos goffmanianos) é dramática, visto que participar da cena interativa é inserir-se numa determinada moldura ou esquema de conhecimento (segundo Bartlett, 1995 [1932]; ou enquadres em Bateson, 1999[1972]) e, por conseguinte, assumir papéis.
[5] Parte do *corpus* da pesquisa de doutorado, citada no início deste capítulo.
[6] A autoconfrontação pode ser simples ou cruzada. Na última, dois professores observam, juntos, trechos de suas aulas, criando um diálogo, com pesquisador, sobre a ação de ambos os professores. Adotamos aqui a autoconfrontação simples, suficiente para atingirmos os nossos propósitos. Não nos interessava o discurso do professor sobre a aula do outro, mas sobre sua própria prática.

A constituição social e psicológica do texto escrito

Regina Celi Pereira

> "Todo estudo de uma língua como sistema, ou seja, de uma morfologia, remete, como se pretende, ao estudo do emprego das formas, ou ao da representação das ideias. O que é falso é pensar que haja de alguma maneira formas (existindo por elas mesmas fora de seus empregos) ou de alguma maneira ideias (ideias existindo por elas mesmas fora de suas representações)."
> Saussure

O objetivo deste capítulo é situar as propostas teórico-metodológicas do Interacionismo Sociodiscursivo, doravante ISD, no contexto de investigação das pesquisas em Linguística Aplicada (LA) desenvolvidas no Programa de Pósgraduação em Linguística da Universidade Federal da Paraíba (PROLING/UFPB). Serão apresentados os resultados de pesquisas já realizadas, e de outras ainda em fase de execução, que elegeram como objeto de investigação a escrita em seus diferentes aspectos: tanto do ponto de vista das condições mais gerais de produção, quanto do ponto de vista dos critérios de apreensão e de análise do texto escrito. Abordaremos questões teóricas relacionadas aos aportes epistêmicos do ISD e seu alcance frente a diferentes áreas de investigação que se ocupam das relações de ensino e aprendizagem de língua materna.[1]

Faz-se necessário emoldurar nossas reflexões, ora desenvolvidas, com uma concepção de língua/linguagem coerente com os princípios teóricos defendidos e que lhes ofereça respaldo no curso de sua execução. Assim, a compreensão da língua como uma atividade constitutiva da ação humana e que se constrói, continuamente, nas interações entre os seres humanos tem permeado todo o caminho de análise até aqui percorrido. Retomamos as já bem conhecidas considerações de Volochinov, a fim de reiterar que não vemos a língua como sistema abstrato de formas linguísticas, nem como enunciação monológica isolada.

> Na realidade, o locutor serve-se da língua para suas necessidades enunciativas concretas (para o locutor, a construção da língua está orientada no sentido da enunciação da fala). Trata-se, para ele, de utilizar as formas normativas (admitamos, por enquanto, a legitimidade destas) num dado contexto concreto. Para ele, o centro da gravidade da língua não reside na conformidade à norma da forma utilizada, mas na nova significação que essa forma adquire no contexto. O que importa não é o aspecto da forma linguística que, em qualquer caso em que esta é utilizada, permanece sempre idêntico. Não; para o locutor o que importa é aquilo que permite que a forma linguística figure num dado contexto, aquilo que a torna um signo adequado às condições de uma situação concreta dada (VOLOCHINOV, 1988 [1929], [2] pp. 92-3).

Certamente não há, nessas palavras, uma referência explícita ao que hoje entendemos por práticas de linguagem situadas, mas essa concepção de língua alicerça o conceito de letramento por nós adotado (cf. PEREIRA, 2005a), segundo o qual só é letrado aquele que usa a leitura ou a escrita como práticas sociais significativas na comunidade a que pertence. A compreensão da linguagem como um fenômeno interativo e do letramento como prática social da linguagem escrita ou falada nos conduzirá, necessariamente, à abordagem dos gêneros textuais, já que eles se configuram como instrumentos que regulam as atividades de linguagem.

É evidente a relação entre esses três conceitos: nós nos comunicamos e interagimos com os outros através dos gêneros (orais e escritos), só através deles é possível nos constituirmos como seres letrados. Dizendo de outra forma: compreender a língua como fenômeno sociointerativo, portanto, dinâmico e mutável, permite perceber a real dimensão do papel dos gêneros textuais como instrumentos constitutivos e reguladores das práticas de letramento em nossa sociedade.

Já dissemos em outro momento (PEREIRA, 2006, p. 126) que a língua se apresenta como uma ferramenta indispensável na construção do mundo. Entendemos que com a linguagem nos constituímos como seres cognitivos e que é através da linguagem que experienciamos a alteridade. Construímos nossa atividade discursiva na interação com os outros, a cada momento, em cada exclusiva situação discursiva. Não é mais possível considerar a língua como um fenômeno social, e, simultaneamente, ignorar toda a dimensão semântica de que se reveste a palavra "social". Na verdade, avaliamos que é essa dimensão semântica do social que permite uma abordagem interdisciplinar dos fenômenos da linguagem, a qual será bem evidenciada nos fundamentos teóricos do ISD.

Aportes do Interacionismo Sociodiscursivo

Talvez seja o ISD uma das vertentes epistemológicas que mais consegue atualizar a noção de interdisciplinaridade, tão em voga nos meios acadêmicos que se ocupam das reflexões relacionadas ao ensino e à aprendizagem em seu sentido lato. A orientação teórico-metodológica do ISD está bem evidenciada nos trabalhos e pesquisas desenvolvidos pelo que se convencionou chamar de *Grupo de Genebra*, ao qual pertencem teóricos como Bronckart (1999; 2006), Schneuwly (1994; 1997) e Dolz (1996; 1997). Aqui no Brasil, vinculam-se a essa linha de investigação os pesquisadores do Programa de Estudos Pós-graduados em Linguística Aplicada e Estudos da Linguagem (LAEL) da PUC-SP. Dentre os pesquisadores envolvidos, destacam-se Anna Rachel Machado, Roxane Rojo, Maria de Lourdes Meirelles Matencio, Glaís Sales Cordeiro, por estabelecerem um estreito contato de trabalho com o Grupo de Genebra, bem como pela valiosa contribuição na tradução para o português de vários artigos de Jean-Paul Bronckart, Joaquin Dolz e Bernard Schneuwly.

Essa perspectiva de estudo sobre as práticas de linguagem recebe influências de Vygotsky (1984[1930], 1987[1934]) e de Bakhtin (1999 [1979]), bem como da teoria do agir comunicativo (HABERMAS, 1987). Tais influências explicam a visão interdisciplinar que o ISD conseguiu imprimir ao seu campo de atuação. O fato de reunir a Psicologia, a Linguística e a Sociologia confere ao ISD uma certa legitimidade para tratar das ações de linguagem, haja vista toda a complexidade que envolve tais ações.

A esse respeito, assim se posiciona Bronckart:

> O ISD aceita todos os princípios fundadores do interacionismo social e contesta, portanto, a divisão atual das Ciências Humanas/Sociais: nesse sentido, não é uma corrente propriamente linguística, nem uma corrente psicológica ou sociológica; ele quer ser visto como uma corrente da ciência do humano (BRONCKART, 2006, p. 10).

O percurso do ISD reproduz, de certa forma, a trajetória acadêmica de um de seus maiores representantes, Jean-Paul Bronckart (cf. BRONCKART, 2006). A sua formação teórica iniciou-se com os estudos na Psicologia de base piagetiana, para depois firmar-se como contrária a essa orientação mais biologizante da Psicologia, aderindo aos postulados vygotskianos. Seguiu-se a essa formação inicial a aproximação com a Linguística: inicialmente, com o distribucionalismo bloomfieldiano; posteriormente, com o acompanhamento da evolução dos estudos de base gerativa, apesar de sua firme rejeição aos princípios inatistas. À medida que avançavam suas pesquisas referentes ao desenvolvimento da linguagem, Bronckart foi ampliando seus estudos em teorias linguísticas enunciativas, nas quais se situam os trabalhos de Culioli, Bakhtin e Jean-Michel Adam. Em decorrência do envolvimento em cursos para formadores e professores da escola primária de Genebra, formou-se em Ciências da Educação e, a partir daí, passou a se interessar mais por questões relacionadas às "condições de adaptação dos modelos teóricos e dos resultados das pesquisas empíricas à realidade das salas de aula e do trabalho do professor (problema esse que depois foi chamado de transposição didática)" (BRONCKART, 2006, p. 13).

Nesse sentido, conta com a colaboração de vários pesquisadores, dentre os quais se destacam, especialmente, os trabalhos de Schneuwly e Dolz, que têm dedicado especial atenção ao estudo de gênero voltado para o ensino de língua materna. O grupo desenvolve projetos para elaboração de sequências didáticas a serem implementadas em sala de aula, mas também se ocupa da análise de material didático e da avaliação do trabalho do professor, bem como de outras situações de análise textual tendo em vista a diversidade das práticas de linguagem, o que justifica sua íntima relação com os interesses da LA. Segundo Bronckart (2006), foi dessa preocupação didática que surgiu o projeto do ISD, que não tem ainda um caráter definitivo, mas se encontra, também, em fase de formação. Machado (2005, p. 241) esclarece que, embora, em sua fase inicial, os trabalhos do grupo tenham tomado os textos como unidade de análise, este não é mais o seu maior objetivo, e que, atualmente, as questões estão polarizadas em duas vertentes de investigação: a primeira, sob liderança de Schneuwly, voltada para a análise das ações do professor em sala de aula; e a segunda, sob a coordenação de Bronckart, voltada para a morfogênese das ações em diferentes situações de trabalho.

Bronckart já aponta uma nova fase do projeto do ISD que visa aperfeiçoar o modelo teórico original e rediscutir a questão das condições e das características da atividade de linguagem, no quadro do problema do desenvolvimento humano. Segundo o autor, esse redirecionamento conduzirá a:

> (i) Reconvocar a abordagem vygotskiana e a questionar sua base filosófica; (ii) reexaminar, com fundamento na obra de Saussure, o papel da apropriação dos signos na emergência da consciência humana e, por fim, (iii) estudar os efeitos produzidos pelo domínio dos gêneros de textos e dos tipos de discurso no desenvolvimento, tanto em suas dimensões epistêmicas quanto praxiológicas (BRONCKART, 2006, p. 14).

Do social (coletivo) ao psicológico (individual): da atividade coletiva à ação significante

Nesta seção, não nos deteremos nos questionamentos feitos por Bronckart a alguns dos postulados vygotskyanos, dos quais destacamos a tese das duas raízes do desenvolvimento da linguagem e do pensamento humanos. A esse respeito, sugiro a leitura de artigo de Matencio (2007) em que ela aborda com propriedade essas questões e estabelece um diálogo com as considerações apresentadas por Bronckart. De qualquer forma, o princípio básico do Interacionismo defendido por Vygotsky se mantém no ISD, quando Bronckart apresenta os eixos norteadores do Interacionismo Social:

> [...] O problema da construção do pensamento consciente humano deve ser tratado paralelamente ao da construção do mundo dos fatos sociais e das obras culturais, sendo os processos de socialização e os processos de individuação (ou de formação das pessoas individuais) duas vertentes indissociáveis do mesmo desenvolvimento humano (BRONCKART, 2006, p. 9).

Vygotsky, ao estudar o processo de internalização das funções psicológicas superiores, estabelece que tal processo consiste de uma série de transformações distribuídas basicamente em três etapas:

> a) uma operação que inicialmente representa uma atividade externa é reconstruída e começa a ocorrer internamente. [...]; b) um processo interpessoal é transformado num processo intrapessoal. [...]; c) a transformação de um processo interpessoal é o resultado de uma longa série de eventos ocorridos ao longo do desenvolvimento (VIGOTSKY, 1984[1930], p. 75).

Torna-se bem evidente, e é até redundante, a ideia de que, para Vygotsky, a internalização é a reconstrução interna de uma operação externa, portanto, tem sua origem nas interações sociais. Daniels reúne o que, para ele, seriam os principais postulados da teoria sócio-histórica vygotskiana:

1. A base do desenvolvimento mental do homem é uma mudança qualitativa em uma situação social (ou em sua atividade).
2. A forma original da atividade é o seu desempenho, ampliado por um indivíduo no plano externo (social).
3. As novas estruturas mentais que se formam no homem derivam da internalização da forma inicial de sua atividade.
4. Vários sistemas de signos desempenham um papel fundamental no processo de internalização (DANIELS, 1999, p. 158).

Para o autor, as categorias linguísticas incorporam e cristalizam as experiências sedimentadas de recursos culturais partilhados (BERGER e LUCKMANN, 1967). Isso nos conduz ao reconhecimento, já apontado por mim (PEREIRA, 2006, p. 127), de que todo e qualquer comportamento humano, independentemente do estágio de desenvolvimento em que o indivíduo se encontre, é um produto social que se desenvolve historicamente. O processo de comunicação é resultante da natureza da atividade social.

Um outro pilar do interacionismo social, que se identifica com os pressupostos vygotskianos e no qual se apoia o ISD, é defendido por Volochinov, e, segundo Bronckart, fundamenta-se em três princípios centrais: toda produção ideológica é de natureza semiótica, os signos ideias não são provenientes da atividade de uma consciência individual, e sim produto da interação social e, por último, todo discurso interior, pensamento ou consciência apresenta um caráter social, semiótico e dialógico.

> Os signos só podem aparecer em um *terreno interindividual*. Ainda assim, trata-se de um terreno que não pode ser chamado de "natural" no sentido usual da palavra: não basta colocar face a face dois *homo sapiens* quaisquer para que os signos se constituam. É fundamental que esses dois indivíduos estejam socialmente organizados, que formem um grupo (uma unidade social): só assim um sistema de signos pode constituir-se. A consciência individual não só nada pode explicar, mas, ao contrário, deve ela própria ser explicada a partir do meio ideológico e social (VOLOCHINOV, 1988[1929], p. 35).

Essa mesma concepção não natural dos signos é enfatizada posteriormente por Saussure ao situar o seu caráter arbitrário e imotivado. É possível constatar como os três autores compartilham a tese, à qual o ISD adere firmemente, de que os signos linguageiros fundam a constituição do pensamento consciente humano.

> É somente o sistema de signos que se tornou coisa da coletividade que merece o nome de sistema de signos, *que é* um sistema de signos [...]. Por isso, em nenhum momento, ao contrário da aparência, o fenômeno semiológico, qualquer que seja ele, deixa fora de si o elemento da coletividade social: a coletividade social e suas leis são um dos elementos internos e não externos, esse é o nosso ponto de vista (SAUSSURE, 2002 apud BRONCKART, 2006, p. 134).

Com base no que foi exposto até agora, fica evidente, então, que a matriz de nosso pensamento consciente, e consequentemente, de nossas ações, funda-se no social. A partir desse ponto, direcionamos o foco de análise para a concepção de linguagem como forma de ação, que se constitui como um dos aspectos centrais nessa perspectiva teórica, principalmente quando aliada ao fato de que as atividades linguageiras se desenvolvem em relações interativas em uma dada situação sociocomunicativa. A ação constitui o resultado da apropriação humana das propriedades da atividade social mediada pela linguagem, o que vem explicar o caráter sociopsicológico da teoria. Sociológico porque, primeiramente, qualquer ação humana se inscreve em um enquadre social. Nas palavras de Bronckart (2006, p. 49), o fenômeno apresenta-se, primeiro, como uma atividade coletiva, no contexto de uma formação social e, nesse nível, é objeto da Sociologia. Por outro lado, quando sobre essas ações incide a responsabilidade assumida por um agente singular, o fenômeno assume um caráter psicológico, torna-se ação significante. É exatamente nesse ponto que se encontra a essência do princípio vygotskiano da internalização, apontado anteriormente.

Bronckart recorre, então, à teoria do agir comunicativo defendida por Habermas (1987), segundo a qual qualquer atividade coletiva exibe, no seu desenvolvimento, pretensões à validade em relação ao mundo. Essa atividade constitui sempre um objeto de avaliação e está atrelada aos critérios de validação do grupo, que se apoia em pretensões relacionadas a três ordens de conhecimento: pretensão à verdade, quando se trata do mundo objetivo; pretensão à adequação às normas, se estiver relacionado ao mundo social, e pretensão à veracidade, quando se referir ao mundo subjetivo. Assim, a tese de Habermas, nas palavras de Bronckart, desenvolve-se na afirmação de que

> É o agir comunicativo (a atividade de linguagem) que se constitui como o meio pelo qual se constroem e se desenvolvem esses processos de avaliação. São as avaliações formuladas no quadro da atividade de linguagem que atribuem a uma sequência de comportamentos um estatuto de validade relativo aos conhecimentos constitutivos dos três mundos, e que em outros termos, lhe dão sua significação e sua racionalidade [...]. Nesse sentido, a atividade de linguagem é, ao mesmo tempo, constitutiva da atividade social e dos mundos formais que constituem seu contexto (BRONCKART, 2006, p. 50).

Depreende-se do que foi dito anteriormente que a atividade significante é um produto das avaliações sociais, e que estas, embora representem a atividade de uma coletividade, também se referem a representações individuais. Isso ocorre porque, na medida em que um dado agente participa de atividades desenvolvidas em um grupo, ele também contribui pessoalmente para essas avaliações sociais. Logo, a avaliação que faz de si mesmo e dos outros é resultado da interiorização de mecanismos de avaliação construídos coletivamente.

Para Bronckart (1999), as condutas humanas são analisadas como ações humanas significantes (situadas), produtos da socialização. As condutas verbais, que constituem o nosso objeto de investigação, são concebidas como formas de ação específicas (semióticas) e em interdependência com as ações não verbais. O agir comunicativo constitui-se, então, como um instrumento pelo qual as ações de linguagem são atribuídas a um sujeito (agente) e se materializam na entidade empírica, o texto. Por essa razão, segundo o autor, o movimento que parte de uma ação de linguagem a um texto empírico concreto é um produto da dialética que se instaura entre representações sobre os contextos de ação e representações relativas às línguas e aos gêneros de texto. Essas representações dizem respeito à configuração de três mundos:

1. O mundo objetivo – referente aos parâmetros do ambiente.
2. O mundo social – referente à organização da tarefa regulada por normas.
3. O mundo subjetivo – referente aos conhecimentos acumulados na caracterização do individual.

Essas configurações são descritas, respectivamente, por Habermas (1987), em termos do "agir teleológico", que situa as coordenadas do mundo objetivo; do "agir regulado por normas", que é orientado pelos valores e convenções compartilhados pelos membros de um grupo; e do "agir dramatúrgico", que representa a interiorização do mundo social, das experiências vividas e que, para ser propriamente avaliado, deve se apoiar nas condições de veracidade, ou seja, avaliar as condutas linguageiras na perspectiva do agir dramatúrgico é aceitar tais representações como verdadeiras e sinceras.

As atividades de linguagem, portanto, configuram as representações sobre esses três mundos, tais como um agente as interiorizou. Assim, ao produzir um texto, esse agente mobiliza as representações dos organismos humanos e estas passam a ser produtos de representações individuais e coletivas, criando o distanciamento com o meio, tornando, assim, possível a autonomização da produção semiótica.

Pretendemos, com isso, evidenciar como os textos-discursos se articulam com ações não verbais e que, em sua análise, todo esse percurso responsável tanto pelos processos de produção como pelos processos de apreensão não pode ser desconsiderado, nem negligenciado. Consideramos que o reconhecimento da abrangência das ações de linguagem tem uma repercussão notável nos processos de ensino e aprendizagem de língua, mais especificamente naqueles que envolvem a elaboração textual. Nessa perspectiva, um texto materializado empiricamente consegue agregar todo um conjunto de fatores de ordem social e psicológica responsável por sua constituição.

Os pressupostos teórico-metodológicos do ISD estabelecem, então, um conjunto de parâmetros que pode influenciar a organização de um texto. Segundo Bronckart (1997), o primeiro parâmetro refere-se ao mundo físico, o que implica a constatação de que todo texto resulta de um comportamento verbal concreto e no qual estariam implícitos aspectos relacionados ao lugar de produção, ao momento de produção e às especificidades relativas ao produtor e seu interlocutor. O segundo refere-se ao mundo social e subjetivo, e estabelece que todo texto está inserido nos quadros de uma formação social, mais precisamente no quadro de uma forma de interação comunicativa que implica o mundo social e o mundo subjetivo.

A trajetória, que parte da atividade coletiva, é recortada em ação significante e vem a se consolidar como uma conduta verbal (semiótica), até ser materializada em textos-discursos, levando o agente a recorrer ao intertexto. Na visão de Bronckart (1999), essa noção refere-se ao conjunto de gêneros de textos elaborados pelas gerações precedentes, tais como são utilizados e eventualmente transformados pelas formações sociais contemporâneas. Com base em seu conhecimento dos gêneros e de suas condições de uso, o agente escolhe um modelo textual.

Certamente, essa escolha não é assim tão livre, existe um certo determinismo quando recorremos a modelos de gêneros indexados socialmente. Os gêneros, consequentemente, não são neutros em suas implicações cognitivas, sociais e ideológicas. Segundo Kress (1982), no início do processo de aprendizagem da escrita, propriamente dita, esse aprendizado incorpora a aprendizagem de formas e demandas sociais e potencialidades de diferentes gêneros. Ainda para esse autor, inicialmente a criança aprende a controlar o gênero, mas, durante o processo, o gênero passa a controlar a criança.

Reconhecemos no posicionamento de Kress uma ressonância das considerações feitas por Bronckart (2006, p. 154), quando afirma que, apesar da prática dos gêneros se constituir como um espaço importante da aprendizagem social, não é, entretanto, nesse nível que se implementam os processos de mediação que contribuem para o desenvolvimento das propriedades principais das pessoas (como a construção da identidade, a inserção no tempo, o domínio dos raciocínios etc.). Essas operações e regras de mediação só se complementam e só podem ser atestadas em níveis infraordenados em relação à unidade texto e aos tipos de discurso (trataremos dos tipos de discurso na próxima seção). Schneuwly e Dolz (2004 [1997], p. 74) partem da hipótese de que "é através dos gêneros que as práticas de linguagem materializam-se nas atividades dos aprendizes".

Segundo os autores, os gêneros abrem uma porta de entrada para as práticas de linguagem, as quais implicam tanto dimensões sociais como cognitivas e linguísticas do funcionamento da linguagem (Schneuwly e Dolz, 2004 [1997], p. 73).

Para Bronckart, o empreendimento de uma ação de linguagem implica a mobilização de um vasto conjunto de conhecimentos, por parte da autoria, que se referem ao contexto físico e social de sua intervenção, ao conteúdo temático e ao seu próprio estatuto de agente (capacidade de ação, intenções). No entanto, a representação de todo conhecimento humano é construída na interação com o discurso dos outros, e, até mesmo quando é alvo de uma reorganização individual, ela continua trazendo as marcas da alteridade constitutiva.

Por outro lado, uma vez que os valores do contexto sociossubjetivo e do conteúdo temático de uma ação de linguagem são, pelo menos em parte, sempre novos (cf. Bronckart, 1999), o agente consegue adaptar seus valores particulares ao modelo de gênero adotado. Esse processo de adaptação vai incidir sobre a composição interna do texto e sobre as modalidades de gestão dos mecanismos enunciativos e de textualização.

Os critérios de análise da materialidade textual

A partir desse ponto, o projeto de análise do ISD se volta para questões de caráter textual, focalizando os processos de estruturação e de planificação dos textos-discursos. É precisamente neste aspecto que o ISD será alvo de críticas por parte de alguns teóricos (cf. Rojo, 2005)[3] devido, principalmente, ao sentido bem particular que alguns termos adquirem nesta perspectiva de análise, os quais contrastam com as noções mais aceitas pelos estudiosos dos gêneros textuais.

Os aportes teórico-metodológicos do ISD já foram criticados por se utilizarem de procedimentos de análise que se restringem ao texto. Esta metodologia, segundo a vertente enunciativa bakhtiniana, estaria se revestindo dos critérios analíticos utilizados pela Linguística Textual tão em voga na década de 1980 e desconsiderando parcialmente os aspectos socioideológicos constitutivos da enunciação.

Rojo, ao relacionar a proposta de Bronckart aos grupos teóricos que se identificam mais com o estudo dos gêneros textuais, avalia que

> [...] aqueles que adotam a perspectiva dos *gêneros do discurso* partirão sempre de uma análise em detalhe dos aspectos sócio-históricos da situação enunciativa, privilegiando, sobretudo, a *vontade enunciativa* do locutor – isto é, sua finalidade, mas também e principalmente sua *apreciação valorativa* sobre seu(s) *interlocutore*(s) e *tema(s)* discursivos – e, a partir desta análise, buscarão as marcas linguísticas (formas do texto/enunciado e da língua – composição e estilo) que refletem no enunciado/texto, esses aspectos da situação (ROJO, 2005, p. 199).

A autora, no mesmo artigo, ratifica a posição de Adam (1999) de que as teorias textuais podem configurar-se, no método bakhtiniano, como instrumentos de nível inferior de análise, desde que subordinadas e adequadamente articuladas aos níveis superiores.

A avaliação que fazemos do projeto teórico-epistemológico do ISD, fundada nas pesquisas já realizadas e em desenvolvimento, não nos direciona a essa conclusão. A análise das atividades de linguagem, nesta perspectiva, não se apoia em critérios estritamente formais. Conforme já apontamos anteriormente, se no início das pesquisas desenvolvidas sob essa orientação os textos eram prioritariamente tomados como unidade de análise, atualmente, segundo Machado (2005, p. 241), "Observe-se que, na síntese dessas últimas pesquisas, o termo *texto* desaparece, dando lugar à *ação*, substituição cuja motivação, de ordem epistemológica, buscaremos encontrar."

Os termos que mais têm centralizado críticas são os referentes a atividades de linguagem (texto/discurso) e tipos de discurso. Para Bronckart, "o termo discurso tal como aparece em Benveniste e na 'face oculta' da obra de Saussure designa a operacionalização da linguagem por indivíduos em situações concretas". Com isso, estabelece-se uma oposição ao sistema da língua, como abstração teórica. O autor, então, esclarece:

> [...] temos sustentado (BRONCKART e STROUMZA, 2002) que seria preferível o uso da expressão "atividade de linguagem", em vez de "atividade discursiva", quer porque o uso da noção concorrente de "discurso" poderia levar a pensar que a linguagem se manifesta de outra maneira que não seja na prática, quer porque é possível atribuir ao termo "discurso" um sentido ao mesmo tempo mais preciso e mais profundo [...]. Entretanto, não sendo senhores do uso, podemos apenas registrar que consideramos o emprego corrente do termo discurso equivalente ao termo atividade de linguagem, que utilizamos (BRONCKART, 2006, pp. 140-1).

Os textos são definidos como os correspondentes empíricos/linguísticos das atividades de linguagem de um grupo, ao mesmo tempo em que podem ser vistos também como correspondentes de uma ação de linguagem. O autor, então, considera texto como toda unidade de produção de linguagem situada, acabada e autossuficiente, e já que todo texto se inscreve em um conjunto de textos ou em um gênero, ele prefere a expressão gênero de texto a gênero de discurso. A avaliação de Baltar, com a qual compartilhamos, situa bem o nosso entendimento sobre a concepção de texto nesta perspectiva teórica:

> A noção de **texto** da qual se utiliza o ISD se assemelha à noção bakhtiniana de enunciado/texto/discurso; ou seja, trata-se da unidade comunicativa verbal, oral ou escrita, gerada por uma ação de linguagem, que se acumula historicamente "no mundo das obras humanas" que os indivíduos utilizam para interagir uns com os outros nos diferentes ambientes discursivos da sociedade (BALTAR, 2007, p. 147).

Os tipos de discurso são compreendidos por Bronckart como formas linguísticas identificáveis no texto e que traduzem a criação dos mundos discursivos específicos. Esses mundos seriam o da ordem do **narrar**, que necessariamente não estaria vinculado ao mundo ordinário, como se estivesse situado em um outro "lugar", e o da ordem do **expor**, no qual os fatos são apresentados como acessíveis no mundo ordinário dos protagonistas (cf. BRONCKART, 1999, pp. 153-5). Essas coordenadas que organizam o conteúdo temático mobilizado em um texto são, então, respectivamente reconhecidas como **disjuntas** ou **conjuntas** das coordenadas do mundo ordinário da ação de linguagem. Associadas a essas representações sobre o conteúdo temático, têm-se ainda as relações com os parâmetros da ação de linguagem que podem ser de implicação ou autonomia. No primeiro caso, o texto implica os parâmetros da ação de linguagem, há referências dêiticas expressas integradas ao conteúdo temático; no segundo, a ausência desses elementos não compromete sua interpretação.

O autor, ao analisar a arquitetura interna dos textos, apresenta o conceito de infraestrutura como correspondente ao seu nível mais profundo, constituído pelo plano geral do texto, que por sua vez é determinado pela combinatória específica dos tipos de discurso, das sequências e de outras formas de planificação nele presentes.

Acrescenta, ainda, que o plano geral de um texto pode assumir formas bastante variadas, principalmente por duas razões. Em primeiro lugar, depende do gênero ao qual o texto pertence; e, em segundo lugar, depende de fatores responsáveis pela singularidade de qualquer texto empírico, tais como: tamanho, conteúdo temático, condições externas de produção (tipo de suporte, variante oral-escrito e dialógico-monológico) etc.

> Qualquer que seja a diversidade e a heterogeneidade dos componentes da infra-estrutura de um texto empírico, ele constitui um todo coerente, uma unidade comunicativa articulada a uma situação de ação e destinada a ser compreendida e interpretada como tal por seus destinatários. Essa coerência geral procede, de um lado, do funcionamento dos mecanismos de textualização e, de outro, dos mecanismos enunciativos (BRONCKART, 1999, p. 259).

Devido à grande variabilidade e diversidade das formas de estruturação textual, admite-se que as condições de abertura e de fechamento dos textos não dependem de regras propriamente linguísticas, mas das condições de realização do agir de linguagem semiotizado por eles (cf. BRONCKART, 2006, p. 142).

Os mecanismos de textualização correspondem às regras de organização geral do texto, que compreendem a conexão, a coesão nominal e a coesão verbal. Os elementos responsáveis pela conexão são os organizadores textuais, os quais, além de marcarem as articulações da progressão temática, "podem ser aplicados ao plano geral do texto, às transições entre os tipos de discurso e entre fases de uma sequência, ou ainda às articulações mais locais entre fases sintáticas" (BRONCKART, 1999, p. 122). A coesão nominal, além de introduzir temas e/ou personagens, assegura sua retomada ou substituição no desenvolvimento do texto. Finalmente, os elementos responsáveis pela coesão verbal vão assegurar a "organização temporal e/ou hierárquica dos processos (estados, acontecimentos ou ações) verbalizados no texto e são essencialmente realizados pelos tempos verbais" (BRONCKART, 1999, p. 127).

Os mecanismos enunciativos, por outro lado, referem-se à evidenciação dos posicionamentos enunciativos, bem como da explicitação das modalizações. Estas últimas contribuem para o estabelecimento da coerência pragmática do texto, explicitando tanto avaliações, julgamentos, opiniões, sentimentos – que podem ser formulados sobre aspectos referentes ao tema – quanto as próprias fontes dessas avaliações.

As modalizações são relativamente independentes da linearidade e da progressão textual, insinuando-se em qualquer nível da arquitetura textual. Não se organizam em séries isotópicas, pertencendo, então, à dimensão configuracional do texto. São realizadas por unidades ou conjunto de unidades linguísticas e, de acordo com a função que expressam, podem ser categorizadas em: modalizações lógicas, deônticas, apreciativas e pragmáticas.

As modalizações **lógicas** resumem-se a julgamentos sobre o valor de verdade das proposições enunciadas, apresentadas como certas, prováveis, possíveis, improváveis etc.; as **deônticas** avaliam o que é enunciado à luz dos valores sociais; as **apreciativas** traduzem um julgamento mais subjetivo (fatos enunciados como bons, maus, estranhos, na visão da instância que avalia) e, finalmente, as modalizações **pragmáticas**, que introduzem um julgamento sobre as capacidades de ação (o poder-fazer), a intenção (o querer-fazer) e as razões (o dever-fazer) do agente. Ou seja, quando enunciamos, estamos sempre nos posicionando em relação aos fatos do mundo, regulados por normas e valores, mas também submetidos as nossas próprias avaliações à luz dos objetivos pretendidos e das capacidades que nos são atribuídas socialmente.

É nesse nível que entra em cena, de modo mais efetivo, o problema da corresponsabilidade pela autoria de um texto. Bronckart propõe-se esclarecer essa questão lançando mão, mais uma vez, da contribuição epistemológica da psicologia interacionista-social, já que o caráter dialógico se encontra presente até nos discursos que expressam a opinião pessoal, porque na representação de autoria já estão impressos o confronto e a negociação com a representação dos outros. Para o autor, esse confronto de representações não pode efetuar-se apenas no espaço mental da autoria: ele exige a criação de um espaço mental comum ou coletivo. E é nessa instância coletiva que está implicado o conjunto de operações em que se baseiam a infraestrutura e os mecanismos de textualização, os quais intervêm nos mecanismos enunciativos, especificamente no gerenciamento de vozes e nas modalizações.

Tem-se, então, um percurso que parte do social, psicológico, e alcança sua materialidade linguística nos textos empíricos. Como linguistas, não podemos nos furtar da análise que remete às atividades de linguagem materialmente constituídas. Schneuwly e Dolz esclarecem bem esse aspecto quando afirmam que

> Toda ação de linguagem implica diversas capacidades da parte do sujeito: adaptar-se às características do contexto e do referente (capacidade de ação), mobilizar modelos discursivos (capacidades discursivas) e dominar as operações psicolinguísticas e as unidades linguísticas (capacidades linguístico-discursivas) (SCHNEUWLY e DOLZ, 2004[1997], p. 74).

Entendemos que, ao longo deste capítulo, a motivação de ordem epistemológica a que se refere Machado (2005), no início desta seção, já foi encontrada. A breve exposição dos alicerces teórico-epistemológicos do ISD evidencia que seus procedimentos metodológicos não se satisfazem com um nível de análise que desconsidere os aspectos socioideológicos e psicológicos envolvidos nas complexas práticas sociais que implicam as ações de linguagem.

Cabem aqui as considerações de Marcuschi (2001, p. 33), segundo o qual a perspectiva sociointeracionista "padece de um baixo potencial explicativo e descritivo dos fenômenos sintáticos e fonológicos da língua, bem como das estratégias de produção e compreensão textual. A rigor esses fenômenos fogem aos interesses de tais teorias". O autor sugere que uma fusão entre os postulados da Sociolinguística Variacionista e os da Análise da Conversação Etnográfica, aliados à Linguística de Texto, poderia dar resultados mais seguros e com maior adequação empírica e teórica. Identificamos nessa sugestão uma orientação interdisciplinar semelhante à apontada nos pressupostos do ISD. O fato de em determinado momento da análise textual haver um recorte que focalize os elementos linguísticos não significa que sejam ignorados os aspectos relacionados ao nível macro (sociopsicológico) do texto, na acepção ora considerada. Na verdade, esses aspectos são constitutivos das ações de linguagem; intrínsecos e indissociáveis ao agir comunicativo. É o que pretendemos deixar evidente, a partir de agora, com a exposição da trajetória de nossa pesquisa de doutorado e de alguns resultados referentes a ela e a outros trabalhos já realizados em nível de especialização e de mestrado.

Questões teóricas e aplicadas: das práticas de linguagem às práticas escolares

O lançamento da pedra fundamental

Conforme já refletimos (PEREIRA, 2005b), o *locus* de atuação docente desvela todos os questionamentos possíveis sobre a desafiante tarefa de conduzir os alunos ao manuseio eficiente das operações de linguagem que dão materialidade aos textos escritos. Os professores que se preocupam com o desenvolvimento da competência escrita dos seus alunos demonstram interesse em elucidar questões teórico-metodológicas que se fazem presentes no exercício de suas atividades. As respostas a essas interrogações se tornam mais urgentes quando somos solicitados a respondê-las; isso conduz à inquietação e faz com que sejamos impulsionados à pesquisa. Essa inquietude foi gerada em cursos de formação para professores dos primeiros ciclos do Ensino Fundamental, ao longo de minha trajetória como professora universitária, e me motivou a procurar respostas para as indagações desses professores e, também, para as minhas.

Diante das frequentes discussões sobre o uso dos gêneros textuais no ensino de Língua Portuguesa (em todos os níveis de escolaridade), a inquietação de que falamos anteriormente foi-se materializando em um questionamento mais concreto. Ansiávamos por tentar avaliar até que ponto o trabalho efetivo com os gêneros textuais no primeiro ciclo do Ensino Fundamental representaria um acesso legítimo à produção de textos significativos e a uma escrita verdadeiramente funcional para as crianças (entre 7 e 8 anos). Nesse aspecto, a LA tem desempenhado um papel fundamental, por conseguir atuar – por meio das pesquisas desenvolvidas na área – como um elemento de contato entre as teorias que circulam nos meios acadêmicos e seu reflexo na prática docente efetiva.

Cavalcanti (1986) defende que a área de atuação da LA extrapola a mera aplicação de teorias (mesmo que busque parte de seus subsídios teóricos na Linguística e em outras áreas como a Psicologia, a Sociolinguística, a Antropologia, a Pedagogia, a Filosofia e a Etnografia da Fala) ao ensino de línguas. Para ela, a LA deve enfocar questões de uso da linguagem em um contexto social mais amplo, ou seja, as situações do cotidiano, tais como ocorrem na família, no trabalho, nas repartições públicas e na escola.

Se, por um lado, temos de reconhecer a contribuição dos muitos professores que voluntariamente "abrem" as portas de suas salas para a pesquisa aplicada, por outro, essa "abertura" tornou possível a constatação de que tem sido perdida uma oportunidade valiosa de se trabalhar a linguagem dentro de uma concepção funcional e interativa, associada a práticas significativas. Essa decisão nos conduziu, portanto, à investigação em sala de aula, onde acreditávamos encontrar algumas respostas para as nossas questões, mas o nosso olhar para a sala de aula não seria o do investigador teórico-especulativo, tampouco seríamos movidos por interesses da pesquisa experimental. Segundo Moita Lopes,

> O que essas duas tradições evidenciam é que tanto em uma como em outra o processo de ensino/aprendizagem fica fora do alcance do pesquisador. Por um lado, temos sugestões para a sala de aula e, por outro, temos a investigação destas sugestões com foco no resultado da aprendizagem sem que o processo de ensinar e aprender seja considerado. [...] É o foco no estudo do processo de ensinar/aprender línguas que identifica a tendência atual da pesquisa na área de ensinar/aprender línguas, ou seja, pesquisa na sala de aula de línguas (MOITA LOPES, 2000, pp. 85-6).

O autor acrescenta ainda haver duas abordagens que representam essa tendência: uma de caráter mais diagnóstico, que busca investigar como as práticas de ensinar/aprender se desenvolvem em sala de aula; e outra de caráter mais intervencionista, cujo foco é mais voltado para uma possibilidade de transformação das práticas pedagógicas. Digamos que, de certa forma, esses dois enfoques estivessem presentes em nossa investigação. Os documentos instrucionais oficiais (os PCN e outros referenciais curriculares estaduais) expõem claramente os eixos epistêmicos e praxiológicos que devem nortear o trabalho docente, representando um posicionamento teórico-acadêmico um tanto quanto consensual. E o professor real, como vê essas orientações? Precisávamos investigar isso não com base nas concepções teóricas dos professores, mas segundo as nossas próprias concepções e questionamentos.

Até porque, decorridos dez anos da publicação dos PCN e quase quatro da nossa pesquisa de campo, ainda hoje deparamos com alguns depoimentos de professores da rede pública que se distanciam bastante das concepções teóricas mais difundidas a respeito dos gêneros textuais, que os tomam como legítimos representantes de nossas ações de linguagem na sociedade.

Os resultados de uma pesquisa realizada com 35 professores da rede pública do ensino do município de João Pessoa mostraram que alguns deles não conseguem definir satisfatoriamente o que entendem por gêneros textuais. Na sondagem que foi aplicada,[4] uma das perguntas solicitava ao docente que ele apresentasse, por escrito, uma breve definição do que entendia por gêneros. Agrupamos as respostas em três categorias: A: 40% conseguiram definir gênero corretamente, mas ainda confundem gênero com suporte; B: 39% não compreenderam bem a questão e, embora tendo uma ideia do conceito, apresentaram dificuldades em definir textualmente; e C: 21% confundiram gênero com tipologia textual.

Vejamos alguns exemplos representativos de cada categoria:

> A: 1. *"Gêneros textuais são diferentes textos que têm uma função social. Como bilhete, telegrama, receita, jornal etc." / 2. "Conjunto amplo de textos diversos decorrentes das experiências pessoais." / 3. "São os vários tipos de textos centrados nos discursos sociais e materializados em gêneros textuais."*

> B: 1. *"Trabalhar com temas como notícias, livros, textos, poesias, leituras de modo geral produção de textos adequando ao nível do aluno." / 2. "Gêneros textuais, vários textos com objetivo de informar claramente um determinado assunto".*

> C: 1. *"Gêneros textuais são os diversos tipos de textos. Jornalísticos, narrativos, informativos, científicos, poéticos." / 2. "Gêneros textuais são variáveis produções de textos verbais como: o narrativo, o poético, o publicitário, o jornalístico, o científico, o argumentativo, etc."*

Neste momento, não vamos nos aprofundar tanto na análise das respostas aqui apresentadas; elas servem, no entanto, para exemplificar o nível real de aprofundamento teórico dos professores a respeito do tema. Embora essa amostragem não seja tão expressiva em números estatísticos, é representativa das lacunas existentes na formação docente. Tema que sempre vem à tona quando se investigam situações de aprendizagem em sala de aula, e que, no nosso caso, não será exceção. Todos os professores entrevistados são licenciados em Letras e alguns deles têm curso de especialização, o que torna o problema ainda mais sério, já que evidencia a não-interiorização de fundamentos teóricos supostamente já assimilados, uma vez que são tão "divulgados" nas academias.

Acreditamos que esses problemas não são exclusivos de nossa realidade. Casos como esses podem ocorrer em qualquer região do país, apesar de, por razões já bem conhecidas de todos, relacionadas às diferenças de caráter socioeconômico, serem mais acentuados em algumas delas. Essa foi uma das razões que motivou o caráter intervencionista de nossa atuação em sala de aula, já que, de certa forma, assumimos o papel social das professoras da turma, sem, contudo, ocupar o lugar delas, que, por sua vez, desempenham um outro papel, diferente do que tínhamos em mente.

Partindo da concepção de que os gêneros são práticas sociais, impregnadas, portanto, das marcas da cultura de uma comunidade situada, entendíamos que o trabalho com gêneros variados em sala de aula só seria produtivo se conseguíssemos fazer com que os aprendizes atuassem efetivamente em sua comunidade através da escrita. Para tanto, precisávamos identificar, primeiramente, quais as instâncias sociais de atuação comunicativa disponíveis às crianças de uma maneira geral e, em segundo lugar, quais os gêneros escritos que melhor atendiam às demandas de suas vidas em uma comunidade, caracterizando assim uma perspectiva ontogenética do processo de apreensão dos gêneros pelas crianças. Decidimos, naquele momento, trabalhar com alunos das redes pública e privada de ensino com o intuito de observar se os diferentes estratos socioeconômico-culturais exerciam algum tipo de interferência sobre o objeto de investigação, o que justificou a metodologia microetnográfica desenvolvida na pesquisa de doutorado.[5]

Foram aplicados questionários socioculturais, os quais, juntamente com entrevistas e observações de campo, permitiram a identificação das práticas sociais desenvolvidas pelos alunos investigados. Nesse aspecto, foi possível constatar que, em um nível macro, as crianças compartilham basicamente os mesmos espaços de atuação social que condicionam a representação dos usos que a escrita assume em suas vidas, fazendo prevalecer o seu uso escolarizado. Os gêneros escritos mais relacionados com a sua rotina de atividade social apresentam-se em número mais reduzido, porque também é reduzido seu espaço de atuação em sua comunidade. Normalmente, as crianças dessa faixa etária (independentemente do nível socioeconômico) não trabalham, não saem desacompanhadas para fazer compras, resolver problemas de subsistência familiar ou outras atividades de caráter, digamos, "administrativo".

Além disso, em muitas das atividades desenvolvidas por elas (esporte, dança, brincadeiras), a produção escrita efetivamente não se faz necessária, confirmando as nossas convicções teóricas de que são os modos de agir em sociedade que configuram as práticas de linguagem dos indivíduos. Em outras palavras, as diferentes formas de letramento que caracterizam a dinâmica da vida em uma sociedade letrada determinam a diversidade de gêneros com os quais interagimos cotidianamente. Esses aspectos ficaram bem evidentes ao longo da realização das oficinas de produção textual, já que, em função de nossos objetivos, decidimos trabalhar com os alunos diferentes textos escritos que se adequassem às suas capacidades linguísticas reais e que fossem representativos dos domínios globais de linguagem previstos para eles. No desenvolvimento das oficinas, procuramos buscar, na maioria das vezes, uma motivação autêntica para a escolha dos temas a serem desenvolvidos nas oficinas de produção textual e que levasse em conta as demandas da realidade discente.

A criança deve ser exposta a uma série de atividades escritas que, conjuntamente, consigam fazê-la atuar sociocognitivamente no mundo que a cerca, assim como ocorre com a modalidade oral. E, nessa trajetória, o trabalho com os gêneros se faz necessário na medida em que traz (ou pelo menos tenta trazer) as práticas sociais para dentro da sala de aula. Os gêneros textuais se apresentam, então, como instrumentos eficazes de mediação no processo de apropriação e uso da modalidade escrita, mas sua eficiência depende de um planejamento didático criterioso e comprometido com a aprendizagem dos alunos.

Na condução de nossa pesquisa, procuramos nos orientar pela proposta de agrupamento de gêneros sugerida por Schneuwly e Dolz (2004). Em concordância com a proposta, selecionamos um exemplar de gênero representativo de cada sequência tipológica (ver quadro 1, a seguir). No entanto, é bom esclarecer que algumas adaptações foram necessárias, no sentido de não seguir com rigidez a estruturação padrão de alguns gêneros, em virtude das especificidades e capacidades linguísticas dos sujeitos de nossa pesquisa. O nosso interesse maior não se voltou para um estudo da caracterização de gêneros específicos, até porque essa opção iria de encontro ao referencial teórico-metodológico adotado. Nosso objetivo maior foi observar como os alunos reagiriam, linguisticamente, quando expostos a diferentes práticas discursivas escritas em sala de aula e de que maneira essas diferentes práticas repercutiriam no processo de ensino e aprendizagem da escrita.

ASPECTOS TIPOLÓGICOS Capacidades de linguagem dominantes	GÊNEROS ESCRITOS
NARRAR	Lenda
RELATAR	Notícia sobre uma personalidade em evidência na mídia (presidente Lula) Carta de apresentação
ARGUMENTAR	Texto de opinião sobre a guerra Anúncio publicitário/propaganda
EXPOR	Verbete
INSTRUIR E DESCREVER AÇÕES (INJUNÇÃO)	Receita

Quadro 1 – Distribuição dos gêneros trabalhados na pesquisa.

Considerando as tendências gerais mais significativas, poderíamos dizer que a lenda (nas duas escolas), seguida pelo texto de opinião sobre a guerra (os produzidos por alunos da escola particular), foram os gêneros que melhor favoreceram o desenvolvimento da textualidade.

A lenda ofereceu aos alunos a oportunidade de exercitarem, em maior intensidade, aspectos que remetem à textualização, tais como: uso de elementos linguísticos responsáveis pela coesão e pelo estabelecimento da referência, de operadores argumentativos, e pelo nível de informatividade do texto. Em relação às condições de enunciação, diríamos que a produção desse gênero favoreceu o fluxo organizacional dos enunciados. Vejamos esses aspectos exemplificados em dois textos produzidos por **T** (aluna da escola particular), 7 anos, que não apresentava grandes dificuldades com a produção escrita, e por **D** (aluno da escola pública), 6 anos, que tinha mais dificuldades em elaborar textos, e a evidente diferença entre eles:

Texto 1(verbete)

T: "O carnaval é uma festa polpular com pessoa fantasiadas que dança e pula."

Texto 2 (lenda)

T: "Um dia um padre chamado jesuíta foi adeia <u>a onde</u> os índios canibais moravam. E disse: deixem de ser canibal, aprendam a comer frutas e plantas. <u>Mas</u> teve um idio que desobedeceu e pegou uma índia, queimou comeu <u>ela</u>, quando os outros índios soubem ficaram zangados e atiraram pedras nele, e fogil para o fundo do mar, e <u>ele</u> não podia sair de <u>porquê</u> os índios continuavam atirando, <u>então</u> ele morreu e <u>acabou virando</u> um peixe-boi"

Texto 3 (notícia sobre a vida do presidente)

D: "O nome desse homem é lula
agora o que ele é
presidente
que você acha que ele vai fazer pelo Brasil
eu acho que ele vai ser operário"

Texto 4 (lenda)

D: "Era uma vez um índio muito comilão <u>que</u> comia pessoa <u>e</u> na noite de lua cheia <u>ele</u> se jogou na água <u>e</u> não voltou <u>e</u> transformou no peixe e não sabia e queriam matar o peixe boi <u>mas</u> o peixe boi era muito forte"

Mesmo que em algumas situações de escrita os alunos não tenham demonstrado um maior envolvimento com a produção,[6] isso não quer dizer que eles não devam ser expostos a uma grande diversidade de gêneros. Certamente, no que diz respeito a alguns deles, torna-se mais produtiva uma abordagem que privilegie questões mais relacionadas à leitura do que propriamente à escrita. Ainda assim, tais atividades se configuram como etapas que conduzem ao aprendizado da escrita. É por meio da diversidade que nós conseguimos parametrizar nossas ações e isso também se aplica às práticas de letramento que são desenvolvidas na escola. O caminho para o desenvolvimento da competência escrita deve percorrer diferentes situações de uso da linguagem, ainda que os aprendizes não se identifiquem com todas. Sobre esse aspecto, seguimos as considerações de Schneuwly (1988), segundo o qual não há um texto propedêutico, no sentido de que prepare o aluno para todos os outros textos.

Verificamos que as dificuldades inerentes ao processo de produção são comuns a todas as crianças, e variam de acordo com suas capacidades individuais, que podem ou não ser determinadas pelo contexto sociocultural no qual estão inseridas. Ao longo de nossa análise, não identificamos quaisquer atividades ou habilidades de escrita, bem como capacidades de percepção do funcionamento da escrita, que fossem exclusivas a um ou outro grupo de alunos.

Portanto, percebemos que, na comparação entre os dois grupos de alunos, há mais pontos convergentes que divergentes, e estes últimos se justificam em função das diferentes realidades de cada escola investigada e, em parte, pelo contexto cultural familiar (a menor escolarização dos pais dos alunos da escola pública, associada ao menor poder aquisitivo, que podem limitar o acesso à leitura). E parece ser essa defasagem em leitura – que também pode ser encontrada em alunos de ambos os grupos – o fator que mais influenciou no desfavorecimento da produção escrita e das competências de linguagem a ela relacionadas. Essa constatação, de certa forma, deixou-nos aliviados porque ainda continuamos a acreditar que uma prática docente bem orientada – que leve em conta o papel de facilitador do professor no desenvolvimento cognitivo dos alunos – pode exercer uma influência decisiva na solução desses problemas.

Apesar de algumas dificuldades encontradas ao longo da pesquisa (o que já se configura como plenamente previsto diante da realidade das salas de aula), foi possível comprovar, então, que só um trabalho efetivo com os gêneros textuais nas primeiras séries representa um acesso legítimo à produção de textos significativos e a uma escrita que se proponha funcional para as crianças.

Sob esse ponto de vista, no qual se considera o texto contido nos PCN (1997) como uma "receita" de um procedimento a ser testado em sala de aula, consideramos que o objetivo foi alcançado, o que torna viável a aplicação dessa "receita" e sua adequação a diferentes realidades escolares. Não se pode mais admitir, portanto, certos discursos elaborados com a intenção de justificar o apego a determinadas práticas de atividade com a linguagem nas quais o uso da modalidade escrita se desvincula de uma condição que lhe é constitutiva: produzir sentido e refletir o posicionamento enunciativo do escrevente frente às demandas de uma sociedade letrada.

Diríamos, então, após essa breve exposição da nossa pesquisa de doutorado, que ali estava lançada a pedra fundamental do nosso objeto de investigação maior, o qual envolveria outras dimensões de análise dos usos da linguagem desenvolvidas em sala de aula. Apenas um trabalho esporádico com grupos de alunos específicos não era suficiente para entender toda a complexidade do processo de produção textual realizado em nossa realidade escolar. A "conhecida" inquietação se firmou, mas estava apenas começando. Precisávamos ampliar a investigação para outros níveis de escolaridade, para outros contextos de produção, o que inclui avaliar as orientações de atividade escrita nos livros didáticos, bem como considerar o papel do professor em contextos de formação inicial e continuada. Está assim delineado o alcance de nosso projeto de pesquisa,[7] ora em execução.

Os desdobramentos do projeto inicial: o mesmo percurso, novos desafios

De que maneira as concepções teóricas aqui expostas se relacionam com questões de ensino e aprendizagem de língua? Em nosso entendimento, essas questões se encontram completamente imbricadas com os aspectos da práxis educativa, especificamente as que dizem respeito aos processos de ensino e aprendizagem da produção textual, embora não se restrinjam a eles. Essas reflexões nos conduziram à investigação das práticas de linguagem em toda sua complexidade, considerando os seus diversos níveis de constituição.

Percebemos hoje, mais claramente do que há três anos, que existem múltiplos aspectos a serem considerados no processo de produção textual e que, devido à sua amplitude, vão requerer focos de investigação em várias frentes. O nosso projeto atual, "Gêneros textuais e práticas de letramento: a produção escrita no ensino fundamental", tem tentado atuar, com a colaboração de meus orientandos, em muitas delas.

Contamos, atualmente, com oito dissertações de mestrado, duas delas já defendidas, as outras seis em andamento, que se utilizam dos aportes teórico-metodológicos do ISD em vários enfoques de investigação que visam o processo de ensino e aprendizagem da escrita. Esses trabalhos partem da análise de elementos da textualização e dos fatores responsáveis pela construção dos textos empíricos desenvolvidos em sala de aula que culminam em atividades de reescrita; passam pela análise de orientação para a produção de textos escritos presentes nos livros didáticos; investigam as práticas de letramento em uma comunidade indígena até alcançar as reflexões sobre os processos de formação de professores de língua materna e suas respectivas concepções de língua, linguagem, letramento e de sua própria prática docente.

Ousadia de nossa parte agrupar trabalhos, a princípio, ilustrativos de diferentes enfoques de investigação? Inicialmente, sim, no entanto, analisando a situação detalhadamente, constata-se que não se configura como ousadia, e sim como uma necessidade diante da estreita relação que envolve todas essas pesquisas agrupadas em torno das reflexões sobre os gêneros textuais e das práticas de letramento, notadamente escrito, desenvolvidas nas escolas.

O elemento comum a todas as pesquisas é, sem dúvida, o texto escrito e todos os fatores responsáveis por sua produção. Vejam o grande desafio que temos à frente, diante do qual se faz necessária uma conjunção de esforços (humanos e epistêmicos) para nos ajudar na investigação desse objeto de estudo em toda a sua complexidade.

Este percurso de investigação foi consolidando as nossas opções teórico-metodológicas. De um lado, a escolha por uma teoria de base interacionista (ISD), mais condizente com nossa compreensão do fenômeno da linguagem e dos processos cognitivos do ser humano; de outro, a opção por um procedimento metodológico que nos fez seguir as orientações de trabalho da LA. Se existe uma razão que nos impulsione a seguir uma ou outra orientação teórica, esta, sem dúvida, foi a que me impulsionou a adotar tal perspectiva em minha pesquisa de doutorado e, posteriormente, em minhas pesquisas desenvolvidas já como integrante do corpo docente no programa de pós-graduação.[8]

A complexidade que envolve a elaboração textual escrita demanda a investigação tanto dos parâmetros sociossubjetivos envolvidos no processo quanto dos procedimentos de ordem cognitiva que remetem aos níveis linguísticos textuais/discursivos. E, nesse percurso, os aportes do ISD, presentes em todos os trabalhos, têm contribuído notavelmente, por nos oferecer, dentre outros subsídios, uma base metodológica que atende os vários níveis de análise.

Quanto às relações de ensino e aprendizagem na realidade da sala de aula, o entrelaçamento entre a teoria de desenvolvimento cognitivo vygotskiano – respaldado na concepção da interação social como pré-requisito para os processos de constituição das funções superiores e na noção de mediação como procedimento indispensável para a aprendizagem – e as contribuições advindas das pesquisas de Schneuwly e Dolz (1997, 1996), na elaboração e experimentação de sequências didáticas para o trabalho com a escrita nas escolas, têm fornecido meios para desenvolver produtivas análises. Neste enfoque é considerada a importância que uma sequência didática criteriosamente elaborada exerce no favorecimento da competência escrita.[9] Quando mencionamos a importância dos critérios considerados na elaboração das sequências, fazemos referência aos princípios apontados por Schneuwly e Dolz (1997), nos quais se impõem a legitimidade dos saberes; a sua pertinência em relação às capacidades dos alunos, às finalidades e objetivos da escola e aos processos de ensino e aprendizagem; e, por fim, a solidarização entre os saberes em função dos objetivos visados.

Também é importante investigar as concepções de linguagem e os níveis de letramento do professor, que se encontra à frente do processo de ensino e aprendizagem, e de que forma essas reflexões repercutem nos procedimentos metodológicos implementados em sala. Em sua pesquisa de mestrado, Rodrigues (2008) confirmou que a forma com que o professor orienta o processo de elaboração textual, na qual se baseiam as suas condições de produção, está diretamente relacionada ao formato que o texto assume, justificando suas adequações e inadequações. Nesse enfoque,[10] as ações docentes (nas quais estão implícitas questões relativas à formação dos educadores) são objeto de investigação, constituindo, então, uma das vertentes atuais das pesquisas desenvolvidas sob a orientação do ISD.

Ainda no contexto escolar, temos o encaminhamento de um estudo sobre como se desenvolvem as orientações de reescrita conduzidas pelo professor em sala de aula, e quais os efeitos dessas orientações na produção final dos alunos. Tal procedimento analítico vai considerar os parâmetros de produção textual, bem como os níveis da arquitetura textual propostos por Bronckart. Investigações dessa natureza buscam acompanhar todo o percurso de produção, configurando uma visão processual, não restrita ao produto nem a seus constituintes formais. Uma análise preliminar já foi realizada por Leite (2008) e deixou evidente que as orientações presentes no livro didático[11] ainda privilegiam aspectos da microestrutura textual em detrimento do nível macroestrutural e do seu estatuto pragmático de produção.

Faz-se necessária, também, uma avaliação dos livros didáticos (LD) no que se refere aos procedimentos adotados na promoção das atividades de escrita.[12] Em muitas realidades escolares, os LD se constituem como único recurso pedagógico, fazendo com que suas atividades e orientações sejam seguidas integral e inquestionavelmente, justificando, portanto, os nossos questionamentos: (i) Os livros aprovados pelo Programa Nacional do Livro Didático (PNLD) estão considerando a escrita processualmente, levando em conta os parâmetros que preveem a construção de um produtor social de textos? e (ii) Quais as concepções de linguagem que dão suporte teórico a essas atividades? Não estamos querendo negar as análises já realizadas pelo programa de avaliação dos LD; o que queremos é lançar um outro olhar, respaldado em outra perspectiva teórica e em outros mecanismos de análise. Em outros termos, será acrescentada à análise do parecerista do LD a análise do pesquisador.

Partimos, então, do contexto escolar para o contexto acadêmico de formação inicial. A análise busca considerar como se processam as representações cognitivas individuais de determinados gêneros, no caso específico, do projeto de pesquisa, e como essas representações se materializam nas formas de apreensão do gênero.[13] Também neste caso, os aportes vygotskianos, associados aos critérios de análise da arquitetura textual e da concepção de gênero adotados pelo ISD, vão respaldar legitimamente a investigação. Diferentes gêneros acadêmicos já têm sido objeto de investigação por pesquisadores vinculados a essa orientação teórica.[14] Um dos objetivos de tais estudos centra-se na elaboração de material que seja utilizado como fonte de pesquisa e consulta por alunos de cursos de licenciatura em Letras e demais áreas de conhecimento que se apropriam de tais gêneros em suas rotinas de trabalho mediadas pela linguagem escrita. Percebe-se um nítido interesse pedagógico nesses trabalhos e acreditamos que outras pesquisas que focalizem as formas de apreensão dos gêneros acadêmicos possam contribuir na compreensão do fenômeno, que envolve tantas variáveis.

Outro objeto de análise, relacionado às formas de apreensão, de constituição e de circulação dos gêneros foi desenvolvido tendo como foco de interesse o gênero manual do usuário de celular.[15] Apesar de esse estudo situar-se fora dos domínios do contexto estritamente escolar, representa uma esfera de atividades que, dentre outros requisitos, dispõe-se a orientar os indivíduos no manuseio de determinados instrumentos/bens de consumo. A capacidade de linguagem dominante requisitada por esse gênero é a que se dispõe a descrever e prescrever ações, apesar de já ter sido bem evidenciada a dificuldade enfrentada pelos usuários durante a leitura dos manuais, o que, contraditoriamente, compromete o seu propósito comunicativo (cf. SILVA, 2008). O estudo da linguagem utilizada nesse gênero ajudou a identificar as suas características mais gerais e a focalizar os maiores problemas existentes em sua elaboração, bem como em sua apreensão por usuários representativos de diferentes níveis de escolaridade.

Também em contexto de formação acadêmica, desenvolvida em outra modalidade, podem ser investigados os tortuosos caminhos que conduzem ao texto escrito.[16] As plataformas de ensino à distância se apresentam como ambiente privilegiado para investigar as interações e os processos de ensino e aprendizagem que condicionam a construção cognitiva e o desenvolvimento das atividades de linguagem, neste caso, das atividades de produção escrita. Os novos suportes servirão como cenário para o estabelecimento de relações virtuais entre professores e alunos, as quais, por meio das ferramentas digitais (o *chat* educacional, o fórum, *wiki* etc.) prometem revelar situações complexas de atividades de linguagem.

Delineamos aqui a abrangência do nosso projeto de investigação, relacionando-o com a delimitação feita por Machado (2005, p. 238), ao indicar que, a despeito das possíveis diferenças existentes entre os vários pesquisadores brasileiros que se respaldam, parcial ou inteiramente, nas orientações do ISD, eles "guardam um traço comum: a perspectiva de intervenção na educação, imediata ou prospectivamente". Conforme o foco de análise, Machado organiza os interesses dos pesquisadores em grupos: os que focalizam seus estudos nas ferramentas de ensino (artigos de opinião, diários reflexivos, artigos, resenhas etc); os que analisam o desenvolvimento do aluno em diferentes práticas de linguagem; os que se ocupam do levantamento das representações e situações particulares vivenciadas por professores em formação, ou no formador de professor, juntamente com as ferramentas usadas nas interações; e, finalmente, temos o grupo daqueles que focalizam seus estudos na análise das experiências em sala de aula, que envolvem professor-ferramenta-aluno e os recursos didáticos utilizados no processo de elaboração e compreensão textual.

Considerações finais de uma trajetória que continua...

Essas reflexões nos conduziram à investigação das práticas de linguagem em toda a sua complexidade, considerando os seus diversos níveis de constituição. Acreditamos ter alcançado os objetivos delimitados para este capítulo:

situar os aportes teórico-metodológicos do ISD, justificar nossa adesão a eles e apresentar, em linhas gerais, os caminhos possíveis de investigação de um projeto de pesquisa que focaliza o complexo processo de elaboração e compreensão das práticas de linguagem escrita. Certamente o nosso projeto ainda está se firmando, em pleno processo de construção, como também se encontra em construção o ISD (segundo a avaliação de Bronckart, já mencionada aqui). No entanto, podemos antever os resultados positivos que essas pesquisas já alcançaram, e ainda alcançarão, no sentido de desvelar as especificidades dos processos relacionados ao ensino e aprendizagem dessa modalidade, bem como dos fenômenos que envolvem os seus diversos usos na sociedade.

Em busca do esclarecimento de nossos questionamentos como pesquisadores, também tivemos a oportunidade de constatar como os caminhos da LA se entrecruzam com os do ISD, levando-nos a incorporar os princípios da interdisciplinaridade e da dinamicidade na investigação das múltiplas e complexas situações em que nos envolvemos diariamente por meio da apreensão e compreensão de textos escritos.

Bibliografia

BAHKTIN, M. **Estética da criação verbal**. São Paulo: Martins Fontes, 1992 [1979].
BALTAr, M. O conceito de tipos de discurso e sua relação com outros conceitos do ISD. In: GUIMARÃES, A. M. de M.; MACHADO, A. R.; COUTINHO, A. (Orgs.) **O interacionismo sociodiscursivo**: questões epistemológicas e metodológicas. São Paulo: Mercado de Letras, 2007, pp. 145-60.
BRONCKART, J. P. **Atividades de linguagem, textos e discursos**. São Paulo: EDUC, 1999.
_____. **Atividade de linguagem, discurso e desenvolvimento humano**. São Paulo: Mercado de Letras, 2006.
CAVALCANTI, M. Metodologia da pesquisa em linguística aplicada. In: COLLINS, H. (Org.). **Intercâmbio**: uma publicação de pesquisas em linguística aplicada (Anais do Inpla), 1986, pp. 41-8.
DANIELS, H. O indivíduo e a organização. In: DANIELS, H. (Org.) 4. ed. **Vygotsky em foco**: pressupostos e desdobramentos. Campinas, SP: Papirus, 1999, pp. 99-120.
DOLZ, J.; SCHNEUWLY, B. Gêneros e progressão em expressão oral e escrita – elementos para reflexões sobre uma experiência francófona. In: **Gêneros orais e escritos na escola** / Tradução e organização Roxane Rojo e Glaís Sales Cordeiro. Campinas, SP: Mercado de Letras, 2004, pp. 41-70.
HABERMAS, J. **Consciência moral e agir comunicativo**. Rio de Janeiro: Tempo Brasileiro, 1989.
KRESS, G. **Learning to Write**, 2. ed. London: Routledge, 1994.
LEITE, E. G. **A reescrita no livro didático de língua portuguesa**. Monografia de Especialização. Pau dos Ferros: UERN, 2008, mimeo.
MACHADO, A. R. A perspectiva interacionista de Bronckart. In: MEURER, J. L.; BONINI, A.; MOTTA-ROTH, D. (Orgs.). **Gêneros, teorias, métodos, debates**. São Paulo: Parábola, 2005, pp. 237-59.
MATENCIO, M. de L. M. Textualização, ação e atividade: reflexões sobre a abordagem do Interacionismo Sociodiscursivo. In: (Orgs.) GUIMARÃES, A. M. de M.; MACHADO, A. R.; COUTINHO, A. **O interacionismo sociodiscursivo**: questões epistemológicas e metodológicas. São Paulo: Mercado de Letras, pp. 51-63.
MOITA-LOPES, L. P. da. **Oficina de linguística aplicada**. São Paulo: Mercado de Letras, 2000.

PEREIRA, R. C. M. A concepção de letramento na escola: dimensão social e cognitiva. **Língua, Linguística e Literatura**. João Pessoa: UFPB/DLCV, v. 1, n. 3, 2005a, pp. 61-77.

_____. **Gêneros textuais e letramento**: uma abordagem sociointeracionista da produção escrita de crianças de 1ª e 2ª séries do ensino fundamental. Tese de doutorado. Recife: UFPE, 2005b, mimeo.

_____. O social na linguagem: uma heurística ou simples redundância? **Letr@ Viv@/**. João Pessoa: UFPB, v. 7, n. 1, 2006, pp. 115-28.

ROJO, R. Gêneros do discurso e gêneros textuais: questões teóricas e aplicadas. In: MEURER, J. L., BONINI, A.; MOTTA-ROTH, D. **Gêneros, teorias, métodos, debates**. São Paulo: Parábola, 2005, pp. 184-207.

RODRIGUES, M. A. N. **A prática da escrita na escola**: uma análise do processo ao produto. Dissertação de Mestrado. João Pessoa: UFPB/PROLING, 2008, mimeo.

SCHNEUWLY, B.; DOLZ, J. Os gêneros escolares: das práticas de linguagem aos objetos de ensino. In: **Gêneros orais e escritos na escola** / Tradução e organização de Roxane Rojo e Glaís Sales Cordeiro. Campinas, SP: Mercado de Letras, 2004 [1997], pp. 71-91.

SILVA, M. M. P. **Vamos procurar no manual**: uma análise dos desafios de leitura e de escrita do manual do usuário do celular. Dissertação de Mestrado. João Pessoa: UFPB/PROLING, 2008, mimeo.

VYGOTSKY, L. S. **A formação social da mente**. São Paulo: Martins Fontes, 1984 [1930].

_____. **Pensamento e linguagem**. São Paulo: Martins Fontes, 1987 [1934].

VOLOCHINOV, V. N. **Marxismo e filosofia da linguagem**. 4. ed. São Paulo: Hucitec, 1988 [1929].

Notas

[1] Agradeço a Pilar Roca, Evandro Gonçalves Leite e Poliana Dayse V. Leitão pela leitura criteriosa deste capítulo, em sua versão inicial, e pelas sugestões apresentadas.

[2] Neste artigo, atribuímos a autoria de *Marxismo e filosofia da linguagem* a Volochinov, conforme apontam os estudos de Ivanova (2000 apud BRONCKART, 2006).

[3] Há nesse artigo de Roxane Rojo uma alusão de Adam (1999) às opções terminológicas de Bronckart, em que aquele aponta que este "tem tendência a chamar de 'texto' o que quase todo mundo chama de 'discurso' e inversamente".

[4] Apresentamos alguns resultados dessa pesquisa no I Simpósio Nacional de Leitura, ocorrido na UFPB, em João Pessoa, PB, em outubro de 2007, onde participamos da mesa-redonda "As diferentes leituras de uma prática", com o trabalho intitulado "A quem interessa a formação do professor?". Os dados aqui apresentados, entretanto, estão sendo divulgados pela primeira vez.

[5] "Gêneros textuais e letramento: uma abordagem sociointeracionista da produção escrita de crianças de 1ª e 2ª séries do ensino fundamental", tese defendida no Programa de Pós-graduação em Letras e Linguística da UFPE, sob orientação da professora doutora Abuêndia Padilha Pinto, em abril de 2005.

[6] Em um dos instrumentos de sondagem aplicados, os alunos indicaram suas preferências em relação aos gêneros trabalhados. Nesse momento, ficou evidente a opção pela lenda e pelo texto de opinião, seguidos pela carta de apresentação, bem como a não-preferência pela receita, notícia, verbete e propaganda.

[7] "Gêneros textuais e práticas de letramento: a produção escrita no ensino fundamental", projeto de pesquisa que conta com uma bolsista de iniciação científica e ao qual estão ligadas as pesquisas de mestrado de alguns de meus orientandos.

[8] Programa de Pós-graduação em Linguística (PROLING/UFPB), no qual atuo desde 2006.

[9] O projeto de pesquisa de mestrado, ainda em fase de execução, de meu orientando João Paulo da Silva Fernandes, propõe-se a analisar o impacto de uma sequência didática nos textos produzidos por alunos do 9º ano do Ensino Fundamental.

[10] As dissertações de mestrado de Maria A. Nery Rodrigues e Fábio Pessoa da Silva são representativas desse enfoque. A primeira, intitulada "A prática da escrita na escola: uma análise do processo ao produto", defendida em março de 2008; a segunda, "Letramento escolar: atividades de escrita na aula de língua materna e suas relações com a formação docente", a ser defendida neste mesmo ano. O projeto de pesquisa de mestrado, ainda em fase de execução, de Hellen Cristina Picanço Simas, aborda as práticas de letramento desenvolvidas em uma escola indígena.

[11] Monografia, da qual fui coorientadora, intitulada "A reescrita textual no livro didático de Língua Portuguesa", defendida por Evandro Gonçalves Leite, no Curso de Especialização em Linguística Aplicada do Departamento de Letras da UERN, em fevereiro de 2008.

[12] O projeto de pesquisa, ainda em andamento, de minha orientanda Patrícia Barreto da Silva, mestranda do PROLING, busca investigar as atividades de escrita nos livros didáticos de Língua Portuguesa e de que maneira elas contribuem na formação do produtor social de textos.

[13] A dissertação de mestrado de minha orientanda Poliana Dayse V. Leitão, intitulada "A apreensão do gênero projeto de pesquisa por alunos pré-concluintes do curso de Letras: um processo de apropriação do dizer", a ser defendida em outubro de 2008, no PROLING.

[14] A coleção "Leitura e produção de textos técnicos e acadêmicos", editada pela Parábola, coordenada por Ana Rachel Machado e da qual participaram como elaboradoras Eliane Lousada e Lília Santos Abreu-Tardelli.

[15] A dissertação de minha orientanda Mônica Maria Pereira da Silva, intitulada "Vamos procurar no manual: uma análise dos desafios de leitura e de escrita do manual do usuário do celular", defendida em março de 2008, no PROLING.

[16] A pesquisa de doutorado do meu orientando Inaldo Firmino Soares, no PROLING, investiga as práticas de leitura e de escrita no ambiente virtual do ensino à distância.

Relações de simulação e relações de autenticidade no ensino de línguas vivas

Pilar Roca

> "Assim como o mais ardoroso falar de um para o outro não constitui uma conversação (isto é mostrado claramente naquele esporte estranho denominado com justiça de discussão, de fragmentação, praticado por pessoas razoavelmente dotadas de intelecto), assim, por sua vez, uma conversação não necessita de som algum, nem sequer de um gesto. A linguagem pode renunciar a toda mediação de sentidos e ainda é linguagem."
> Martin Buber

O estudo apresentado neste capítulo se baseia nos resultados parciais das primeiras fases do projeto "Para uma proposta de ensino E/LE (Espanhol como língua estrangeira) dentro de um enfoque pragmático", aplicado em vários centros de ensino em João Pessoa (2005-2007), e "Aprendizagem de línguas com base dialógica para produção cultural" (2006-2008), este último com o objetivo de estabelecer as coordenadas teórico-conceituais que direcionem a observação em sala de aula dentro da pesquisa geral.

Trataremos aqui da aquisição de língua como a culminação de um processo que cresce a partir do princípio de relação. Abordaremos o conceito de língua através das diferenças entre uma ação baseada no ensino (relacionamento simulado) e outra baseada na educação (relacionamento autêntico). Tais filosofias de ensino são influenciadas pela maneira como se entendem a oralidade e a escrita nos meios acadêmicos. No primeiro caso, a oralidade é uma manifestação falada das regras imperantes na escrita que, por sua vez, estão sujeitas à convenção linguística, afastada das características da oralidade. Já na segunda, na qual se baseia a proposta de nossos projetos, a escrita será uma manifestação do conteúdo do ânimo,[1] com o intuito de desenvolver a consciência inata do ser humano.

A análise dessas diferenças identificará concepções de língua também diferentes. Esperamos evidenciar, por um lado, os critérios que monitorizam o ensino de línguas estrangeiras, assim como os de sua avaliação e, por outro lado, encaminhar a discussão sobre a concepção de língua como princípio de relação, o qual, nos ambientes de ensino, é substituído por uma necessidade de adequação ao método. Na primeira concepção (língua como princípio de relação) se focaliza a aprendizagem em contato direto com o objeto de estudo, ao passo que na segunda concepção (língua como necessidade de adequação) se focaliza o ensino e se incentiva a presença de intermediários.

Todos esses elementos foram discutidos em várias apresentações em congressos e, alguns deles, como a importância do relacionamento humano e a oralidade, foram levados em consideração no capítulo dedicado ao conhecimento de língua estrangeira (DOURADO e ROCA) dos *Referenciais Curriculares do Estado da Paraíba,* divulgados em 2007.

Por último, gostaríamos de salientar que a abordagem da sala de aula que aqui realizaremos terá um viés filosófico e histórico. Tentaremos desenvolvê-la de acordo com a fundamentação teórica apresentada, de modo que, sem anulá-los, ultrapassaremos o espaço e o tempo tradicionalmente considerados como o contexto de ensino, para falarmos das *situações educativas.* Situações essas que visam a ativação do potencial criativo interno dos alunos para seu desenvolvimento autônomo, que vai além dos estímulos externos incentivados pela tradição educativa, como professor, quadro ou livro. Nos nossos projetos, é dedicada especial atenção à potencialidade interna dos alunos para elaborarem suas próprias ferramentas de aprendizagem.

No decorrer do capítulo, trataremos de comunidade de falantes, de valores e convenções elaborados a partir de uma experiência de uso (pragmática) na sociedade na qual o indivíduo/aluno se encontra submerso, entendendo esses pontos cardinais como lugar de ação de forças que interagem até determinar novos valores ou, pelo contrário, cristalizar convenções.

Breve quadro teórico

Em consonância com o que apresentamos anteriormente, aqui irão se evidenciar determinados aspectos do ensino de línguas estrangeiras, denominadas de *línguas vivas* ao longo deste capítulo, e do seu correlativo pedagógico, o método, que agiram implicitamente nos participantes dos projetos: professora, coordenadora, alunos e observadores. A análise aqui realizada seguirá paralela à proposta dos projetos que assumem a língua como princípio de relação, e alicerça seu estudo em uma metodologia focalizada na observação dos processos de aprendizagem humanos.

O estudo desses aspectos tem como base o pensamento de filósofos da Renascença hispânica, período de extrema relevância porque nele confluíram fortes preocupações políticas e espirituais que abriram uma preocupação com o uso da língua. Seu pensamento filosófico, de cunho antropológico, percorre uma transversal que se inicia na conturbada sociedade hispânica dos séculos XV e XVI, em face de homogeneização das diferentes culturas que integravam a sociedade peninsular, e vai até as indagações sobre língua e relacionamento humano, levantadas na Europa Central durante a primeira metade do século XX. Os autores que aqui representam a linha hispânica – Juan de Valdés, Juan Huarte de San Juan e Francisco Sánchez – serão reunidos, como recurso pedagógico, dentro do que, na nossa pesquisa, denominamos de *mentalidade do converso não assimilado* (ROCA, 2005b, 2006b). O princípio que dá sustentação a este grupo se caracteriza por manter e propalar valores inerentes ao devenir histórico do judaísmo, que almeja compreender o essencialmente humano através do princípio de relação. A preocupação desses autores, escolhidos dentre outros por tratarem mais especificamente de língua e de Educação, é marcada pela continuidade dessa busca, sob diferentes formas de religião, de política e de uso da língua, dando continuidade a seu desenvolvimento histórico. Por sua vez, o pensamento que acreditamos lhes dar continuidade no século XX, em razão de acontecer em períodos históricos e políticos de índole similar, está representado pelo filósofo centro-europeu Martin Buber.

Embora não tenhamos a intenção de criar oposições ingênuas a uma outra mentalidade que acreditamos ter como objetivo a formação de um estado centralizado e moderno, entendemos nos nossos projetos que há duas forças de modernização diferenciadas. De um lado, a força representada pelos conversos não assimilados já citados e, de outro, a força representada pelo pensamento de humanistas, como Antonio de Nebrija, Luis Vives ou Erasmo de Rotterdam. Todos esses autores são tratados nos projetos como interlocutores de fundo que permitirão enxergar os problemas surgidos nos contextos de ensino, numa dimensão histórica e filosófica.[2]

A escolha dos autores referidos, de forma pedagógica, dentro da *mentalidade do converso não assimilado* se deve ao fato de serem eles capazes de elaborar alternativas flexíveis através da crítica da linguagem, sob diferentes ângulos. O pensamento de todos eles constitui, explícita ou implicitamente, uma contestação ao totalitarismo responsável pelo fechamento da natureza em categorias universais abstratas e pela elaboração de paradigmas linguísticos criados fora da experiência diária e comunitária, elementos que definem o essencialmente humano como um processo de constante mudança. Dessa maneira, a proposta desses pensadores questiona, dentre outras coisas, a manipulação da língua pelos jogos de poder e reivindica a concepção de língua como um patrimônio comum no qual se pode negociar a formação da sociedade civil.

No que diz respeito à língua, podemos diferenciar duas vertentes. Por um lado, a *mentalidade do converso não assimilado*, em que há uma consideração de língua como sinônimo do próprio conhecimento, a partir de um princípio de relação. Por outro lado, como para os humanistas, como reflexo do projeto político estatal centralizador, que passa pela adequação ao método como caminho para o desenvolvimento ético e moral. No primeiro caso, há uma compreensão da língua como atividade humana, fruto de um consenso da comunidade de falantes, conscientes do seu uso. Já no segundo, a língua é vista como uma ferramenta para instruir os indivíduos/alunos sobre convenções elaboradas intelectualmente e, assim, adequá-los às exigências uniformizadoras dos estados modernos.

O objetivo principal deste capítulo é refletir sobre a maneira pela qual a visão de mundo que considera a língua como meio de constituição do estado moderno com ênfase em questões formais entra em conflito com os elementos experienciais internos constitutivos do indivíduo na aprendizagem de línguas vivas, tanto em contextos de ensino (centro de línguas) quanto nos chamados "contextos educativos" (escolas, colégios, universidades), já que ambos se fundamentam na crença de que o domínio da língua é consequência natural da adequação ao método.

Observamos, portanto, que a diferença entre contextos de ensino e situações educativas é, na verdade, apenas nominativa, podendo ser consideradas como expressões sinônimas, se baseadas no relacionamento simulado e não em relacionamentos autênticos, ou seja, frutos de um consenso. Portanto, nos nossos projetos, a diferença entre um contexto de ensino e uma situação educativa será determinada pelo tipo de relacionamentos desenvolvidos com a língua. Sobre essa diferença, falaremos mais adiante.

Histórico dos projetos e desenvolvimento da pesquisa

Os já mencionados projetos "Para uma proposta de ensino E/LE (Espanhol língua estrangeira) dentro de um enfoque pragmático"³ e "Aprendizagem de línguas com base dialógica para produção cultural" se iniciaram em 2005 e continuam sendo aplicados. O primeiro atua nos programas acadêmicos universitários de licenciatura PROLICEN e Monitorias; já o segundo se desenvolve em nível de mestrado e doutorado, dentro do Programa de Pós-graduação em Linguística (PROLING) da Universidade Federal da Paraíba. Este teve desdobramentos em vários subprojetos, um deles voltado para a análise do papel da língua na formação profissionalizante. O presente capítulo reúne o histórico dos projetos principais, tanto no que tange à influência da fundamentação teórica quanto à interpretação dos processos de trabalho e observação em sala de aula. Como os projetos ainda estão em processo de aplicação, as conclusões aqui apresentadas são parciais.

A motivação inicial desses projetos foi a necessidade de estudar uma linha de pensamento que desse sustentação à concepção de ensino e aprendizagem de Língua Espanhola como língua viva, seguindo a tradição intelectual dos filósofos hispânicos dentro de uma abordagem que, como temos indicado, estava antecipando a virada antropológica centrada no falante autêntico. Através de anos de prática de ensino de língua estrangeira e vernácula e do convívio com vários tipos de instituições de ensino, tanto em nível superior universitário quanto em centros de línguas, percebermos que as práticas didáticas e metodológicas do ensino de línguas⁴ – e Espanhol como língua estrangeira (E/LE) não constituía uma exceção – não consideravam a *língua viva* nem refletiam o *falante autêntico*. A ênfase recaía em questões formais e privilegiava-se o ensino centralizado no professor como filtro do conhecimento.

Com efeito, o conceito de língua reinante nas instituições de ensino superior levava à adoção de práticas pedagógicas oriundas do ensino de línguas mortas, direcionado, portanto, a fins específicos, com preponderância do texto escrito sobre a fala. Nesse contexto, a língua constitui uma disciplina objetiva centrada na tradução. Os textos estudados são entendidos através do manuseio de um dicionário e de uma gramática, sem qualquer contato com a comunidade de falantes da língua.

Cabe esclarecer que nos projetos aqui comentados consideramos as línguas estrangeiras como línguas vivas, em oposição àquelas que carecem de oralidade, modalidade essencial das línguas vivas, a qual exige uma atividade interpretativa. Assim sendo, se as línguas vivas e de cultura são estudadas através da tradução, seja de estruturas gramaticais seja de contextos comunicativos, elas estão sendo consideradas como línguas mortas, ao modo das línguas clássicas, a cujo domínio não se tem acesso pela interpretação desenvolvida na oralidade, mas sim apenas pela tradução.

Portanto, não nos causou estranheza que, em um primeiro momento, os alunos participantes do projeto tivessem procurado a ajuda do observador como mediador tradicional entre eles e o professor ou entre eles e a língua. Nesse momento, o observador era tratado como *observador dicionário*, embora os próprios alunos já começassem a sentir a insuficiência da tradução nos seus processos de aprendizagem:

> No decorrer do primeiro processo de atividades, o da elaboração de uma revista voltada aos alunos da própria escola, eu assessorava aos alunos, trabalhávamos juntos na elaboração das atividades em grupo. E aqui um ponto rapidamente detectado: "observador dicionário". Os alunos perguntavam constantemente sobre a tradução de palavras em espanhol, o problema que eles mesmos foram detectando é que se podiam traduzir palavras, mas que ficava "sem sentido", diziam eles, "não é isso que eu quero dizer" (GOMES, 2006, p. 3.040).

Embora os centros de línguas se preocupem mais com o desenvolvimento da oralidade do que as tradicionais instituições educativas (colégios e universidade), a performance desses centros faz emergir outros problemas derivados da sua particular concepção de língua e do seu ensino, que, na verdade, estão submersos em critérios muito semelhantes aos utilizados no ambiente acadêmico de estudo das línguas mortas: da mesma maneira que as instituições de ensino superior, os centros de línguas definem *língua* a partir de fins específicos, dessa vez comerciais, que querem traduzir *contextos*. Os diálogos e contextos trabalhados nos livros de texto são simulados, isto é, elaborados pelo autor, e não consequência da experiência concreta do aluno enquanto usuário da língua. E, mesmo que partissem de situações reais, o processo de formação dessas situações seria dificilmente reproduzido por qualquer outro falante, até mesmo os próprios envolvidos, porque a realidade muda a cada instante.

Em decorrência disso, a concepção de língua em contexto de ensino permite, e até estimula, propostas de gramáticas situacionais que fazem com que os alunos acreditem poder identificar significados pela simples aplicação do método, independentemente das pessoas envolvidas e sem qualquer necessidade de atenção aos sentidos. No fundo, acredita-se que é através de um tratamento da língua como um conjunto de fórmulas que, primeiramente, são consideradas em unidades mínimas de significado e, mais tarde, articuladas de maneiras tão diferentes, que se propiciará ao estudante o resultado esperado. Eis aí o problema da tradução, que trabalha os significados descontextualizados, e a importância da interpretação, que trabalha os sentidos como resultado de uma negociação.

A segunda questão era que, uma vez que os centros de línguas estão interessados no ensino de línguas direcionadas para interesses econômicos, a língua aí ensinada estimula um relacionamento baseado na propaganda de uma determinada cultura linguística, e não, mais uma vez, em relacionamentos autênticos. Como afirma Martin Buber (2007, p. 150), a diferença entre educação e ensino é a diferença que existe entre a propaganda e o encontro. Em concordância com o autor, no nosso projeto entendíamos língua como a essência do ser humano, manifestada em um encontro autêntico e espontâneo, fosse de ordem ontológica ou instrumental.

Essas falhas fizeram necessário um trabalho prévio de quebra de opiniões cristalizadas que pareciam ter virado dogmas e uma reconceitualização do que era língua, tanto nos alunos participantes do projeto quanto na equipe de trabalho.[5] Precisávamos partir de um conceito de *língua viva* e entender quais eram os elementos que a identificavam, como ela se desenvolvia e se atualizava.

Para isso, os objetivos do projeto exigiam um redirecionamento, de modo a estabelecer novos parâmetros que incluíam o estudo das visões políticas e pedagógicas que contestavam ou sustentavam implicitamente essa concepção. Precisava-se também entender quais haviam sido os caminhos de acesso da língua enquanto disciplina até o âmbito educativo, que pensadores podiam servir de ponto de partida para representar e pensar esse caminho e com base em que experiências de vida.

Isso significava que para entender o que acontecia em sala de aula era necessário afastar-se dela e adotar um acesso histórico para a criação, o desenvolvimento e a consolidação de conceitos com perspectivas mais abrangentes, que permitissem nos movimentarmos com maior liberdade em relação ao já-dito sobre ensino de línguas. Esses conceitos, elaborados a partir do estudo histórico das visões de mundo[6] envolvidas, iluminariam dados que, de outro modo, resultavam opacos.

A opacidade nos tratamentos científicos da linguagem é uma característica que todo linguista ou filósofo da linguagem cedo ou tarde reconhece. Isso se deve ao fato de que o estudo da linguagem fere um axioma fundamental da metodologia epistemológica: o objeto observado é o mesmo que observa. Dizer língua é dizer ser humano. Alguns filósofos tentaram resolver isso definindo a língua como um reflexo da sua concepção interna do jogo de relações estabelecidas entre ele e o universo, ou seja, fazendo da língua o espelho do mundo segundo o homem.

Essa perspectiva, entretanto, é problemática no contexto educativo, porque levaria a identificar o homem com o meio ou com sua imagem, ou, pior ainda, a identificar seu processo de aprendizagem com as aquiescências ou críticas do professor. Porém, nem o espelho nem a imagem é o homem. Sequer estamos certos de que um espelho dê pistas essenciais sobre a natureza do ser humano porque, infelizmente, o que vemos no espelho faz referência ao aspecto formal, no sentido estético. Elas nunca são lógicas, nem devem sê-lo. Uma abordagem exclusivamente lógica no ambiente educativo e de ensino de línguas deixaria de fora a cultura, a política, a religião e, com isso, o aspecto fundamental que veio à tona durante o processo de aplicação: *a necessidade de adequação ao método adotado em contextos de ensino entrava em conflito com a prática individual em termos de relacionamento e monitorava de maneira sutil as expectativas sobre a língua, o livro e o professor no funcionamento da sala de aula.*

A tarefa requeria dois tipos de atuação. No caso da equipe de trabalho – coordenadora (a autora deste capítulo), professora que aplicava o projeto e duas observadoras –, as conversas semanais levavam a uma necessária intelectualização, absolutamente desaconselhável aos alunos. Portanto, o primeiro desafio da aplicação do projeto consistia em averiguar como lidar com a língua em sala de aula em termos de relacionamentos, em vez de fazê-lo através de tematizações. O relacionamento requer a presença completa dos envolvidos, ao passo que a tematização, por ser substitutiva, faz com que os relacionamentos estabelecidos em sala de aula sejam simulados. A equipe de trabalho teve que lidar com o fato de a maioria dos alunos estar acostumada com práticas de ensino, e não com contextos de aprendizagem que têm sua base em relacionamentos autênticos. Isso criava fortes mecanismos de defesa na maior parte dos alunos, sobretudo naqueles que faziam parte do grupo da extensão universitária. A solução que encontramos foi um largo processo de resistência em voltar às praticas de ensino, o que nos levou a vários períodos de ensaio e erro.

Uma maneira de resolver o problema resultante da necessidade que o homem tem de se projetar para desenvolver a consciência de si próprio foi fazer, durante a aplicação dos projetos, com que o professor virasse um reflexo do aluno, a modo de espelho. Mas isso, como dito anteriormente, levava a fazer do professor um objeto e a confundir a língua com o meio. Dessa maneira, os alunos mais vinculados à convenção linguística continuavam ausentes através da abordagem de temas que driblassem a sua presença completa. Eles dispunham sua produção, tanto oral quanto escrita, em termos de correto ou incorreto.

> Quando falo de que a mencionada aluna estava expressando no autodiagnóstico (*tengo dificultades para escribir*) suas inibições como usuária da língua estou me referindo justamente ao problema que aponta Juan de Valdés no *Diálogo de la Lengua*, isto é: a maneira como nos relacionamos com a língua faz com que possamos ter uma experiência como usuários ativos de uma língua viva, legitimados pelo uso que realizamos dela a partir de nossas necessidades como indivíduos e comunidades ou faz com que passemos a ser usuários inibidos de nossa capacidade para pensar, conhecer e usar a língua (LE ou LM) além do ideal de correção formal estabelecido pela gramática.
>
> [...] a aluna me chamou e me perguntou, *Rocío ¿cómo ves mi texto?*. Eu passei a pergunta para ela: *¿cómo ves tú tu texto?* Tocada pela inquietude e o nervosismo falou, *no sé, mi texto no está correcto, no me gusta formalmente, no es bonito, no está bien, no hay coherencia, las ideas están sueltas y siempre tiene errores*. A proximidade que seu texto escrito tinha com a fala (fragmentação, reiterações, implícitos, quebras de sentido) criava nela a sensação de estar fora das diretrizes da gramática, sem saber que esse passo da sintaxe da fala à sintaxe da escrita é um processo gradativo no qual amadurecem processos de pensamento em relação às necessidades comunicativas; um processo necessário para ter uma experiência orgânica e viva como usuário da língua (CAÑAS, 2006, p. 2.514).

Em consonância com a passagem anterior, foi observado, logo de início, que os alunos valorizavam a língua escrita de maneira diferente da língua falada. Isso tinha sua base numa concepção de ensino de línguas vivas segundo os critérios das línguas mortas; critérios que ainda monitoram o ensino de Língua Portuguesa, de modo a privilegiar a modalidade escrita sobre a oral. Uma das observadoras refletia sobre isso da seguinte maneira:

> A questão que se encontra por trás dessa reação inicial dos alunos é muito mais ampla. Em aulas de LM, durante o processo de aquisição da escrita dentro do modelo de ensino tradicional, os alunos são levados a acreditar que a língua portuguesa ainda é moldada por parâmetros provenientes do latim, e que a língua em uso é algo incorreto. Na elaboração de textos orais ou escritos, espera-se que o professor atue como um corretor ortográfico e gramatical, e não como um leitor. Esse processo leva os alunos a terem um relacionamento distanciado com a própria língua, ou seja, a língua em uso é percebida como algo incorreto, de pouco *status* social, que deve ser abandonada em favor de uma chamada língua padrão que é encontrada em gramáticas, dicionários ou obras literárias. Há, portanto, uma separação entre a língua que se usa para falar, ou se comunicar informalmente (fala ou escrita), e a língua que se usa

para escrever (que deve ser adotada em situações comunicativas de maior prestígio social). A língua que se fala é viva, dinâmica, porém desvalorizada. Enquanto isso, a língua que se escreve é morta, estática, mas bastante valorizada socialmente (Ribeiro, 2006, p. 2.729).

Os alunos manifestavam fortes demandas estéticas ou narcisistas no processo de aprendizagem da língua e, em vários casos, possuíam personalidades dominantes ou com necessidade de serem dominadas. Isso se manifestou em diferentes momentos da aplicação do projeto, como consequência do processo de descentralização da aula ao redor do professor, no movimento de duas turmas para ocupar seu lugar, como retomada do controle. Esses alunos tentavam voltar às tradicionais formas de relação implícitas em sala de aula com base no ego, inibindo o desenvolvimento da individualidade e entrando em jogos que, de maneira explícita, buscavam enfrentar personalidades e marcar território. Dependendo da personalidade dos outros alunos, eles obtinham sucesso ou eram neutralizados.

Nos nossos projetos, essas situações eram detectadas e diagnosticadas, mas deixávamos que acontecessem, por entendemos a língua como relacionamento, e que isso envolve conflito e tensão. Dependendo das decisões íntimas de cada indivíduo, queríamos dar espaço para a quebra de convenções que uma pessoa considerasse ultrapassadas, embora sem manifestá-lo oralmente. Em uma das turmas observadas, a força da personalidade do aluno dominante se impôs sobre a daqueles que estavam em um nível de compreensão do espírito que animava os projetos. Isto é, havia alunos que não se preocupavam com a luta territorial de domínio através da língua e, pouco a pouco, foram abandonando a necessidade de ter um tema ou de falar da gramática. Eles estavam em um nível de escuta que requeria aceitar e suportar momentos de silêncios e vazios para procurar saídas que os levassem da tradicional simulação (reprodução acrítica da convenção) até uma pragmática (experiência como usuário da língua). Isso requeria uma reflexão própria, porque era necessário partir da experiência de cada um enquanto usuário, sem intermediários nem desenvolvimentos de temas.

Preconceito *versus* experiência de vida

Através da observação do desempenho dos alunos em sala de aula e das conversas semanais entre os membros da equipe de trabalho, perceberam-se dificuldades para quebrar preconceitos sobre o que era língua viva. Essas dificuldades resultavam das concepções que a academia tinha repassado aos alunos sobre língua e ensino,[7] ou seja, ao fato de a academia considerar língua como convenção.

Em razão da tipologia dos livros de textos existentes no mercado e das dinâmicas aplicadas em classe, a equipe de trabalho observou que a academia fazia da língua sinônimo de convenção linguística. De certa maneira, a língua, nesse contexto, é reduzida a um conjunto de categorias fechadas e universais que exige a avaliação dos resultados em termos quantitativos. Isso não seria um problema se a academia não tivesse encerrado o ser humano nos mesmos termos que um objeto direto ou um sujeito, e se não tivesse considerado o relacionamento como um corredor de trânsito denominado verbo. Em outras palavras, se a academia não tivesse assumido a convenção linguística como uma representação do mundo, em vez de considerar a língua como a essência do humano.

Em consonância com essa visão da língua como objeto, surgia outra dificuldade também gerada pelo contexto acadêmico. Tal dificuldade transparecia no fato de se diferenciar a língua em vernácula e estrangeira, como tipologias. Tal diferença explica a maneira como o contexto de ensino entende a relação que o aluno deve estabelecer com a língua enquanto objeto de estudo e, portanto, como entende seu processo de aprendizagem, seu acesso a ela. Na aquisição das línguas vernáculas, existe um envolvimento emocional nem sempre existente no caso da estrangeira, sobretudo no contexto de sala de aula. As línguas vernáculas são vivenciadas em um âmbito natural de relacionamentos autênticos, ao passo que a estrangeira só é vivenciada em situações de estudo. Isso se evidencia no fato de as situações que servem de abordagem para a língua serem necessariamente simuladas, e os relacionamentos, se é que há, serem forçados ou fictícios.

Portanto, concluía-se que, enquanto a língua vernácula é adquirida através da vivência, para a língua estrangeira em sala de aula não sobrava outra coisa que não fosse o estudo da convenção linguística através da tematização, limpando-a de toda tensão natural. Na sala de aula, as tensões naturais entre os indivíduos de um grupo são levadas e transformadas em uma encenação, através da retórica e da argumentação, como transparece no incentivo aos debates e às trocas de opiniões. No entanto, esses elementos são usados para a imposição da personalidade mais forte em termos intelectuais e são colocados em termos territoriais, isto é, excludentes, como a aplicação dos projetos demonstrou.

Nesses termos, como comentado anteriormente, aqueles alunos que estivessem reformulando a sua prática da língua e o seu relacionamento com ela, um dos objetivos principais dos projetos, estavam sendo anulados por outros que dominavam as estratégias clássicas praticadas no meio acadêmico. Essas práticas são as usadas para a aprendizagem de línguas mortas, sejam as línguas denominadas de cultura ou as línguas estrangeiras. As regras clássicas, como a argumentação e contra-argumentação, a racionalização das experiências, a convicção do predomínio da mente como sede do genuinamente humano, deixavam de lado, frequentemente, momentos de silêncios extremamente significativos, conflitos vindouros do relacionamento entre os membros da turma ou entre a turma e a nova prática de ação em sala, que não era inteiramente reconhecida pelos alunos.

Para entender tudo isso, faz-se necessário esclarecer dois conceitos básicos que aqui utilizamos: os conceitos de *língua viva* e de *falante autêntico*.

Língua viva

O termo *língua viva* remete à natureza do relacionamento estabelecido entre o indivíduo e seu ânimo, ou espírito pensante. Para quem aprendeu a língua em contextos de ensino, esse relacionamento não é o mesmo que para o falante nativo. Neste último, o relacionamento com a língua é necessariamente diferente, visto que ele não fala só sobre a convenção (gramática, vocabulário, ortografia, uso contextualizado), mas também personifica os efeitos do pensamento e da intenção surgidos a partir dos encontros genuínos e necessários, num momento de máxima abertura.

Esses encontros constantes no mundo cotidiano foram fenômenos para o conhecimento e permitiram estabelecer o conjunto de relacionamentos mentais ou anímicos que dá sentido ao que se comunica. É com base nisso que nos direcionamos a dois aspectos relevantes. Em primeiro lugar, que a *língua* no nosso projeto era concebida como aquilo que nos fazia essencialmente humanos e, em segundo lugar, que alguém podia estar comunicando muito bem o que pensava sem necessidade de falar, isto é, através de silêncios.

Vale esclarecer que a caracterização desse relacionamento com a língua no contexto de ensino, diferente no nativo e no não-nativo, não se refere ao grau de qualidade no domínio da forma linguística. Refere-se, exclusivamente, ao fato de os projetos terem manifestado a necessidade de dar nome a realidades diferenciadas que, nos sistemas de ensino, frequentemente são entendidas como similares. Uma coisa é entender a língua da maneira como vimos fazendo neste capítulo; outra é entendê-la como convenção, cujo domínio não depende necessariamente da memória vinculada a uma experiência de vida.

Feita essa distinção, as respostas a como cada um dos usuários – nativo ou não-nativo – faz uso da língua dependerá de um grande número de fatores. Perguntas como *Para quê? / Em que termos? / A partir de que experiência? / Segundo que relacionamentos?* receberão diferentes respostas em cada caso e só poderão ser entendidas dentro do processo da negociação de sentidos vivenciado em cada oportunidade pelas partes envolvidas.

No conceito de *língua viva*, portanto, incluem-se todas aquelas expressões surgidas do pensamento genuíno e direto do usuário, a partir de experiência sem intermediários, de encontros completos, autênticos e legítimos.

É importante salientar que o fato de uma mesma língua ser adjetivada como vernácula ou estrangeira está atrelado à maneira como cada falante se relaciona com ela. Essa experiência, qualquer que seja, é diferente em cada usuário da língua vernácula, embora seja consenso entre os linguistas e filósofos que ela deve ter um elemento essencial comum no processo de aquisição em todos os nativos. Todas as pessoas, enquanto aprendiam uma língua, talvez tenham feito as mesmas perguntas ou, talvez, tenham estabelecido idênticos relacionamentos com essa língua, ou seja, tiveram os mesmos encontros fenomenológicos que possibilitaram a autoconsciência, o germe do conhecimento.

Foi o levantamento dessas perguntas que fez a Filosofia despencar pela ladeira dos universais na vã presunção de que poderia reconstruí-los e assim entender e classificar em categorias absolutas a língua e seu funcionamento. Apesar disso, os filósofos se defrontam com o problema, ainda não resolvido, de que a experiência não se ensina e, para complicar ainda mais, os filósofos que se basearam na sempre presente tradição judaico-cristã avisaram-lhes que a língua não é um objeto, mas uma experiência viva de relação (BUBER, 1987).

Falante autêntico

O termo *falante autêntico* se refere tanto ao falante nativo quanto ao não-nativo, desde que seja coerente com seu pensamento e intenção. A coerência é um dos elementos de controle de qualidade da produção do aluno, embora no nosso projeto a ênfase em sua avaliação tivesse seguido critérios diferentes. Se no contexto de ensino a ênfase recaía nos aspectos formais, na aplicação dos nossos projetos deveríamos atender à coerência interna, mesmo que contradizendo a convenção linguística.

Tanto o falante nativo quanto o não-nativo vão criando uma variante própria durante seu processo de aquisição e aprendizagem da língua e são autênticos, desde que coerentes com o que pretendem dizer. Conforme Juan de Valdés, uma das referências básicas do nosso projeto, ser coerente é *exprimir o conteúdo da sua alma*.

A consciência de estar criando uma variante é o motor de novas fases de aprendizagem. A característica comum aos falantes (tanto o nativo quanto o estrangeiro) seria a aprendizagem a partir de experiência como usuários da língua. Portanto, a experiência de mudança constante é o que orienta e retroalimenta seu desempenho.

O objetivo prático do projeto visava o desenvolvimento da aprendizagem sob um enfoque pragmático, que acabou evoluindo para uma nova compreensão do uso da linguagem. Esse novo entendimento se nutria de uma constante retroalimentação do pensamento que, de forma espontânea, resumiu-se em uma pergunta: *O que queres dizer quando falas?*[8]

> o sentido dos termos que os alunos usaram para ir definindo suas impressões foram negociados durante toda a sequência: *¿Qué quieres decir...? ¿A qué te refieres?* Isto é, foram reformulando o uso que estavam dando a *essas* palavras *nesse* momento como usuários da nova língua. Temos comprovado em várias ocasiões que a negociação de sentidos pode estimular uma prática conversacional na qual os alunos engrenam suas vozes para ir definindo o que cada um deles quer dizer e ao mesmo tempo para chegar a um consenso sobre como podem expressá-lo. Portanto, não se trata apenas de *falar* o que eu quero *falar* mas também de procurar a forma de expressá-lo, nessa procura cada um de nós temos que dialogar com os outros participantes da conversa (Cañas, 2005, s. p.)

Bem diferente do que se espera em um contexto de aprendizagem de língua, essa experiência se revelou repleta de silêncios e vazios, tanto nos alunos como na professora que desenvolvia o projeto em sala de aula. Disso advieram vários problemas, o que levou à reformulação dos critérios utilizados para caracterizar um aluno participativo e a função do professor diante de perguntas mecânicas ou viciosas dos alunos. Mas

> Antes, era necessário que fizéssemos do momento de estranhamento, diante da proposta, um momento de silêncio e reflexão: *Por que é tão difícil falar em primeira pessoa?/ Por que falar em primeira pessoa pode ser tão importante?/ Por que eu devo ouvir e respeitar quando os outros falam deles mesmos?* A introdução de interrogativas tomando frases que os próprios alunos colocavam durante as aulas gerava momentos de silêncio, de espaços para reflexão e pensamento, no começo um pouco constrangedores como: *"Por que não temos uma resposta imediata para perguntas aparentemente tão simples?"* (Gomes, 2005, s/p.).

Convenções/valores; indivíduo/sociedade

Para sermos operativos no projeto, criamos planos de observação, a serem seguidos pela equipe de trabalho, voltados para a atenção ao indivíduo (aluno) diante da sociedade (comunidade de falantes) e aos seus valores (sentidos) diante das convenções (significados). Esses fatores deveriam funcionar simultaneamente e ser considerados de maneira a permitir uma visão completa do fenômeno linguístico em termos de aprendizagem. A demorada discussão sobre esses planos de observação nos permitiu a reformulação dos conceitos que, pouco a pouco, orientariam o processo de observação em sala (Cañas e Roca; Roca, 2006a).

Esses critérios de organização do trabalho nos permitiam, ainda, pensarmos assuntos como a ação individual diante das tentativas homologativas governamentais vinculadas aos contextos de ensino através da propaganda. O problema básico do ensino de línguas nesse contexto, chamado de "educativo", é que a língua entendida como relacionamentos autênticos, com sentido, dentre outras coisas, é uma forma de vida comum em uma comunidade determinada e, assim sendo, "não pode ser imposta de fora sobre grupos humanos ativos; ela deve emergir do interior em cada tempo e lugar" (Buber, 1987, pp. 37-8).

No particular contexto de ensino superior, estuda-se a convenção ditada pelas regras da escrita tanto na língua vernácula quanto na estrangeira. Os critérios de correto ou errado utilizados pela academia para avaliar a língua oral, em matéria de vocabulário, fonética e morfossintaxe, são oriundos das regras da escrita (Preti, 2005). Muito embora se dê a isso o nome de "língua", é preciso deixar claro que as regras de transmissão são sociais, como demonstra o fato de uma pessoa abandonada em uma floresta nos primeiros meses de vida ser incapaz de apreender uma língua, por ter passado o tempo biológico para a sua aquisição. Por sua vez, embora um chimpanzé consiga adquirir códigos linguísticos, até agora não aconteceu de algum deles repassar o código aprendido para seus filhotes. De maneira que, por enquanto, aparecem aqui duas constatações: (1) que o desenvolvimento da língua é uma habilidade humana e (2) que o desenvolvimento da língua é independente das regras da escrita.

Na tentativa de minimizar a ênfase excessiva na escrita no estudo da língua, nos últimos anos se tentou levar o ensino de línguas estrangeiras às últimas reflexões que a Filosofia da Linguagem desenvolveu em Oxford, a partir das *Investigações Filosóficas* de Wittgenstein sobre o valor da língua ordinária. Era cada vez maior a preocupação com o desenvolvimento oral das línguas estrangeiras e era consensual que, para isso, não era suficiente a simples memorização de um dicionário nem de uma série de estruturas morfossintáticas básicas. Era necessário ter informações referentes aos significados particulares, ao contexto. Essa preocupação explicava a constante advertência de Wittgenstein aos seus alunos para que não dessem tanta importância aos significados das palavras, mas sim ao seu uso.

A grande questão revelada nos nossos projetos de pesquisa era refletir sobre o que as instituições de ensino de línguas, inclusive as instituições de ensino superior, teriam feito com os conceitos de *contexto* e *uso*. Com efeito, em muitos casos se confundia *contexto* com um jogo pré-elaborado cujas regras não vinham do relacionamento estabelecido entres duas pessoas, em presença total. Por sua vez, o *uso* se referia a uma série mais ou menos extensa de situações nas quais as estruturas e o vocabulário trabalhados numa determinada unidade de estudo poderiam aparecer.

Na verdade, a única diferença entre a língua vernácula e a estrangeira é que, no que diz respeito à ultima, o aluno traz sua bagagem de experiências de relacionamentos *com sentido*, a partir dos quais determina os significados. Portanto, o sentido nos nossos projetos é consequência de uma experiência de negociação entre indivíduos que se fazem presentes de maneira completa. Essa característica é especialmente forte durante a primeira infância, na qual a linguagem é adquirida. A diferença em termos linguísticos entre um adulto e uma criança é que esta não simula. Na criança, tudo é revestido de uma intencionalidade autêntica. Nela a convenção é simplesmente um acessório que pode, ou não, ser usado segundo a necessidade das partes envolvidas, mas sempre de uma maneira instrumental, que faz acenos ao que já é compreendido fora dela. Portanto, para podermos operar na parte formal, já deve existir um consenso de sentidos previamente vivenciados.

Uma consequência da tentativa de repassar tudo isso para o ensino de línguas estrangeiras é o conjunto de atividades usadas em sala de aula para a aprendizagem de palavras. As atividades reconstroem um contexto conhecido pelos alunos no qual se facilita a identificação dos objetos e se permitem fazer associações à maneira de tradução imediata. Isso é possível porque todos os alunos já têm uma experiência de desenvolvimento da língua em contextos significativos na sua própria língua. É nessa experiência que se baseiam, em forma de referente, para fazer a tradução literal que lhes permita atingir a nova língua. Não obstante, é importante lembrar que as traduções literais, na suposição de que isso é possível, só podem ser feitas na parte da convenção, nunca no âmbito dos valores que dão sentido às expressões das comunidades de falantes.

Diferentemente do que diz essa memória vernácula, a abordagem da língua estrangeira em sala de aula não é entendida em termos de relacionamentos relativos, mas sim como uma série de macrocontextos colocados de maneira ascendente (da palavra ao texto), com vistas ao desenvolvimento da mente e sem qualquer consideração pelo desenvolvimento emocional. A prática de ensino identifica o desenvolvimento linguístico com o intelectual, embora experimentos realizados com chimpanzés sobre aquisição de linguagem tenham demonstrado que, se assim fosse, eles deveriam também falar.[9]

Essa concepção de língua resulta em uma pedagogia de línguas estrangeiras que focaliza as atividades orais e escritas com ênfase na reflexão intelectualizada por parte dos alunos, colocando-os em uma espiral de pensamento abstrato. Nesses termos, o aluno não tem chance de encontros ou relacionamentos autênticos que lhe possibilitariam a imersão na concretude histórica dos envolvidos e de sua natureza intrínseca, a língua.

Portanto, os dois projetos se voltavam para o entendimento e assunção da língua como uma *característica essencialmente humana de relação em processo*. Contudo, na prática de ensino à qual os alunos estavam acostumados, evidenciava-se a dificuldade, por parte da academia, de entender a língua como uma *convenção acabada de relacionamentos previsíveis*.

Significados e sentidos; forma e pensamento

A gramática situacional enfatiza *macrossignificados*; os relacionamentos focalizam *sentidos*

O ensino de E/LE se baseia nos pressupostos de que aquisição de língua é aquisição de gramática, ortografia e vocabulário, abordados em contexto, através de atividades propostas pelo professor ou pelos alunos, segundo os modelos oferecidos. Foram duas as principais dificuldades que encontramos no projeto diante da aplicação de tal princípio. A primeira delas diz respeito à ilusão que levava o estudante a acreditar que o domínio da língua podia ser concretizado através da aprendizagem (a isso denominamos de *gramática situacional*). A segunda dificuldade resultava da utilização de um método de ensino baseado em modelos externos à experiência do aluno e centralizado no professor.

Essa *gramática situacional* é uma macrogramática ou gramática camuflada de gestos sociais que, acompanhados da palavra ou da frase certa, garantem o sucesso comunicativo. Na verdade, é um conjunto de elementos, denominado por determinados conceitos linguísticos, como o de "contexto de produção", que tem por intuito classificar e direcionar os significados tanto do emissor quanto do receptor para esclarecer a mensagem. Teoricamente, essa decodificação permite a compreensão e elaboração da situação comunicativa, indo além da tradução e adentrando nos sentidos, que poderiam ser alcançados independentemente dos relacionamentos. Os sentidos se transformariam em macrossignificados que envolvem tradução, contextualização e uso adequado, nas infinitas situações que os alunos poderiam viver. O intuito dessa metodologia era neutralizar o medo do desconhecido e evitar no aluno o desconforto diante do inesperado, que poderia trazer o erro em sala de aula ou a falha comunicativa, no caso de o aluno se encontrar no país da língua alvo. Nessa perspectiva, os sentidos eram mais um recurso para chamar a atenção sobre realidades não linguísticas que iriam influenciar a comunicação. No entanto, os sentidos assim entendidos não eram considerados como o resultado de um relacionamento com o meio e derivado de uma negociação. Eles eram, na verdade, paliativos para a falência do contexto de ensino que se baseia em significados desvinculados de uma experiência social e individual.

Contudo, dentro do projeto, começaram a surgir vazios de informação que suscitavam incômodos, silêncios, em decorrência de uma necessidade interna de esclarecimento. A tolerância por parte da professora diante de silêncios não determinados como partes de uma atividade – um exercício individual ou uma prova escrita – permitia ver os alunos que não costumavam falar. Será que um aluno que se mantinha em silêncio estava participando das aulas? Como poderíamos avaliar um aluno que não falava? A professora deveria buscar estratégias para que aquele aluno falasse e, portanto, fizesse parte da categoria de alunos participativos ou deveria deixar que isso acontecesse naturalmente?

Na aplicação do projeto foram observados os desvios que o uso de *contextos de produção* criava nos alunos. Nossa maior ressalva era que, em contextos de ensino, os *contextos de produção* frequentemente se identificavam com os sentidos. Essa filosofia de ensino assumia que os sentidos eram significados contextualizados para quem não possuía o mesmo nível cultural ou os mesmos referenciais. Consequentemente, acreditava-se que os sentidos surgiam da simples contextualização externa, como se pudessem ser deduzidos a partir do material oferecido em sala de aula. No contexto de ensino, portanto, os sentidos eram entendidos como significados gerais identificáveis através de filmes, de artigos jornalísticos ou de músicas que remetiam a momentos sociais, históricos ou emocionais, que não podiam ser completamente reconstruídos no sempre estreito contexto de sala de aula. O maior problema, entretanto, era que os sentidos, assim entendidos, não eram consequência de um relacionamento autêntico.

As atividades forneciam modelos de textos, conversações que levavam submersas sintaxes, filosofias de relação tomadas como referências. Mas, no nosso projeto, o conceito de sintaxe tinha sido definido como o *conjunto de relacionamentos que o indivíduo fazia com sentido* (ROCA, 2006a). Surpreendentemente, o que faz sentido para o falante nem sempre coincide com a norma linguística. Quando o aluno acompanhava esses modelos sem questioná-los, o resultado eram expressões não autênticas.

> Constatamos, através da elaboração das primeiras sequências de atividades, que os alunos não estavam acostumados à valorização de outros aspectos no processo de ensino-aprendizagem de uma língua estrangeira, e priorizavam a forma, dificultando a inserção de uma metodologia que visasse a construção de sentidos.[10] [...] em nosso trabalho, tão importante como ter um bom domínio gramatical é saber se relacionar com o *uso* dessa língua [...] Aqui tínhamos os olhos voltados para dois pontos: 1) que os meninos entrassem diretamente no texto em espanhol, ainda que com "erros" (gramaticais), mas sem o vício da tradução literal e sem sentido; 2) que eles aparecessem em seus textos, que escrevessem em primeira pessoa evitando os discursos pré-fabricados (GOMES, 2006, p. 3040).

No decorrer da aplicação do projeto, entendemos que uma aprendizagem focalizada em aspectos formais levava erroneamente os estudantes a acreditarem que ter domínio cultural da língua era reconhecer uma série de comportamentos sociais constantes na comunidade de falantes dessa língua. Em numerosos casos, isso levava a um trabalho de tradução de palavras, estruturas e até de comportamentos – tanto textuais quanto culturais –, afastando-os do verdadeiro assunto, ou seja, da língua, cuja convenção era consequência de uma prática constante de negociação de sentidos. Dessa forma, no nosso projeto o conceito de consciência linguística acabou se tornando o assunto central, por propiciar a formulação de questões comumente não contempladas no estreito escopo das gramáticas diretas ou implícitas.

A observação em sala de aula trouxe à tona questões referentes à Filosofia da Linguagem, no sentido de que a língua era consequência dos relacionamentos internos que cada um decidia fazer à luz do seu potencial (sintaxe) e da sua experiência como usuário (pragmática). As manifestações no âmbito formal da língua permitiram que os alunos percebessem como cada um se projetava na maneira de se relacionar com os outros, o que necessariamente envolvia enfrentar o conflito.

Ênfase nas questões formais inibe os processos de pensamento

Esse movimento de relações internas que passavam para a fala sem demasiadas censuras, ou seja, com um mínimo de estrutura formal, recebeu no nosso projeto o nome de *sintaxe*. Elas poderiam ser estruturas coerentes, embora não atendessem aos padrões formais mínimos dos parâmetros acadêmicos. Eram coerentes no nosso modo de avaliar, porque exprimiam com clareza o estado mental e anímico dos alunos.

Foi através da fundamentação teórica que entendemos a essência desse tipo de escolhas como vinculadas ao tipo de relacionamento que o indivíduo estabelecia com a divindade, isto é, com a sua dimensão criativa, com a sua capacidade para criar conceitos e para lidar com o mundo de emoções internas e para fazê-lo segundo o uso da língua ordinária e cotidiana.

O projeto reuniu pensadores que já haviam contestado os rasgos totalitários do seu momento histórico. Três nomes importantes da Renascença espanhola, já mencionados anteriormente, ajudaram nesse processo: Juan de Valdés, com a sua concepção de pragmática; Francisco Sánchez, com a sua concepção de língua para as ciências; e Juan Huarte de San Juan, com a sua concepção de inteligência. Esses três filósofos participavam da *mentalidade do converso não assimilado*, cujas características eram a observação da natureza direta, para além da figura de autoridade, a ênfase na educação como exercício da liberdade de juízo e o desenvolvimento do espírito crítico no aluno. É mister esclarecer que, ao falarmos de natureza, nela incluímos o homem, em termos de total paridade em relação às outras manifestações também chamadas de natureza. Aqui assumimos a língua como uma característica que marca e distingue a espécie humana, marca defendida pelas diferentes tradições filosóficas e religiosas, nas quais estamos submersos, como a prova da origem divina do homem.

Com a criação de um canal entre a leitura e a sala de aula, a observação se transformou também em uma prática que contextualizava leituras aparentemente longínquas. A história, entendida como uma evolução da consciência em forma espiralada, virou a metodologia de trabalho, permitindo entender o que acontecia em sala de aula.

Juan de Valdés: escrevo como falo

O texto básico que monitorou os dois projetos foi "Diálogo de la lengua", de Juan de Valdés, escrito por volta de 1537 e publicado por Mayans y Siscar só em 1837, no livro *Orígenes de la Lengua Española*. A publicação surgia do ambiente característico do século XVIII, que levou à fundação da *Real Academia de la Lengua* (1713) e à elaboração do *Diccionario de Autoridades* (1726 e 1739), das regras de ortografia (1741) e da gramática (1771). O livro de Valdés, mesmo trazendo erros filológicos, era um ponto de partida para quem na época precisava de autoridades em relação à origem da língua castelhana, a sua estrutura e, o que era muito mais importante, em relação a quais eram as autoridades que serviriam como referencial para determinar a norma linguística.

Não obstante, o elemento que tornou o *Diálogo de la Lengua* um referencial para o projeto era o fato de Valdés ter outros escritos de índole espiritual e política que necessariamente nos levavam a uma reflexão que relacionava o linguístico com questões espirituais e ontológicas. Com Valdés no projeto, a língua deixava de ser um objeto de conhecimento. A opacidade que surgia nos estudos da língua se fazia transparente ao decidirmos passar da língua como objeto à língua enquanto *seres humanos em relação*. Assim se reformulavam o conceito de sintaxe e o estudo da pragmática, que também passava a ser entendida como um *processo de aquisição da língua através de um acesso antropológico*:

> Valdés, quando se refere à sintaxe em sua obra *Diálogo de la Lengua*, apresenta uma preocupação muito maior com a compreensão dos processos de pensamento do que com estruturas gramaticais [...] Juan de Valdés foi nossa primeira referência, mesmo antes de compreendermos que estávamos tratando de questões corporais, as questões relacionadas à língua foram nossa prioridade. A partir da forma com que os alunos estavam se relacionando com a nova língua poderíamos tentar, por exemplo, preservar a espontaneidade da fala na escrita. Através do conceito de sintaxe estabelecido por Valdés, quando falamos de língua em uso, estamos propondo uma nova maneira de se pensar o fenômeno linguístico, tanto para o falante nativo quanto para o estrangeiro (GOMES, 2007, p. 4).

Com efeito, bem diferente dos critérios escolhidos por Antonio de Nebrija para a sua *Gramática de la Lengua Castellana* (1492), que inspirou os livros de texto de ensino de línguas estrangeiras durante anos, o marco de Valdés eram os provérbios, que eram um referencial para o conhecimento natural da língua, por serem ditos durante a vida cotidiana das pessoas comuns. Em Valdés a pragmática era entendida de maneira implícita, como estímulo constante à observação e à reflexão no momento mesmo em que a fala acontecia. Já as referências de Nebrija eram todas literárias e quase reduzidas a uma única fonte: o escritor Juan de Mena, cujo estilo de escrita estava tingido pelas características latinizantes do século XIV.

Havia, portanto, importantes diferenças de gênero entre os dois autores mencionados. A gramática de Nebrija era um texto escolar direcionado a dar uma aula que entendia a língua como um objeto diferenciado da essência do homem e que era de natureza formal e lógica, ao passo que o "Diálogo" se revelava como uma ata de uma reunião informal entre o mestre linguístico e espiritual e seus discípulos, os quais apresentavam níveis heterogêneos no conhecimento da língua. Os discípulos eram um grupo constituído por um espanhol sem conhecimento erudito da língua e dois italianos sem domínio linguístico formal, mas com curiosidade pelas questões ortográficas ou lexicais. As perguntas, ora levantadas em um ritmo de ironia para fazer Valdés expor suas opiniões avessas aos critérios nebrijenses, ora sinceras, eram atendidas pelo mestre com uma dimensão pedagógica muito diferente da pautada pelo gramático Nebrija. Valdés atendia com silêncios, com desvios, com uma chamada a atitudes que levassem seus discípulos à reflexão e à espera. Para isso, diante das insistentes perguntas, criava vazios, levava os discípulos a fazerem contato com a comunidade que usava a língua no cotidiano e, sobretudo, alertava-os para a observação dos sentidos.

Francisco Sánchez: a língua ordinária deve ser o suficiente

A preocupação com a linguagem é fundamental no livro mais lido de Francisco Sánchez, *Que Nada se Sabe* (1581). Esse médico e filósofo nasceu em Tuy, na fronteira entre Espanha e Portugal, por volta de 1550 e morreu em 1662, em Toulouse (França). Seus pais, judeus conversos oriundos do reino de Aragão, na Espanha, elegeram Tuy como um lugar que lhes apresentava relativas promessas de paz e prosperidade. Por isso, anos mais tarde, Sánchez se apresenta na Universidade de Toulouse como sendo espanhol de nação portuguesa, isto é, de nacionalidade espanhola e de origem judia.

A maior preocupação de Sánchez era com a elaboração de uma linguagem que servisse para a ciência. E a sua proposta era que *a língua ordinária deve bastar*. Sua justificativa para tal proposta era que a língua ordinária envolvia o sentido comum surgido dos relacionamentos lógicos da vida cotidiana. Em uma sintonia nada surpreendente com a segunda fase do pensamento de Ludwig Wittgenstein, considerado o pai da Filosofia da Linguagem e com quem tem não poucas coincidências existenciais,[11] Sánchez já anunciava a Lógica como sinônimo da Ética e afirmava que esta constituía a essência da linguagem. Sua escolha pela linguagem ordinária nascia da observação da natureza e da confiança que esta dava em contextos que faziam sentido para quem os enunciava. O texto de Sánchez está trespassado pela crítica da linguagem, o que evidencia mais uma coincidência com Wittgenstein, incluindo o problemático verbo *ser*, que ele torna compreensível em termos de relação, sem necessidade de explicá-lo através de categorias dogmáticas:

> Que há de mais simples, de mais claro e de mais vulgar do que esta palavra -est? E, no entanto, quantas disputas acerca dela? Mais doutos que os filósofos são as crianças, pois, se lhes perguntares se o pai está em casa, se ele estiver, responderão que está; se lhes perguntares se é mau, dirão que não (SÁNCHEZ, 2000, p. 95).

Sánchez está preocupado com a necessidade de que os alunos se aproximem da realidade pelos seus próprios meios, com uma postura crítica capaz de pôr limites à especulação de que a tentativa de criar uma língua pura ou perfeita contaminava o pensamento e a ciência.

Juan Huarte de San Juan: o aluno aprende só ou não aprende

Professor da Universidade de Baeza, fundada pelo converso Juan de Ávila, Huarte de San Juan é autor de um único livro, *Examen de Ingenios* (1575), cujo principal mérito é ter apresentado um método para a avaliação da inteligência. Mencionado por Noam Chomsky como um dos primeiros filósofos a definir o homem como criador de conceitos, a sua intenção era distribuir as tarefas dentro da república cristã segundo as potencialidades dos alunos. Para Huarte, os alunos podiam aprender de três maneiras: (a) por revelação divina; (b) através do professor e (c) através da observação da natureza.

Para a publicação do seu ensaio, Huarte deveria escapar da censura inquisitorial. Para isso ele precisou separar a ciência da religião; dessa forma o primeiro tipo de aprendiz deve ser entendido como uma concessão ao censor. O segundo, ele próprio o descarta, quando afirma que, se alguém não nasceu com habilidades para a disciplina estudada, nada pode fazê-lo aprender o assunto aí tratado, sequer o professor. A aprendizagem, para Huarte, dava-se por uma combinação da disposição natural originada na estrutura do cérebro e pela observação direta das coisas. Assim, sua tese era a de que *ninguém ensina, é o aluno que aprende*.

> Trazendo para nossa esfera de trabalho a sala de aula, entendemos que o processo de aquisição de uma língua dá-se naturalmente. Desta forma, o professor deixa de ser a referência máxima, a única fonte de conhecimento. Através das necessidades de comunicação individual, o homem vai adquirindo a nova língua, exercitando sua capacidade natural de produzir e criar. É muito difícil que, na prática, os alunos se distanciem da referência máxima do professor (e dos livros) como fonte maior de conhecimento. Isso passa pelo desenvolvimento da capacidade individual de valorização de suas *inclinações*, como diria Huarte, ou ainda, como entendemos em nosso trabalho, com a capacidade de reconhecer e valorizar os tempos e as capacidades individuais, reconhecendo-se como indivíduo capaz de criar independentemente do contexto que o cerca. Se admitirmos a esfera escolar como um espaço potencialmente repressor, onde as necessidades e os tempos individuais são ignorados, e onde o trabalho está voltado para as atividades de repetições, a capacidade criativa se perde, e consequentemente, a capacidade de discernimento em relação a espaços de liberdade ficam comprometidos. [...]. Exercitando a capacidade criativa sugerida por Huarte, um dos aspectos mais interessantes de nosso trabalho foi construir, junto com os alunos, um espaço em que eles tivessem total liberdade para escolher e desenvolver suas atividades. Daí, a importância de se assumir, pessoalmente, compromissos com as atividades que eles mesmos sugeririam em sala (GOMES, 2007, p. 3).

Assim, o estudo do pensamento dos três filósofos nos leva a entender que o aluno aprende sozinho, através dos sentidos que o relacionamento lhe traz na língua ordinária. Essa formulação direciona a concepção de língua e de inteligência para a construção de uma sociedade civil na qual a crítica da linguagem se revela essencial. Por isso, nos nossos projetos a sala de aula é entendida como um espaço "para que o aluno vivencie uma forma de autodescobrimento e possa desenvolver uma outra maneira de estar no mundo, mais receptiva e tolerante" (GOMES, 2006, p. 3.039).

O método exclui a natureza; a metodologia a inclui como princípio de processo

A aplicação dos projetos foi favorecendo uma metodologia centrada na crítica da linguagem como instrumento pedagógico direcionado à formação de professores de língua estrangeira. Os comentários das leituras em reuniões semanais e a observação em sala de aula nos permitiam tomar distância e enxergar os problemas no seu contexto histórico, tanto no que diz respeito a sua contextualização dentro das práticas educativas quanto nas próprias coordenadas do professor e aluno diante das suas experiências enquanto usuários da língua.

Os projetos surgiram a partir da discussão sobre as autoridades linguísticas, segundo as leituras de Valdés e da gramática de Nebrija, a qual acabou em uma reflexão sobre os problemas intrínsecos ao projeto político do cristianismo refletido no campo educativo e, em concreto, na área de ensino de línguas (Roca, 2006b). Isso era extremamente coerente dentro da nossa cultura judaico-cristã, visto que é um consenso considerar a faculdade de falar como o aspecto que dá ao homem sua condição divina. Essa condição é expressa através de um princípio de relação que, frequentemente obturado pela intervenção dos estímulos artificiais externos, tais como método, professor ou quadro, é o princípio que opera como função interpretativa para que o ser humano possa dar significado às diversas situações. Além disso, o homem desenvolveu evolutivamente a consciência e o conhecimento, paralelamente ao desenvolvimento da visão. De modo que estávamos diante de um fator espiritual e físico, como se fossem duas maneiras de entender e de dar nome ao mesmo fenômeno.

Com efeito, o desenvolvimento da fala nos homens é consequência de um domínio de fortes controles psicomotores. Portanto, os movimentos corporais que alguns alunos incorporavam deveriam ser respeitados como parte do processo de aprendizagem que método algum poderia substituir.

Em consonância com isso, os projetos estavam se direcionando para analisar como os alunos se relacionavam com seu potencial criativo através da observação do uso da língua. Pelo fato de o fenômeno estudado ser entendido de maneira espiritual e física, no decorrer do projeto se deu especial atenção à observação dos aspectos corporais, junto aos elementos de coerência na expressão (Cañas, 2007), o que, logo percebemos, não se encaixava com os critérios de avaliação comumente aplicados no sistema de ensino.

Levar em consideração a coerência interna do aluno significava escutar a expressão da alma, acima da convenção. Isso significava que o professor deveria dar tempo para que determinadas formulações, ainda em processo, fossem ditas, inclusive quebrando as expectativas formais que o sistema de ensino espera que um aluno adquira. No entanto, observamos que, em certos alunos com alto domínio da forma discursiva, o lugar da língua, que nos nossos projetos era entendido como relacionamento autêntico, estava ocupado pela convenção, entendida como uma série de relações formuladas anteriormente a qualquer encontro e aplicadas de modo que lembrava o dogma "É assim que se fala". Era a típica opacidade gerada pelos preconceitos que identificam forma (estética) e lógica (imagens internas). O princípio de relação natural que deve operar para interpretar e para entender os significados era substituído pela aplicação acrítica e imediata da convenção. Essa ação inibia os processos internos de autoconsciência e baseava seu sucesso em um procedimento de tradução.

Desse modo, quando, nos projetos, referíamo-nos à *pragmática* (experiência de uso), os alunos que a academia qualificaria de *mais bem dotados* respondiam com a *gramática* (convenção). Os processos de pensamento vinham determinados no contexto de sala de aula e de ensino de língua pelos conceitos de conhecimento dos alunos, refletidos no professor, no quadro e no livro, isto é, nos estímulos externos. A espera de estímulos externos fazia com que os alunos substituíssem o que a sua experiência de uso lhes podia dizer pelas indicações do professor, do livro didático ou das atividades pré-elaboradas.

A filosofia educativa dos centros que substituem o princípio de relação pelo método está seriamente influenciada pela territorialidade, o que envolve uma fundamentação de conceitos enunciados de maneira excludente. A causa disso é uma profunda desconfiança em relação à natureza. O sistema acadêmico foi criado para aprimorá-la ou, então, para substituí-la (Roca, 2006b), e não para aceitá-la.

Diante de tudo o que expusemos até agora, diversas questões vêm à tona. A primeira delas é que o sistema de ensino opera como um inibidor do princípio de relação que, nos nossos projetos, teria permitido o acesso aos significados de maneira interna e direta. A segunda é que, contrariamente ao postulado implicitamente nas práticas de ensino, as experiências de encontro não podem ser induzidas. Elas acontecem sempre, embora nem sempre as pessoas estejam dispostas a renunciar à segurança das convenções que operam como escudo protetor contra uma dimensão que obriga a quebrar vínculos. Mesmo que muitos desses vínculos sejam indesejáveis, os alunos preferem mantê-los, porque o relacionamento com o que é conhecido oferece segurança.

Considerações finais

A aplicação dos projetos mostra, até agora, várias incompatibilidades entre a oralidade e a escrita (pelo menos da maneira como esta é entendida no mundo acadêmico), assim como entre a aprendizagem e o ensino de uma língua viva. Nos nossos projetos, partíamos do pressuposto de que o acesso à escrita era a oralidade. Isso foi uma tarefa difícil, visto que o sistema de ensino caminha no sentido contrário e define como bons os alunos que possuem um alto grau de domínio da convenção escrita e, ao invés do que é postulado nos nossos projetos, partem da escrita como referencial para elaborar a sua fala. Sendo assim, os próprios preconceitos linguísticos de certos alunos tinham sido inoculados durante anos de formação em contextos de ensino.

Os textos deveriam ser elaborados e entendidos a partir dos sentidos que surgem na fala de duas pessoas em presença completa, criando relacionamentos autênticos. A oralidade na escrita deveria assumir quebras, silêncios, incoerências formais, faltas de coesão segundo a norma, que deveriam manifestar os sentidos do falante de maneira clara e genuína. Dessa maneira, começava-se a questionar o ordenamento da escrita como um absoluto. Um estudante poderia demonstrar um domínio da técnica formal e não demonstrar autenticidade alguma; ao passo que outros poderiam ter um desenvolvimento pobre da escrita e estar, entretanto, testando uma nova prática da língua. Por enquanto, a aplicação dos projetos evidenciou vários fatores em relação ao ensino de línguas vivas:

1. O contexto de ensino está centrado na escrita, inclusive no caso de línguas vivas.
2. A abstração da língua escrita se afasta da corporeidade espontânea que gerou a fala.
3. A ênfase nas questões formais inibe os processos de pensamento do indivíduo.
4. O contexto de ensino de línguas substitui o princípio de relação essencial por uma necessidade de adequação.
5. A necessidade de adequação acelera o processo natural da língua e transforma o processo de aquisição com base na experiência de uso (pragmática) em uma aprendizagem do método (gramática).
6. O método focaliza as convenções, que são consequência de uma operação intelectual, e não de uma negociação de sentidos.
7. O estudo da convenção entende a língua como um conjunto de regras contextualizadas.
8. O contexto de ensino substitui o princípio de relação pela convenção.
9. O contexto de ensino não permite relacionamentos autênticos porque obriga a fazer da prática da língua uma prática da simulação.
10. Uma identidade baseada na simulação é contrária à formação legítima das línguas naturais.

Bibliografia

Buber, M. **Sobre comunidade.** Tradução de Marcelo Dascal e Oscar Zimmermann. São Paulo: Perspectiva, 1987.

_____. **Eclipse de Dios.** Estudios sobre las relaciones entre religión y filosofía. Tradução de Luis Fabricant. México: Fondo de Cultura Econômica, 1995.

_____. **Do diálogo e do dialógico.** Tradução de Marta Ekstein de Souza Queiroz e Regina Weinberg. São Paulo: Perspectiva, 2007.

Cañas, R. S. **Lengua e ingenio: concepciones pedagógicas en el siglo xvi hispánico.** 2007. 102 f. Dissertação (Mestrado em Linguística) – Universidade Federal da Paraíba, João Pessoa, 2007.

_____. Corpo e fala na aprendizagem da le, In: v Congresso Internacional da Associação Brasileira de Linguística, 2007, Belo Horizonte: ufmg. Mesa-redonda. pp. 273-74.

_____. Repercussões do ideal formal no processo de aquisição da le. In: xxi Jornada Nacional de Estudos Linguísticos, 2006, João Pessoa: Ideia. Sessão coordenada. pp. 2513-18. 1 cd-rom.

_____. Práticas de letramento na aula de e/le: questões sobre a função da oralidade em língua materna e língua estrangeira. Comunicação coordenada: ensino/aprendizagem da oralidade nas L2s voltado para produção cultural. In: iv Senale, Seminário Nacional sobre Linguagem e Ensino, 2005. Pelotas. 1 cd-rom.

_____; Roca, M. del P. Problemas e encaminhamentos de uma proposta de Ensino e/le dentro de um enfoque pragmático. **Revista do gelne** – Grupo de Estudos Linguísticos do Nordeste – Vol. 8 – nos. 1/2 – João Pessoa: Ideia, 2006. pp. 175-90.

Dourado, M. R. S.; Roca, M. del P. Conhecimentos de língua estrangeira. **Referenciais curriculares para o ensino médio da Paraíba.** Linguagens, Códigos e suas tecnologias. João Pessoa: Secretaria de Educação do Estado da Paraíba, 2006. pp.101-213.

Gomes, Y. S. Prática de observação em sala de aula. In: xxi Jornada Nacional de Estudos Linguísticos, 2006, João Pessoa: Ideia. Sessão coordenada. pp. 3039-44. 1 cd rom.

_____. A importância da escuta no processo de ensino/ aprendizagem de uma le a partir da proposta de letramento. Comunicação coordenada: ensino/aprendizagem da oralidade nas L2s voltado para produção cultural. In: iv Senale, Seminário Nacional sobre Linguagem e Ensino, 2005. Pelotas. 1 cd-rom.

_____; Roca, M. del P. Processo de aquisição do e/le: função da observação e escuta. In: x Encontro de Iniciação à Docência. ufpb: João Pessoa, 2007.

Huarte De San Juan, J. **Examen de ingenios**, Madrid: Cátedra, 1989.

Muñiz Rodríguez, V. **Introducción a la filosofía del lenguaje**, Barcelona: Antropos, 1989.

Nebrija, A. **Gramática de la lengua castellana.** Disponível em: <http://www.antoniodenebrija.org/libro1.html>. Acesso em: 19 junho de 2005.

Preti, D. (Org.) et al. **O discurso oral culto.** 3. ed. São Paulo: Associação Editorial Humanitas, 2005. (Projetos Paralelos, V. 2).

Ribeiro, S. R. Reflexões acerca das relações entre lm e le em aulas de e/le. In: xxi Jornada Nacional de Estudos Linguísticos, 2006, João Pessoa: Ideia. Sessão coordenada. pp. 2727-32. 1 cd rom.

Roca, M. del P. Lengua y conciencia en la mentalidad de los judeoconversos españoles. **El Olivo**, *67*, 2008, pp.39-64.

_____. O relacionamento humano na aquisição de e/le nos referenciais curriculares para o ensino médio do estado da Paraíba, In: Anais do v Seminário Nacional sobre Ensino de Língua Materna e Estrangeira e de Literatura e do iv Colóquio de Professores de Metodologia do Ensino de Língua Portuguesa e Literatura. Campina Grande–pb: Editora Bagagem, 2007b. pp. 4-10.

_____. Aquisição da língua estrangeira: a oralidade na elaboração de textos escritos, In: v Congresso Internacional da Associação Brasileira de Linguística, 2007a, Belo Horizonte: ufmg. Mesa Redonda. pp. 276-77.

_____. A função das línguas vernáculas para a construção do Ocidente cristão. **Verba Juris.** Ano 5, n. 5, jan./dez. 2006b. pp. 77-108.

_____. Negociação de sentidos no ensino/aprendizagem de uma língua estrangeira. In: xxi Jornada Nacional de Estudos Linguísticos, 2006a, João Pessoa: Ideia. Sessão coordenada. pp. 1930-35. 1 cd-rom.

_____. **Ismael Viñas, ideografía de un mestizo.** Buenos Aires: Dunken, 2005b.

_____. Ética e oralidade no ensino das L2s. Comunicação coordenada: ensino/aprendizagem da oralidade nas L2s voltado para produção cultural. In: iv Senale, Seminário Nacional sobre Linguagem e Ensino, 2005a. Pelotas. 1 cd-rom.

_____. La interferencia de las emociones en el aprendizaje de una lengua extranjera. **Letr@ Viv@**, João Pessoa, v. 1, n. 3, 2001. pp. 97-106.

SANCHES, F. Que nada se sabe. **Obra filosófica**, [s.n.]: Imprensa Nacional-Casa da Moeda, 1999. pp. 59-147.

_____. **Quod Nihil Scitur**. Tradução de S. Rábade, J. M. Artola e M. F. Pérez. Madrid: Consejo Superior de Investigaciones Científicas. Instituto de Filosofía "Luis Vives", 1984.

VALDÉS, J. **Obras completas**, I. Madrid: Fundación Antonio de Castro, 1997. Edición y prólogo de Ángel Alcalá.

_____. **Diálogo de la lengua**. Madrid: Cátedra, 2003

VIVES, L. **El arte de enseñar** (De Disciplinis Libris). Tradução de Marco Antonio, Coronel Ramos (liv. I); POMER MONFERRER, Luis (liv. II-III); CASORRÁN SANZ, José (liv. IV-VI); ROCA MELIÁ, Ismael (liv. VII). Valencia: Ayuntament de Valencia, 1992.

Notas

[1] O significado da palavra *ânimo* na prosa valdesiana está sendo objeto de estudo no PROLING/UFPB, através de uma tese de doutorado sobre Juan de Valdés. Por enquanto, vale dizer que se refere ao *espírito pensante*, isto é, a um estado de total liberdade da alma, imprescindível para que aconteça a expressão oral e escrita autêntica.

[2] Por falta de espaço, não será possível analisar a postura política e espiritual dos humanistas mencionados. Para uma melhor compreensão do contexto histórico, ver Roca (2006b).

[3] As primeiras fases do projeto foram elaboradas pela autora e pela leitora de Espanhol na UFPB/AECI, Rocío Serrano Cañas (2004-2006), contando mais tarde com a colaboração de uma observadora, Yarana Serrano Gomes (fase 2007), que, com base nas observações do projeto, elaborou e defendeu a dissertação de mestrado *Lengua e ingenio: concepciones pedagógicas en el siglo XVI hispánico*, em 2007.

[4] O contexto acadêmico refere-se aqui à equivocada identificação entre língua e gramática.

[5] A equipe de trabalho era formada pela autora deste capítulo, pela professora aplicadora do projeto em sala de aula e por duas observadoras. As conclusões do projeto foram apresentadas em seminários e congressos (CAÑAS, 2005, 2006, 2007; GOMES, 2005, 2006; RIBEIRO, 2006; ROCA, 2005a, 2006a, 2007a, 2007b) e na já mencionada dissertação de mestrado.

[6] Salientamos nossa opção, neste trabalho, pela expressão *visão de mundo* em vez de *ideologia*, por termos trabalhado com autores anteriores ao século XVIII.

[7] A equipe de trabalho era constituída de duas espanholas e duas brasileiras, mas a experiência de todas, em seus respectivos países, coincidia nas definições vivenciadas de língua e ensino dentro do ambiente educativo tanto de nível médio quanto superior.

[8] Para uma compreensão mais detalhada de *como e quando* essa pergunta surgia, recomendamos a leitura do trabalho de uma das observadoras do projeto (GOMES, 2006). Nele se expõem a função da escuta e o tratamento dado aos estranhamentos da turma diante de uma aprendizagem que focalizava os sentidos, isto é, o relacionamento que os alunos estabeleciam com o que queriam dizer.

[9] Experimentos sobre aquisição de linguagem nos chimpanzés, realizados por Gardner e Gardner e Premack durante os anos 1960-70 (MUÑIZ RODRÍGUEZ, 1989, pp. 93-6).

[10] Sobre como entendemos *sentido* em nosso trabalho, ver "Diálogo de la Lengua" (VALDÉS, 2003).

[11] Tanto Francisco Sánchez quanto Ludwig Wittgenstein (1889-1951) eram católicos de incontestável ascendência judaica.

Do texto às imagens:
as novas fronteiras do letramento visual

Danielle Barbosa de Almeida

> "As *imagens* vêm antes das *palavras*. A criança sabe olhar e reconhecer antes de aprender a falar. Mas há um outro motivo pelo qual a *visão* vem antes da *fala*. São as imagens que estabelecem nosso lugar no mundo. Nós o explicamos por meio de palavras, mas estas jamais poderão desfazer o fato de que vivemos cercados por imagens. A relação entre o que vemos e o que sabemos, nunca será estabelecida."
> Berger

O projeto de pesquisa relacionado à análise contida neste capítulo tem como principal intuito um aprofundamento nos estudos da área de Análise Crítica do Discurso (ACD), sob o olhar da perspectiva sociossemiótica visual. Compreende uma abordagem complementar – linguística e visual – aos estudos da linguagem, com o intuito de encorajar a análise não somente de textos verbais, mas também dos não verbais, enquanto códigos dotados de um real significado polissêmico. Ressalta-se, assim, a importância da divulgação do trabalho de Kress e van Leeuwen (1996) e sua Gramática do *Design* Visual (doravante VG), adaptada da Linguística Sistêmico-Funcional (SFL) de Halliday (1978; 1985; 1989; 1994), visando aos seguintes objetivos:

1. estender o conceito de linguagem, de modo que este incorpore outros modos semióticos, como as imagens;
2. estabelecer conexões entre os campos da Linguística e da Semiótica Visual;
3. apresentar uma ampla e sistemática metodologia como ferramenta analítica, oferecida pela VG de Kress e van Leeuwen (1996);
4. correlacionar a análise de textos e de imagens e, assim, demonstrar as semelhanças e diferenças entre a gramática da linguagem e a gramática visual;

5. suplantar a dificuldade de se analisar sistematicamente modos semióticos não verbais, como expressões, gestos e música, e assim oferecer subsídios para uma análise mais completa dos aspectos multimodais da linguagem;
6. ampliar as perspectivas de compreensão sobre a linguagem e seus mecanismos;
7. oferecer uma proposta inovadora de letramento visual no contexto educacional brasileiro.

Sobre o contexto: apresentando o cenário de investigação semiótica

Elaborada em 1996 pelos professores doutores Gunther Kress, do Departamento de Aprendizagem, Currículo e Comunicação da Universidade de Londres, Inglaterra, e Theo van Leeuwen, decano da Faculdade de Humanidades e Ciências Sociais, da Universidade de Tecnologia, em Sydney, na Austrália, a VG surge no contexto de investigação linguística com o intuito de suplantar algumas das dificuldades em se analisar sistematicamente estruturas visuais e outros códigos semióticos do gênero, dado que, até então, os paradigmas de investigação de estruturas visuais enfocavam exclusivamente o "léxico" das imagens, ou seja, não iam além da camada denotativa, conotativa e/ou iconográfica de seus níveis de significação (KRESS e VAN LEEUWEN, 1996).

Sendo assim, a VG surge no cenário linguístico a fim de propor um padrão de descrição estética das imagens, partindo do pressuposto de que os seus elementos internos são combinados entre si para comunicar um "todo coerente" e, dessa forma, expressar significados distintos. Nesse sentido, é válido afirmar que Kress e van Leeuwen visualizam estruturas gramaticais em imagens, no momento em que estas codificam interpretações de realidade e relações sociointeracionais.

A necessidade de se propor uma ferramenta crítico-analítica para a investigação sistemática de estruturas visuais advém da relativa falta de instrumentos empregados para se "ler" e interpretar as imagens no campo da Semiótica Visual. Com efeito, como enfatizado por Kress e van Leeuwen, o campo da comunicação visual se desenvolveu, ao longo dos anos, mais "livremente" do que o da linguagem; suas formas têm sido largamente influenciadas pela cultura global de mídia, a qual tem exercido um caráter mais "normalizador" do que "normativo" para a leitura e produção de imagens, o que contribui para a ausência de ferramentas mais precisas de análise visual.

Todavia, o que poderia provocar uma reação inflamada em artistas e outros profissionais do campo da Semiótica Visual, por aparentemente limitar a relativa liberdade de análise e produção artística usufruída até então, pode ser entendido como proposta não substitutiva, mas complementar de investigação e prática em *design* visual, na medida em que possibilita conciliar a sensibilidade, criatividade e intuição artística com uma forma mais consciente de lidar com as imagens.

Ao contrário do que pode parecer, não é a primeira vez que se busca estabelecer conexões entre os campos da Linguística e da Semiótica Visual. Historicamente, outras "escolas" semióticas se propuseram a trazer conceitos linguísticos para o âmbito das imagens. Foram elas:

(1) A Escola de Praga, dos anos de 1930 e 1940, desenvolvida a partir do Formalismo Russo, a qual transferiu o conceito linguístico de *foreground* para as imagens;

(2) A Escola de Paris, dos anos de 1960 e 1970, responsável por trazer ao âmbito das imagens ideias de Saussure, entre outros linguistas, a qual foi fortemente influenciada por profissionais de diversas áreas: Barthes e a moda, Metz e o cinema, Fresnault-Deruelle e as revistas em quadrinhos. Além disso, a Escola de Paris se fez valer dos conceitos de Peirce e suas relações entre significante e significado, entre arbitrário e motivado, entre ícones, indexes e símbolos. Os pressupostos da Escola de Paris ainda embasam inúmeros cursos de mídia da atualidade, sob o nome de Semiologia;

(3) A tradição Sociossemiótica, desenvolvida a partir dos anos 1990, influenciada por nomes como Halliday e sua Linguística Sistêmico-Funcional, O'Toole, Kress e van Leeuwen e sua Semiótica Visual, van Leeuwen e Música, dentre outros. (KRESS e VAN LEEWEN, 1996, p. 5).

Analogamente, o que essas três escolas semióticas têm em comum é a noção de signo, a qual respalda a ideia de que formas são utilizadas para expressar significados. Diferente, todavia, é a proposta da Semiótica Visual de Kress e van Leeuwen que, ao contrário do conceito de similitude objetiva norteador do princípio de seleção e representação de imagens de Peirce, ampara-se na subjetividade do observador, baseada em princípios constitutivos como interesse e analogia.

De forma sucinta, o que o aporte teórico de Kress e van Leeuwen advoga é a conscientização das imagens enquanto códigos de significado imbuídos de estruturas sintáticas próprias e dotadas de significado potencial, e não como veículos neutros desprovidos de seu contexto social, político e cultural. Devem, portanto, suscitar a leitura crítica e ser intrinsecamente correlacionadas com a área da ACD, até então vinculada exclusivamente à análise de textos verbais, especialmente de textos informativos, e não de entretenimento.

Em outras palavras, uma abordagem sistemática de análise visual que contemple a leitura crítica de uma variedade de gêneros textuais visa não apenas oferecer subsídios de investigação visual descritiva, mas também permite uma discussão mais ampla sobre como conciliar propostas teóricas e práticas no contexto educacional vigente.

Sobre o aporte teórico: interfaces com a Gramática Sistêmico-Funcional

Apesar de amplamente divulgada e implementada em cursos de Linguística (Análise do Discurso), de Comunicação e em estudos de mídia em países como Austrália, Inglaterra e Cingapura, o número de pesquisas realizadas no Brasil utilizando a VG como corrente teórica e instrumento para a análise semiótica de textos multimodais limita-se a algumas poucas, embora relevantes, produções (ALMEIDA, 2006; CALDAS-COULTHARD e VAN LEEUWEN, 2004; VELOSO, 2006; GRIMM, 1999).

O trabalho de Kress e van Leewen (1996) em Semiótica Visual parte do pressuposto de que, assim como a linguagem verbal, a linguagem visual é dotada de uma sintaxe própria, na qual elementos se organizam em estruturas visuais para comunicar um todo coerente. Essas estruturas podem incluir pessoas, lugares ou objetos inanimados na forma de participantes representados, e podem estar organizadas em diferentes níveis de complexidade.

Segundo os autores da VG, a correspondência entre a representação da realidade por meio de estruturas linguísticas e/ou estruturas visuais é, contudo, menos simplista e bem mais ampla, por não apresentar uma relação de equivalência direta. Ao passo que é válido dizer que alguns significados podem ser expressos tanto através de estruturas linguísticas quanto por estruturas visuais; e é também certo inferir que outros significados, contudo, são exclusivos de uma expressão unicamente verbal ou visual. E, mesmo que um significado seja passível de uma expressão linguística e visual, a maneira como essa expressão se realiza é essencialmente diferente. Aquilo que é expresso linguisticamente, através de itens lexicais e estruturas semânticas, é visualmente "dito" através de cores e de outras estruturas composicionais distintas.

Por esse motivo, a grande contribuição da VG de Kress e van Leeuwen (1996) para o campo da Linguística tem sido oferecer um meio sistemático de análise de estruturas visuais por um conjunto de regras e normas formais que, apesar de limitarem "a relativa liberdade usufruída até então por outras análises visuais" (KRESS e VAN LEEUWEN, 1996, p. 3), consegue ir além da mera descrição do que os linguistas denominam de "léxico" das imagens e ultrapassa a camada "denotativa" e "conotativa" do vocabulário de uma dada representação visual, para contemplar a inter-relação estabelecida entre a gramática da linguagem e a da imagem.

Sendo assim, o foco da VG adotado por Kress e van Leeuwen (1996) se volta para a descrição formal da estética das imagens sob um olhar mais pragmático, de modo a apreender os significados implicados na produção das estruturas composicionais dessas imagens por seu(s) produtor(res).

Assim como a Gramática Sistêmico-Funcional de Halliday (1994) – da qual parte a perspectiva teórica de Kress e van Leeuwen – entende que a compreensão e análise das escolhas léxico-gramaticais de um determinado texto estão diretamente relacionadas ao contexto cultural e ao contexto situacional em que esse texto está inserido, a VG busca apoiar-se em dimensões contextuais de referência para dar conta da discussão dos dados em nível macroanalítico.

Dessa forma, vista pela ótica da análise sociossemiótica visual proposta por Kress e van Leeuwen, a discussão dos significados inerentes a uma dada representação visual – anúncios de mídia, por exemplo – vai além da mera descrição dos dados em nível microtextual em termos de suas metafunções visuais, para explorar, também, sua esfera macrocontextual, isto é, seus significados socioculturais.

A gramática do *design* visual

O predomínio de imagens na mídia contemporânea de massa tem exercido, nas últimas décadas, um papel fundamental na criação de um novo conceito de letramento associado ao visual, o qual, por permitir o acesso às habilidades visuais, amplia as possibilidades pedagógicas e promove o desenvolvimento da capacidade crítica dos aprendizes no sentido de exercitar a reflexão sobre o construto ideológico erguido por trás da composição de estruturas semióticas visuais.

O letramento visual, na perspectiva de análise sistemática oferecida pela VG, ajuda a desmistificar uma percepção generalizada das imagens enquanto meios de entretenimento desprovidos de significados ideológicos, ao propor investigá-las a partir da perspectiva crítico-social, na qual os elementos composicionais de uma determinada estrutura visual se correlacionam para comunicar significados política e socialmente embasados.

Nesse sentido, uma análise sociossemiótica visual parte do paradigma de que imagens não apenas reproduzem estruturas da realidade, mas se interligam com os interesses das "instituições sociais que as produzem, as fazem circular e as leem" (KRESS e VAN LEEUWEN, 1996, p. 45), corroborando o fato de que são, com efeito, ideológicas.

Com o intuito de mapear as possibilidades oferecidas por códigos semióticos visuais, Kress e van Leeuwen (1996) chegaram a um sistema de significado adaptado da teoria de Halliday (1994), que propõe uma análise de natureza essencialmente funcionalista.

Assim como o código semiótico da linguagem, o código das imagens também representa o mundo (de maneira concreta ou abstrata), constrói relações sociointeracionais, e constitui relações de significado a partir do papel desempenhado por seus elementos internos.

Em suma, a ponte analógica estabelecida entre a SFL e a VG de Kress e van Leeuwen (1996) pode ser descrita em termos de três funções básicas que operam simultaneamente via padrões de experiência, interação social e posições ideológicas codificadas tanto em representações linguísticas como em representações não linguísticas, denominadas metafunções. Adaptadas da terminologia funcional de Halliday, as metafunções visuais são chamadas de representacionais (ou "ideacionais") interativas (ou "interpessoais") e composicionais (ou "textuais"). Cada uma delas será especificada na seção a seguir.

Construindo padrões de experiência: a metafunção representacional

Equivalente à metafunção linguística ideacional, a metafunção visual representacional comunica a relação estabelecida entre os participantes internos de uma dada composição imagética.

Segundo Jewitt e Oyama (2001), a criação de um sistema de significados ideacionais tem contribuído para a área da Semiótica Visual ao propor um modo de análise baseado na estruturação sintática de seus componentes dentro do espaço semiótico, na qual a relação entre os participantes visuais de uma determinada imagem é realizada por elementos denominados vetores, os quais correspondem à categoria de verbos de ação na linguagem verbal – ou processos, na terminologia da LSF de Halliday (1994).

No ato semiótico, os participantes podem ser categorizados em dois tipos distintos: (1) participantes interativos, "aqueles que falam, ouvem ou escrevem e leem, produzem imagens ou as visualizam" (KRESS e VAN LEEUWEN, 1996, p. 44; tradução minha) ou (2) participantes representados, "aqueles que são o sujeito da comunicação, ou seja, as pessoas, lugares ou coisas [...] representados na ou pela fala, ou escrita, ou imagem, os participantes sobre os quais falamos ou escrevemos ou produzimos imagens" (KRESS e VAN LEEUWEN, 1996, p. 44; tradução minha).

As relações vetoriais que conectam os participantes visuais em uma dada composição imagética podem ser expressas tanto por processos narrativos quanto por processos conceituais. Esses processos visuais serão explorados mais detalhadamente nas seções subsequentes.

(i) Processos narrativos

Os processos narrativos "servem para apresentar o desdobramento de ações e eventos, de processos de mudança, de medidas transitórias de espaço" (KRESS e VAN LEEUWEN, p. 56). Em outras palavras, os processos narrativos representam os participantes visuais em movimento(s) de ação, em termos de feitos e acontecimentos dinâmicos.

Nos processos narrativos, os participantes podem ser chamados de (1) Ator/Reator e Meta/Fenômeno; (2) Dizente e Anunciado; ou de (3) Experenciador e Fenômeno.

Processos de ação comumente incluem tanto um Ator quanto uma Meta, conectados por meio de um vetor – normalmente expresso por uma linha diagonal de nível ocular, estabelecida pela direção do contato entre os seus participantes. Nesse caso, dizemos tratar-se de uma estrutura transacional, o que significa dizer que ela retrata "uma ação ocorrendo entre duas partes". Imagens transacionais podem ou não incluir vetores bidirecionais. Quando isso ocorre, os participantes alternam-se nos papéis de Ator e Meta. Se, ao contrário, a ação envolve apenas o *Ator*, sem nenhum participante a quem a ação é direcionada, essa imagem é considerada não transacional.

Quando uma ação executada por um participante envolve o seu olhar em direção a alguém ou alguma coisa, esse processo é denominado reação, ao invés de ação; o participante que olha é denominado Reator, ao invés de Ator; e o objeto de seu olhar é chamado de Fenômeno, ao invés de Meta. Seguindo essa lógica, se um dado participante olha para alguém ou alguma coisa não claramente especificada ou visualizada na composição imagética, dizemos tratar-se de uma reação não transacional.

Além de serem classificadas em processos de (1) ação e de (2) reação, os processos narrativos se dividem ainda entre (3) verbais e (4) mentais, visualmente representados por balões de fala e de pensamento. Nesses processos, os participantes não são descritos nem como Atores nem como Reatores, mas como (3) Dizentes, como é o caso daquele participante que expressa sua fala, o Enunciado, e (4) Experenciador, no caso daquele que sente e expressa visualmente o seu pensamento, descrito por Kress e van Leeuwen (1996) como Fenômeno.

Por fim, as representações narrativas são, ainda, caracterizadas por suas *circunstâncias*, ou pelo cenário no qual o participante está inserido e seus complementos, tais como os "artefatos, ferramentas e as figuras secundárias que complementam os significados das imagens" (LEWIS, 2001, p. 148).

As circunstâncias de uma imagem podem ser classificadas em:

(1) circunstância de locação, que situa os participantes em termos de plano fundo da imagem, escolha, intensidade e contraste de cores, nível de detalhes, sobreposição de elementos;
(2) circunstância de meios, relacionada ao uso de objetos discretos, artefatos e ferramentas;
(3) circunstância de acompanhamento, referente à forma como se estabelece a conexão entre os participantes de uma imagem, não por meio de relações vetoriais, mas por meio de atributos usados para descrever suas características.

A investigação sistemática de processos narrativos em imagens – processos de ação, reação, transacionais, não transacionais – é de extrema relevância quando se pretende identificar e questionar a razão de um determinado participante estar representando o papel ativo (de ação ou reação) ou passivo (como objeto de ação e/ou reação) em uma dada composição imagética (JEWITT e OYAMA, 2001, p. 143).

Retrospectivamente, podemos resumir as principais implicações do processo visual narrativo da seguinte forma:

Metafunção representacional	(i) Processo narrativo	Participante(s)
Transacional/ não transacional	Ação/Reação	Ator/Reator Meta/Fenômeno
	Verbal	Dizente/Anunciado
	Mental	Experenciador/Fenômeno
Circunstâncias: locação, meios, acompanhamento		

Quadro 1 – Resumo da realização do processo narrativo da metafunção visual representacional.

(ii) Processos conceituais

Essencialmente diferentes dos processos narrativos, os processos conceituais representam participantes de maneira mais estática, na medida em que não possuem ações expressas por vetores. Na linguagem verbal, os processos conceituais correspondem aos processos relacionais e existenciais, uma vez que "representam o mundo em seu estado mais ou menos permanente de afazeres e verdades" (KRESS e VAN LEEUWEN, 1996, p. 114).

Nos chamados processos conceituais, pessoas, lugares e objetos são definidos, analisados ou classificados, inclusive seres abstratos. Esses processos podem ser categorizados como classificacionais, simbólicos e/ou analíticos.

Estruturas visuais classificacionais organizam simetricamente pessoas, lugares ou objetos dentro do espaço visual, a fim de mostrar o quão semelhante elas são quando pertencem à mesma classe. Em imagens classificacionais, os participantes são representados em um tipo de estrutura taxonômica hierárquica, na qual um ou mais participante(s) superordinado(s) é relacionado a outro(s), subordinado(s). Quando essa relação entre participante(s) superordinado(s) e participante(s) subordinado(s) é suprimida, a taxonomia da estrutura é denominada coberta (*covert*). Se, ao contrário, a apresentação taxonômica inclui o participante(s) superordinado de maneira explícita, a estrutura taxonômica é chamada de evidente (*overt*).

Estruturas conceituais simbólicas estabelecem a identidade do participante visual por meio de atributos proeminentes através do tamanho, da escolha de cores, do posicionamento, do uso de iluminação, entre outros, constituindo o que Kress e van Leeuwen consideram uma relação entre o portador (*carrier*) e seus atributos possessivos. Os autores fazem distinção entre dois tipos de processos conceituais simbólicos:

(1) Atributivo, no qual o atributo do participante é salientado por meio de seu posicionamento dentro da imagem, tamanho exagerado, iluminação, nível de detalhamento, foco, tonalidade e/ou intensidade de cor;
(2) Sugestivo, no qual o significado simbólico advém do próprio portador (extraído e adaptado de UNSWORTH, 2001, p. 92).

Construídas com base na relação entre a parte e o todo, as estruturas conceituais analíticas se caracterizam por relacionarem o todo com o portador e as partes com os atributos possessivos. Elas podem ser classificadas como (1) estruturadas, quando apresentam rótulos ou descrições sobre suas partes; e (2) desestruturadas, quando não especificam a relação entre a(s) parte(s) e o todo.

Estruturas visuais analíticas podem ser, ainda, classificadas como (1) exaustivas, quando toda a imagem mostrando o Portador é tomada por sua(s) parte(s) e/ou atributo(s), ou (2) inclusiva, quando os atributos possessivos são mostrados, mas grande parte do Portador não aparece (UNSWORTH, 2001, p. 88).

Da mesma forma que as circunstâncias situam os participantes de uma estrutura narrativa em termos de contexto, em estruturas conceituais isso ocorre por encaixamentos (*embeddings*), isto é, através dos diferentes níveis de subordinação que estabelecem as relações intrínsecas de interdependência dos elementos de uma imagem.

Podemos, então, depreender as principais implicações dos processos conceituais da metafunção visual representacional através do quadro 2:

Metafunção representacional	(ii) Processo conceitual	Realização
	Classificacional	Coberta/Evidente
	Simbólico	Atributivo/Sugestivo
	Analítico	Estruturadas/Desestruturadas Exaustiva/Inclusiva
	Encaixamentos	

Quadro 2 – Resumo da realização do processo conceitual da metafunção visual representacional.

Estabelecendo relações sociointeracionais: a metafunção interativa

Aspectos como contato, distância social, perspectiva (ou ponto de vista) e modalidade (ou valor de realidade) têm um papel fundamental no estabelecimento da relação entre o leitor/observador da imagem e a imagem propriamente dita.

(i) Contato

Quando um participante dentro da composição imagética é representado olhando diretamente nos olhos do leitor/observador, efetua-se uma relação imaginária de "afinidade social", estabelecida por um tipo de contato denominado demanda. Nesse caso, o participante representado explicitamente "convida" o leitor a participar da interação, olhando-o de forma sedutora, agressiva ou imperativa.

Se, por outro lado, o participante representado não olha diretamente nos olhos de seu leitor, ele então "se oferece" como objeto de contemplação e/ou análise, estabelecendo, portanto, um contato de oferta (KRESS e VAN LEEUWEN, 1996, p. 124). Imagens de oferta podem incluir seres humanos e/ou quase humanos.

(ii) Distância social

Assim como a escolha entre o contato de demanda e a oferta, a segunda categoria da metafunção visual interativa faz alusão aos diferentes tipos de interação que são estabelecidos entre os participantes representados em uma composição visual e seus leitores/observadores. Dependendo de qual seja a distância social estabelecida entre eles, sugere-se uma relação mais íntima e pessoal ou mais distante e, por consequência, mais impessoal.

Quando os participantes são retratados em *close-up* ou plano fechado, cada detalhe de seu rosto e de sua expressão facial é capturado, ajudando, pois, a revelar traços de sua personalidade e a nos tornar mais intimamente familiarizados com ele. Esse plano inclui o enquadramento, que vai da cabeça até os ombros do participante representado.

Isso não acontece, todavia, quando vemos participantes retratados em *long shot* ou plano aberto, que, ao contrário, contribui para retratar os participantes de uma dada composição visual de forma distanciada, mostrando todo o corpo dos participantes, como se estes fossem "tipos, e não indivíduos" (JEWITT e OYAMA, 2001, p. 146).

Um nível intermediário entre o plano fechado e o plano aberto seria aquele que se situa entre a mais íntima das relações e a mais distanciada ou ausente, o que pode ser verificado em um *medium shot* ou plano médio. Esse plano inclui o participante retratado até a cintura ou o joelho, indicando que a sua relação com o leitor é do tipo social.

(iii) Perspectiva ou ponto de vista

O conceito de perspectiva ou ponto de vista é aplicado à análise de estruturas visuais para denotar as atitudes subjetivas do público leitor em relação ao participante representado. Isso é realizado através dos ângulos frontais, oblíquos e verticais.

A utilização de um ângulo frontal tem sido associada ao estabelecimento de uma atitude de envolvimento entre o leitor e o participante representado na imagem, na qual o primeiro é convidado a fazer parte do mundo retratado na imagem.

Um ângulo oblíquo, por outro lado, evoca um sentido de desligamento ao apresentar o participante em perfil, deixando implícito que aquilo que vemos não pertence ao nosso mundo (KRESS e VAN LEEUWEN, 1996, p. 143).

Já o ângulo vertical e suas variantes (alto, baixo ou de nível ocular) apontam para as diversas relações de poder passíveis de serem estabelecidas entre participante representado e leitor/observador da imagem. Por exemplo, quando um participante é retratado por meio de um ângulo alto, que o capta de cima para baixo, dizemos que o vemos pela perspectiva do poder do observador da imagem. Quando, contudo, a imagem do participante representado é capturada de baixo para cima, em ângulo baixo, dizemos que o participante na imagem é quem detém o poder em relação ao seu observador. Finalmente, se a imagem se posiciona em nível ocular em relação ao seu leitor/observador, dizemos tratar-se de uma relação de poder igualitária, na qual cada parte envolvida possui um nível de poder equivalente.

(iv) Modalidade ou valor de realidade

As formas de se modular a realidade em representações visuais podem ser baseadas em diferentes critérios de valor, como, por exemplo, pela chamada modalidade naturalista ou pela sensorial.

A modalidade naturalista é definida com base na congruência que existe entre o objeto de uma imagem e aquilo que se vê a olho nu. De forma simplificada, quanto maior a correspondência entre o imagético e o real, maior será a modalidade da imagem.

Nesse sentido, segundo Kress e van Leeuwen, a utilização da cor na imagem exerce uma grande influência em sua modalidade naturalista. Geralmente, imagens naturalistas possuem: (1) alta saturação de cores, no lugar de preto e branco; (2) cores diversificadas, no lugar de cores monocromáticas; e (3) cores moduladas. A modalidade naturalista é também influenciada pela contextualização da imagem, ou seja, pelo seu plano de fundo. Sendo assim, a presença de um plano de fundo em uma imagem aumenta sua modalidade sob o ponto de vista naturalista, enquanto sua ausência a diminui.

Outra maneira de se diminuir a modalidade de uma imagem é através da chamada modalidade sensorial. Se uma imagem é retratada de forma a produzir algum tipo de impacto sensorial, ou um efeito mais-que-real, evocando sentimentos subjetivos no leitor/observador, a modalidade naturalista dessa imagem diminui para dar lugar ao que Kress e van Leeuwen descrevem como modalidade sensorial.

Unsworth (2001) chama, ainda, a atenção para dois outros tipos de modalidade, a científica e a abstrata. Estas não são baseadas nem em valor de similitude nem em algum impacto sensorial, mas em como os objetos são retratados de forma a estabelecer inter-relações de equivalência. Por exemplo, do ponto de vista científico ou tecnológico, muitas vezes o que conta como real é uma linha técnica sem cor, perspectiva ou contextualização, mas que pode possuir um nível de modalidade bem maior do que uma fotografia. Assim, inferimos que esses dois tipos de modalidade, a científica e a abstrata, são normalmente desprovidos de plano de fundo, contextualização, cor e/ou iluminação, ou quaisquer outros detalhes considerados supérfluos.

De forma resumida, apresentamos, no quadro 3, os principais elementos da metafunção visual interativa:

Metafunção interativa	Realização
Contato	Demanda/Oferta
Distância social	Plano Fechado (*close-up*) Plano Médio (*medium shot*) Plano Aberto (*long shot*)
Perspectiva	Ângulo Frontal Ângulo Oblíquo Ângulo Vertical (alto, baixo, nível ocular)
Modalidade	Naturalista Sensorial Científica (ou Tecnológica) Abstrata

Quadro 3 – Resumo da realização da metafunção visual interativa.

Formando o todo coerente: a metafunção composicional

Tendo descrito as relações entre os participantes internos de uma dada composição visual (metafunção representacional) bem como as relações estabelecidas entre as imagens e seus leitores/observadores (metafunção interativa), faz-se necessário, agora, descrever como os elementos composicionais de uma dada imagem se articulam entre si para expressar ideias específicas e formar um todo coerente.

Cabe à metafunção composicional integrar os elementos visuais das metafunções representacional e interativa para compor um todo coerente. O que é possível graças a três recursos básicos das estruturas composicionais: valor de informação, saliência e estruturação.

(i) **Valor de informação**

O valor de informação de uma imagem se refere à colocação dos elementos dentro da composição visual. Dependendo de onde esses elementos são colocados dentre as três dicotomias da zona pictórica – esquerda/direita; topo/base; centro/margem –, estas são dotadas de valores de informação distintos.

De acordo com Kress e van Leeuwen, o lado direito da imagem geralmente contém a informação-chave, à qual o leitor deve prestar atenção, pois nela se situa o elemento novo, aquilo que ainda não é conhecido por ele. O lado esquerdo, por sua vez, contém o elemento já dado, conhecido pelo leitor e com o qual ele já está familiarizado.

Corriqueiramente, encontramos, em anúncios publicitários, o texto verbal acomodado no espaço esquerdo, de informação dada, e o texto visual, com uma ou mais imagens, acomodado no espaço dedicado à informação nova, à direita do anúncio (KRESS e VAN LEEUWEN, 1996, p. 189).

O valor de informação do posicionamento de elementos no topo e na base da imagem também carrega características distintas. Quando colocado na parte superior, isto é, no topo, acredita-se que o elemento expresse a informação ideal, ou seja, a "promessa do produto", a "essência idealizada e generalizada" da informação, aquela que apela para os nossos sentidos emotivos a fim de expressar o que o produto pode ser, e não o que de fato ele é (KRESS e VAN LEEUWEN, 1996, p. 193). Isso cabe ao elemento posto na base da imagem, que, em oposição, apresenta-se ao leitor de maneira menos ostensiva, ao incluir informações práticas sobre como, quando e onde obter o produto, ou como solicitar mais informações a seu respeito.

Por fim, os posicionamentos central e marginal apontam para a preponderância de determinados elementos na imagem ou a ausência dela, como é o caso de elementos subordinados a uma imagem central, quando colocados em posição de subserviência em relação ao núcleo da informação.

Um subtipo da disposição central-marginal de uma imagem é o tríptico, através do qual três elementos distintos são apresentados ao leitor em sequência. Esses três elementos podem ou não expressar o sentido de polarização típico de uma estrutura de informação dada e nova, na medida em que o centro pode incluir o núcleo da informação ao passo que as margens podem prover o leitor com informação contextual (UNSWORTH, 2001, p. 108).

Acredita-se, portanto, que cada uma das possibilidades de disposição espacial de elementos dentro de composições visuais imprime um valor e um significado próprio, relacionado ao que o produtor da imagem quis expressar.

(ii) Saliência

O termo saliência se refere à ênfase dada a determinados elementos dentro da composição visual, de modo a torná-los mais proeminentes do que outros e, assim, chamar a atenção do leitor/observador. Aspectos como a disposição de um elemento em primeiro plano ou em plano de fundo na imagem, seu tamanho, seus contrastes de cor(es) são capazes de reforçar ou diminuir o grau de saliência, ao criar "uma hierarquia de relevância entre os elementos, selecionando aqueles que são mais ou menos importantes e os que merecem maior atenção" (UNSWORTH, 2001, p. 212). Assim sendo, a percepção do elemento mais saliente da imagem permite a identificação do principal participante representado no processo visual.

(iii) Estruturação

Estruturas visuais podem ser retratadas de forma mais ou menos evidente em função de uma linha divisora que serve para conectar ou desconectar os seus elementos internos, por meio de um mecanismo denominado estruturação.

Na ótica de Kress e van Leeuwen, a conexão é criada toda vez que as conjunturas que marcam as unidades distintas dos textos visuais estão ausentes. Diz-se, então, que a imagem possui uma estruturação fraca, já que os seus elementos estão interligados em um fluxo contínuo, através de cores e formas semelhantes, vetores conectivos, ou seja, em função da ausência de linhas de estruturação, o que evoca um sentido de identidade de grupo.

Por sua vez, a desconexão é criada pela presença de estruturação, quando os contrastes de cores e de formas estão salientados, imprimindo, assim, um sentido de individualidade e diferenciação à imagem (estruturação forte). Podemos sintetizar os elementos da metafunção visual composional da seguinte forma:

Metafunção composicional	Realização
Valor de informação	Esquerda/direita: dado/novo Topo/base: ideal/real Centro/Margem: preponderante/subordinado Tríptico
Saliência	Tamanho/cores/contrastes/plano de fundo
Estruturação	Forte/fraca

Quadro 4 – Resumo da realização da metafunção visual composicional.

Em suma, vimos que, assim com o meio semiótico verbal, o meio semiótico visual pode funcionar como um sistema autônomo de comunicação e de significados ao permitir, com base no aporte sociossemiótico visual oferecido pela VG de Kress e van Leeuwen, a análise sistemática de imagens e a categorização de seus padrões visuais sintáticos.

Em seguida, revisitaremos os conceitos e as práticas associados ao termo "letramento" dentro do contexto educacional, para, então, apresentar uma análise visual inovadora de um texto hipermidiático infantil, respaldada no arcabouço teórico sociossemiótico visual exposto.

Revisitando as práticas vigentes de letramento

Repensar a questão do letramento requer, antes de tudo, "olhar em diversas direções" (BEARNE, 2003, p. 98) e reconsiderar o que o termo "letramento" incorpora.

Com o advento das chamadas novas tecnologias de mídia e de assuntos globais veiculados por meios de comunicação expressos, como a internet, e-mails, imagens digitais, entre tantos outros, as crianças de nossos dias são apresentadas, desde cedo, a formas de representação e comunicação que constantemente nos remetem ao fato de que os aprendizes contemporâneos são diferentes dos adultos nascidos em um mundo fundamentalmente impresso.

Nessa revisita ao conceito de letramento, faz-se necessário, ainda, reconhecer que o mesmo não reside apenas na página de um livro ou na tela de um computador, e sim nas práticas circundantes a este processo. Isso implica reconsiderar todo o universo existente por trás do tradicional conceito de letramento, associado ao meio impresso, a fim de se reconhecerem novas formas de texto como referências de comunicação, mudança que a atual prática educacional de letramento desconhece.

As possibilidades oferecidas por uma inovadora prática de letramento são oriundas dos estratagemas retóricos da própria sociedade, como a mídia, a propaganda e os inúmeros segmentos televisivos decorrentes do mundo multimídia, os quais contribuem para novas formas de estruturação do pensamento que resultam em diferentes maneiras de se representar o conhecimento e a experiência. Tal mudança de paradigma pressupõe que uma integração entre imagens e linguagem é de valiosa importância para o desenvolvimento de uma abordagem mais crítica e complexa acerca do ensino. Assim, a criação de uma pedagogia crítica e transformadora que vise integrar teoria e prática parte da inclusão de estudos em multimodalidade e da análise semiótica de textos multimodais e surge, em contextos educacionais, como forma de se construir em cima do que Bourdieu (1998) denomina de "capital cultural" de aprendizes e mestres.

Afinal, como Bearne (2003, p. 98) aponta, "nenhum texto é construído isoladamente de seu contexto social, econômico e político, [...], [portanto] o conceito de letramento incorpora um conjunto de práticas desenvolvidas culturalmente, as quais se mantêm atualizadas em espaços culturais".

Na seção seguinte, discutirei as implicações de uma prática pedagógica complementar, que contemple a leitura de ambos os textos: verbais e visuais.

Por uma prática pedagógica complementar: as fronteiras do letramento visual

O primeiro passo para uma prática pedagógica mais crítica se inicia a partir de um olhar mais apurado para a retórica de representação de textos e suas características visuais, verbais e multimodais.

No momento em que nossa prática pedagógica vigente parece desconsiderar a importância da multimodalidade, remetendo-a à categoria de forma de autoexpressão, tornamo-nos corresponsáveis pela perpetuação de seu *status* como subordinada à supremacia de textos escritos. Paradoxalmente, vale constatar que imagens e outros elementos gráficos se constituem em representações semióticas de vasta utilização social – desde jornais a *outdoors*. Na perspectiva do ensino, percebemos que nossas práticas educacionais subestimam a importância do ensino visual em favor da formação do que Kress e van Leeuwen designam de uma comunidade de "analfabetos visuais".

Convencionalmente, são chamadas de "culturas alfabetizadas" aquelas que fazem uso da escrita como seu único meio de comunicação visual. Paradoxalmente, tal conceito de alfabetização parece dar ênfase apenas a um tipo de comunicação, a verbal, em detrimento dos significados obtidos através da leitura de imagens e textos visuais.

Assim sendo, uma abordagem pedagógica alternativa, que vise dar conta de textos híbridos, compostos de texto(s) e imagem(ns), e que busque apreender tanto suas funções textuais quanto contextuais, não se propõe, em absoluto, substituir ou subestimar a prática educacional vigente, mas complementá-la, a fim de contemplar seus componentes culturais e situacionais.

Não obstante, segundo Kress e van Leeuwen, a proposta em favor de uma prática de letramento complementar, que preconiza a leitura de textos visuais, tem enfrentado forte resistência no meio educacional por ser considerada uma "ameaça em potencial à dominante presença do letramento verbal entre grupos de elite" (KRESS e VAN LEEUWEN, 1996, p. 16).

Tal resistência, segundo Bearne, deriva de nossa clara inabilidade em traduzir para palavras o que é comunicado por meio de imagens ou textos visuais. Isso pode ser observado no contexto de sala de aula: quando aos alunos é solicitada a tarefa de redigir um texto sobre uma evocada imagem pictórica individual – um gesto, som ou figura – o resultado revela uma generalizada falta de "treino" em traduzir a multimodalidade de nossas experiências particulares em estruturas de comunicação coerentes, materializadas em produções escritas que comumente não fazem sentido para o leitor que não tem acesso àquilo a que se referem (BEARNE, 2003, p. 99). É preciso, portanto, um respaldo nos padrões de coesão que constroem a arquitetura estrutural de textos visuais e verbais cronológica e espacialmente organizados, a fim de acessar os significados intertextuais expressos nas composições pictóricas dos aprendizes.

Ao tentar conciliar o letramento verbal com o visual, em uma bem elaborada abordagem multimodal, beneficiamo-nos não apenas de uma nova compreensão acerca dos aspectos linguísticos da escrita, mas também ajudamos a complementar uma perspectiva de representação vista como única possibilidade para a interpretação dos significados culturais de um modo racional de expressão.

Dessa forma, a criação de uma nova ordem semiótica que se propõe a capacitar aprendizes a produzir e interpretar ativa e efetivamente as diversas formas de texto trazidas do mundo da comunicação e relacionadas às suas experiências textuais e práticas escolares reconhece no capital textual crítico desses aprendizes as novas fronteiras de uma prática pedagógica mais integrada com o conhecimento de mundo real.

A seção subsequente discute a transição entre os cenários semióticos na atualidade e aborda o papel das imagens enquanto veículos de estruturas ideológicas.

Mudanças no cenário semiótico: das páginas às telas

Na contemporânea era da multimídia, as mudanças no cenário semiótico têm nos levado a uma compreensão da linguagem anteriormente subestimada tanto pelas teorizações linguísticas em contextos educacionais, quanto pelo senso comum popular: a de que a linguagem agrega valores de multimodalidade ao incorporar formas verbais e não verbais de comunicação (KRESS e VAN LEEUWEN, 1996, p. 39).

A proeminência de imagens visuais em textos de cultura popular e textos escolares durantes as décadas de 1980-90, bem como a emergência de hipertextos mediados pelo mundo digital têm, de fato, fomentado a necessidade de uma reteorização acerca da comunicação textual, a fim de considerar a natureza multimodal dos textos contemporâneos (UNSWORTH, 2001, p. 71).

Textos como os da chamada "mídia de entretenimento" têm despertado o interesse de analistas críticos do discurso, pela complexidade de suas estruturas multimodais compostas, que interligam texto, imagens e outros elementos gráficos. Nesse sentido, uma análise das características preponderantes desse tipo de texto pode ajudar a revelar elementos ideológicos como sinais ocultos de relações de poder, bem como significados socioculturais relevantes.

No contexto dos anúncios de mídia, as imagens possuem a função não apenas de ilustrar um argumento expresso através da palavra escrita (KRESS e VAN LEEUWEN, 1996), mas também operam como fontes confiáveis de evidência factual (COLLIER, 2001) e como recursos autônomos dotados de dimensões sociais, políticas e comunicativas (KRESS e VAN LEEUWEN, 1996).

As múltiplas funções exercidas pelas imagens enfatizam o seu papel enquanto unidade comunicativa, cujo significado pode ser expresso independentemente do discurso verbal e funcionar com propósitos retóricos como um eficiente meio de persuasão. Além disso, as imagens presentes nos anúncios de mídia são veículos dos chamados "significados míticos" (BIGNELL, 1997), os quais exercem uma grande influência em nossa experiência de realidade ao construir valores muitas vezes tidos como naturalizados e de senso comum.

Segundo Berger (1972), uma "densidade de mensagens visuais" permeia nosso espaço físico diariamente, impondo sua presença e estimulando nosso "apetite por um prazer". A partir de valores ideologicamente construídos pela mídia, novas necessidades de consumo são criadas, estando estas associadas a promessas de transformação de vida, um processo ao qual Berger se refere como "glamour manufaturado" (BERGER, 1972, pp. 131-32). A maior força desses anúncios reside em promulgar que o prazer só é obtido através do consumo, tendo em vista que a felicidade e a transformação de vida só são possíveis quando se adquire um determinado produto.

No mundo da mídia, todo e qualquer produto parece tangível e em estado de espera por aquisição. Assim, na medida em que reforçam as máximas de que "se nada se tem, nada se será" ou, ainda, "você é o que você tem", os anúncios de mídia promovem uma retórica essencialmente voltada aos interesses capitalistas do mercado de consumo.

A seção a seguir discute os aspectos ideológicos que subjazem no discurso dos anúncios de mídia, particularmente àqueles destinados ao público infantil.

As crianças e a construção ideológica do discurso midiático infantil

Estatísticas recentes comprovam a força da mídia como meio de influência e persuasão, ao ressaltar o seu papel enquanto criadora e perpetuadora de mitos, atitudes, valores e de uma ideologia dominante de cultura e normas sociais através das quais as pessoas governam seu comportamento. Isso parece se aplicar particularmente às crianças, que representam um mercado consumidor de um investimento anual de cerca de 130 milhões de dólares pela indústria de propaganda (WRIGHT, 2003).

Como consumidor lucrativo em potencial, as crianças não são diferentes dos adultos em seu apetite por consumo (SEITER, 1993). A maior parte dos anúncios infantis estimula seus desejos consumistas, criando necessidades de consumo por meio de um atraente e infindável repertório de brinquedos que inclui coleções, linhas de acessórios e novas versões para os seus produtos preferidos.

Para a indústria de brinquedos, os anúncios de mídia tornaram-se elementos-chave, principalmente por dois motivos distintos: (1) eles antecipam a disponibilidade do produto, diferenciam-no de outros produtos do mercado e tornam sua aquisição desejável; (2) eles mostram às crianças o que elas podem fazer com determinado produto, como brincar com ele, e os benefícios de sua aquisição (KLINE, 1993, p. 237).

Todavia, para ser bem-sucedido, o anúncio de mídia infantil precisa ser o mais direto possível, atrair a atenção da criança e ser capaz de expressar o conceito do produto, criando, assim, o incontrolável desejo de obtê-lo.

Embora, em virtude das típicas inseguranças dessa fase da vida, as crianças tenham sido comumente classificadas como um grupo de consumo "inexperiente" e até mesmo "vulnerável" (WRIGHT, 2003), incapaz de resistir ou recusar as mensagens culturais emitidas pela mídia, Seiter (1993) as descreve como um "complexo" e "sofisticado" grupo de consumo devido à sua inconstância e genuína sagacidade.

O principal argumento de Seiter é que as crianças são "especialistas em mídia", dada sua clara habilidade em relembrar comerciais, demonstrar consciência sobre um produto, repetir *jingles*, captar bordões e identificar o mal uso de gírias e de valores de produção. O reconhecimento de tal habilidade vem conferindo às crianças a qualidade de público capaz de avaliar criticamente um determinado produto anunciado pela mídia, visão também compartilhada por Kline, que chama atenção para a consciência e compreensão infantil sobre determinados aspectos da comunicação de mídia:

> Pesquisas nos mostram que aos cinco anos de idade, cerca de 50% das crianças já compreendem os elementos de persuasão da retórica de mídia. Aos oito anos de idade, quase todas as crianças já sabem que a propaganda é destinada a fazê-las comprar algo. Além disso, elas têm, efetivamente, a habilidade de refletir sobre a escolha de um produto: elas pensam a respeito de certos aspectos do produto, nos quais baseiam suas escolhas (KLINE, 1993, p. 169).

Faz-se importante, ainda, perceber que as crianças não são o único público-alvo dos anúncios de mídia infantis. Seus pais, na função daqueles que decidem se irão ou não adquirir um produto, estão também implicados na cuidadosa construção do discurso dessa mídia. Por essa razão, através de um fenômeno discursivo denominado por Seiter (1993) de "duplo destinatário", o discurso publicitário procura falar a esses dois públicos distintos: o das crianças e o de seus pais. Isso pode ser observado na seguinte citação de Crouse, referente às bonecas *The Bratz*, recente fenômeno internacional no mercado de vendas de brinquedos:

> [...] A MGA Entertainment, fabricante das bonecas The Bratz, vem arrematando mais de 1 bilhão de dólares em vendas desde que as bonecas foram introduzidas no mercado em 2001. Pesquisas revelam que as mães das garotas constituem o público-alvo principal desses fabricantes [...] (CROUSE, 2003, p. 1).

Embora os pais também estejam implicados no mercado de brinquedos para crianças, seus objetivos diferem consideravelmente. Enquanto os pais se interessam pelo valor educacional de um determinado brinquedo, as crianças o avaliam a partir do valor que tal brinquedo representa diante de seus amiguinhos (SEITER, 1993). Cabe, então, aos anunciantes de brinquedos produzir textos – verbais e visuais – que sejam não apenas criativos, mas que implicitamente abordem uma série de estímulos, dentre os quais estão aqueles que operam no nível dos desejos dos pais para seus filhos, tais como "que o meu filho se divirta, que ele se dê bem na vida, que ele prospere na escola [...], que ele seja mais ativo que passivo, que ele saiba se entreter sem precisar de atenção [...]" (SEITER, 1993, pp. 53-4). Todos esses estímulos podem ser traduzidos na linguagem de certos brinquedos que prometem "trazer felicidade"; "ensinar habilidades", "aproximar pais e filhos", "manter as crianças sempre ocupadas" etc.

Sendo assim, além de enfatizar valores educacionais que atendem às expectativas dos pais, os textos de mídia voltados ao público infantil promovem ideologias através de um discurso muitas vezes imperceptível, de tão naturalizado.

Na seção a seguir, discutirei os aspectos subjacentes aos textos midiáticos voltados ao público infantil, como, por exemplo, suas configurações multimodais.

Novas configurações semióticas do texto midiático infantil

Textos midiáticos destinados ao público infantil são constantemente acessados por uma nova geração de crianças – e seus pais – que reconhecem na tela um espaço semiótico reservado às representações multimodais da cultura infantil, as quais estão relacionadas a mudanças fundamentais no contexto social, cultural, econômico e tecnológico do mundo contemporâneo (Kress, 1997). Nesse novo cenário semiótico, não apenas anúncios, mas jogos interativos, salas de bate-papo, competições e músicas caracterizam as configurações eletrônicas da infância moderna.

Por esse motivo, a crescente produção de textos multimodais e multimídia voltada para as crianças chama a atenção não apenas por oferecer novas formas de organização estrutural da informação (Djonov, 2005), mas também por possibilitar uma reflexão acerca das práticas contemporâneas de interação.

Nesse contexto, anúncios de brinquedos se sobressaem em função de suas propriedades verbais e visuais. Em sua forma impressa, possuem uma natureza seletiva e exclusiva (Burbules, 1997). Já como hipertextos, são denominados "inclusivos" por oferecerem múltiplas possibilidades de organização textual – como mudanças no tamanho do texto e *links* para inúmeros outros – oferecendo aos seus usuários escolhas baseadas em relações de significados que não apenas promovem mudanças na prática de letramento, mas também práticas de consumo acarretadas por um mundo regido eletronicamente.

As mudanças geradas pelo mundo eletrônico possibilitam que hipertextos, na condição de estruturas exclusivamente on-line, ofereçam novos caminhos aos usuários ao prover meios de se organizar a informação de maneira não linear e permitir a acomodação não somente de textos, mas também de sons digitalizados, gráficos, animação, vídeo e realidade virtual (Snyder, 1997, p. 126).

De fato, os chamados anúncios virtuais são fundamentalmente diferentes dos anúncios encontrados na mídia impressa. Eles contêm informação com diversas funções comunicativas e seu apelo não ocorre apenas em termos verbais e visuais, mas também em termos sonoros.

Segundo Kline (1993), os detalhes sonoros e visuais identificados nos anúncios de brinquedos revelam as preferências estilísticas de seus usuários. São resultado de uma minuciosa pesquisa publicitária pela indústria de brinquedos que aponta para o fato de que elementos visuais como música e gráficos são essenciais para comunicar os aspectos afetivos do brinquedo e alcançar o segmento certo de seu público-alvo. Ainda segundo esse mesmo autor, o tema musical dentro do contexto dos anúncios de brinquedos funciona tanto como pano de fundo quanto como meio de organização da dimensão narrativa do produto anunciado.

Em um estudo conduzido com diversos anúncios de brinquedos, Kline (1993) correlacionou doces e melódicas canções infantis a sentimentos de carinho e de amizade entre o público infantil mais jovem, enquanto canções vocais de jovens cantoras de pop-rock, acompanhadas de vídeo com efeitos especiais, foram atribuídas a um público de garotas com mais de 6 anos de idade. Esse autor também associou o uso de cores pastéis básicas a anúncios de brinquedos destinados a garotas mais jovens e anúncios com cores mais vivas foram utilizados para expressar o *glamour* e a excitação de bonecas *fashion* destinadas a garotas mais velhas.

A seção a seguir apresenta uma breve análise das configurações visuais e verbais da homepage da fábrica brasileira de brinquedos Estrela, bem como de um dos anúncios da boneca Susi, com o intuito de desvendar algumas das estruturas de significado subjacentes à composição visual e verbal dos referidos textos.

Lendo textos visuais na prática

Como previamente mencionado, a composição das chamadas webpages – ou páginas virtuais – vai além do uso de um único modo semiótico. De acordo com Kress (1997), as tecnologias contemporâneas tentam "orquestrar" efetivamente sons e meios visuais com o intuito de suplantar o que ele chama de "velhas organizações textuais", ao fazerem uso de recursos tais como organização e apresentação, por estas constituírem características essenciais à lógica do visual (KRESS, 1977, p. 69). Isso pode ser observado na figura 1, que ilustra a página principal do site de brinquedos Estrela:

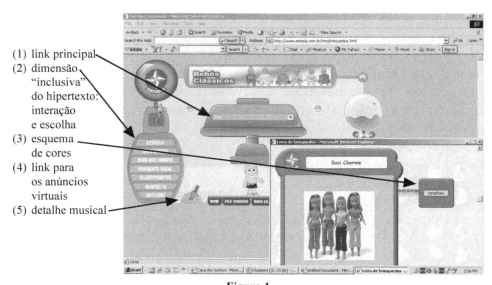

Figura 1
Aspectos visuais e multimodais da webpage da Estrela disponível em http://www.estrela.com.br.

No site da Estrela, alguns dos recursos multimodais citados na seção anterior são utilizados a fim de atrair o público infantil. No que diz respeito a seus detalhes sonoros, o site se apoia na canção tradicional da marca para dar as boas-vindas ao usuário bem como simula os sons de uma fictícia fábrica de brinquedos – que podem ser suprimidos, caso o usuário o deseje, clicando numa manivela – à medida que este "navega" pela página em busca do brinquedo de sua preferência.

Em termos visuais, o site se faz valer predominantemente de cores vibrantes, tais como o azul, o amarelo e o cor-de-rosa escuro, o que, corroborando a assertiva de Kline (1993) sobre a associação entre cores vibrantes em textos midiáticos infantis e seu público-alvo em potencial, leva-nos a inferir que a construção do texto visual da Estrela tem em mente um público infantil de mais de 6 anos de idade. Isso ressalta a importância de se enfatizar o esquema de cores (indicado pelo item 3 na figura 1) em um determinado texto, visto que, segundo Djonov (2005), na composição visual de textos hipermidiáticos o código das cores atua como elemento visual de interface específica que norteia a sua organização, a fim de torná-la mais explícita (DJONOV, 2005, p. 9).

No tocante a outros recursos multimodais verificados na homepage da Estrela, percebe-se que seu link principal, indicado em (1) na figura 1, ilustra uma máquina de brinquedos que produz, em série, caminhões, robôs, bonecas e carros. Ele direciona o usuário para os anúncios dos produtos, organizados e listados por categorias relacionadas em ordem alfabética, com exceção da categoria Lançamentos, que se refere aos últimos brinquedos lançados pela Estrela, estrategicamente disposta no início da lista, seguida de outras categorias que variam de jogos eletrônicos a ursinhos de pelúcia.

Ao selecionar uma determinada categoria, o usuário é apresentado às imagens a ela relacionadas, o que inclui a apresentação do produto em diversas versões. Em seguida, ele pode optar por ver os detalhes do produto, o que finalmente o conduz ao anúncio propriamente dito. No caso dos brinquedos da Estrela, a imagem, ou parte visual do anúncio, é acompanhada de sua descrição verbal, que inclui detalhes sobre como brincar com o produto, o que ele oferece, seus valores educacionais e instrumentais, o que legitima a ideia de que os anúncios são, de fato, também direcionados aos pais das crianças, normalmente interessados em saber quais os valores agregados aos brinquedos de seus filhos (CALDAS-COULTHARD e VAN LEEUWEN, 2001).

A natureza da linguagem dos anúncios de brinquedos encontrados na *webpage* de seu fabricante também merece ser enfatizada. Suas estruturas linguísticas são caracterizadas pela simplicidade, o que tanto serve para encorajar a informalidade e a aproximação social quanto para localizar seu usuário-consumidor em potencial (KRESS, 1997, p. 54).

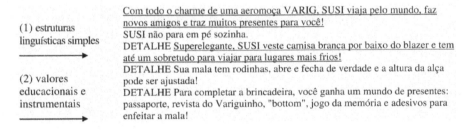

De fato, estruturas verbais como "Susi viaja pelo mundo [...] e traz muitos presentes para você" e "[...] você ganha um mundo de presentes [...]" sugerem o estabelecimento de uma relação de amizade entre a boneca Susi e a criança-consumidora, atualizada por meio do pronome pessoal você, o que, segundo Eggins e Iedema (1997), contribui para a simulação de uma interação real com ênfase na informalidade e na aproximação interpessoal entre os participantes envolvidos no discurso.

Suas propriedades visuais também apontam nesse sentido. A perspectiva (KRESS e VAN LEEUWEN, 1996) pela qual a boneca Susi é retratada na imagem que acompanha o texto verbal – em ângulo vertical de nível ocular, que a posiciona no mesmo nível de seu observador – sugere uma relação de igualdade entre a boneca e o público infantil. Tal fato é corroborado pela representação pictórica de uma criança, que não apenas sorri para a câmera, como também é retratada em ângulo fechado (*close-up*), interagindo diretamente com o público-consumidor, como se sugerindo que dele também fizesse parte (perspectiva: ângulo frontal).

De fato, segundo Young (apud Peers, 2004), existe uma tendência generalizada no discurso verbal e visual de anúncios de brinquedos em tratar as crianças-consumidoras como colegas próximas, que compartilham os mesmos gostos e interesses, visto que isso facilita a comunicação com elas.

Um outro aspecto interessante verificado nos anúncios visuais da boneca Susi diz respeito ao alto nível de modalidade de suas imagens (Kress e Van Leeuwen, 1996). Neste especificamente, a Susi Aeromoça é posicionada sobre um pano de fundo (circunstância de locação) que sugere o contexto de um aeroporto, retratado de forma bastante realística através de cores diversificadas, aproximando sua representação ao grau de credibilidade de uma fotografia e acrescentando um sentido de realidade à imagem (modalidade naturalista).

Embora apoiados essencialmente em rica e sofisticada iconografia – o que as crianças prontamente absorvem – e em comunicação visual (não verbal), quando os anúncios de brinquedos resolvem fazer uso de estruturas linguísticas, fazem-no de forma simples e direta, uma vez que o vocabulário infantil é considerado limitado para processar estruturas linguísticas complexas e entender conceitos abstratos (Kline, 1993).

Isso pode ser observado através das simples estruturas verificadas no anúncio da Susi Aeromoça, que se vale de estruturas verbais caracterizadas por verbos de ação (Halliday, 1994), como *viajar, fazer, trazer, vestir, abrir, fechar, ganhar* e *enfeitar*, os quais compõem o repertório de atividades da Susi, fato que é visualmente corroborado pelo predominante processo narrativo da imagem, em termos de metafunção representacional:

[...] SUSI **viaja** pelo mundo, **faz** novos amigos e **traz** muitos presentes para você!

[...] SUSI **veste** camisa branca por baixo do blazer [...] para **viajar** para lugares mais frios!

[...] Sua mala tem rodinhas, **abre** e **fecha** de verdade [...]

[...] você **ganha** um mundo de presentes [...] para **enfeitar** a mala!

Ao se analisar a inter-relação entre texto e contexto no anúncio da Susi Aeromoça, verifica-se que suas escolhas léxico-gramaticais pelo uso de (1) epítetos como *superlegante* e das (2) estruturas verbais baseadas nos verbos de ação anteriormente citados apontam para uma representação semiótica da prática social (FAIRCLOUGH, 1989) feminina construída a partir de um acordo entre a esfera pública e privada, nas quais se espera que a mulher contemporânea transite com a mesma desenvoltura, ao conciliar tarefas de ordem pessoal com assuntos profissionais (MORIN e ROSENFELD, 1998).

Dessa forma, a Susi não apenas caracteriza-se por ser "superelegante", mas também uma mulher versátil, preocupada com questões de ordem pessoal, profissional e social, deixando para trás uma tradicional representação feminina fundamentalmente apoiada nas chamadas "práticas de domesticidade", que visam retratar a mulher apenas no contexto doméstico (CALDAS-COULTHARD e VAN LEEUWEN, 2002).

Constata-se, então, que os textos da Susi são construídos a partir de valores socioculturais naturalizados, visto que reforçam identidades de gênero ao representar a boneca brasileira em termos dos papéis sociais desempenhados pela mulher contemporânea.

Nesse sentido, a representação semiótica das bonecas contemporâneas vem não somente atestar uma mudança de paradigma no contexto social, através de novas configurações em seus textos verbais e visuais que refletem os múltiplos papéis desempenhados pela mulher de nossos dias, como também propor novas práticas de representação que repõem as antigas formas do ser feminino, materializadas em textos midiáticos infantis por meio da menina/

boneca inserida no contexto do lar, tomando conta de um bebê ou preparando a comida na cozinha (figura 2).

Figura 2 – Antigas representações semióticas da identidade feminina.

Embora não se possa afirmar que os anúncios contemporâneos de bonecas em seus aspectos verbais e visuais substituíram de vez as antigas configurações do ser feminino, não há dúvidas de que esses anúncios incorporaram atividades mais atualizadas – como ir ao *shopping* ou ao trabalho, praticar esportes, estudar e ser bem-sucedida – que associam a agenda da mulher contemporânea com a representação semiótica das bonecas.

Sendo assim, constata-se que anúncios virtuais da hipermídia infantil, em suas várias configurações multimodais, revelam-se como estruturas de significados ideológicos que, além de incorporarem valores infantis às suas representações semióticas, configuram-se como veículos imbuídos de valores adultos, ao refletirem sistemas de valores sociais.

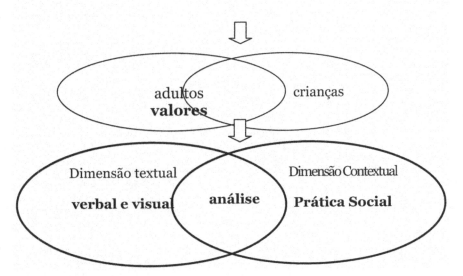

Figura 3 – Valores inerentes à análise de textos da mídia infantil.

Considerações finais

Vistos pela ótica dos significados conferidos à Gramática Sistêmico-Funcional de Halliday (1994) ou através de sua adaptação para a leitura de imagens através da Gramática Visual de Kress e van Leeuwen (1996), os padrões de experiência, de relação sociointeracional, e de posições ideológicas identificados em textos da mídia infantil nos permitem inferir valores inerentes ao seu universo, corroborando a proposição central deste capítulo: uma análise linguística complementar aplicada a textos contemporâneos de mídia promove uma discussão mais ampla acerca do seu contexto social.

Bibliografia

BEARNE, E. **Rethinking Literacy**: communication, representation and text. Oxford: Blackwell. 2003.
BERGER, J. **Ways of Seeing**. Harmmondsworth: Penguin, 1972.
BIGNELL, J. Advertisements. **Media Semiotics**: an Introduction. Manchester: Manchester University Press. 1997.
BURBULES, N. C. Rhetorics of the Web: hyperreading and critical literacy. In: SNYDER, I. **Page to Screen**: taking literacy into the electronic era. Sydney: Allen e Unwin, 1997.
CALDAS-COULTHARD, C. R.; VAN LEEUWEN, T. Stunning, Shimmering, Iridescent: toys as the representation of gendered social actors. In: LITOSSELITI, L.; SUNDERLAND, J. (Eds.). **Gender Identity and Discourse Analysis**. Amsterdam: John Benjamins, pp. 91-108, 2002.
_____. Baby's First Toys and the Discursive Constructions of Babyhood. In: **Folia Linguistica** 35 (1-2), 2001.
COLLIER, M. Approaches to Analysis in Visual Anthropology. In: **Handbook of Visual Analysis**. London: Sage, 2001.
CROUSE, J. S. Bratz against Beauty [on-line]. **Concerned Women for America**. Disponível em: <http://www.cwfa.org/articles/4790/BLI/dotcommentary>. Acesso em: 22 de agosto de 2005.
DJONOV, E. **Analysing the Organisation of Information in Websites**: from hypermedia design to systemic functional hypermedia discourse analysis. Unpublished doctoral dissertation. Sydney: University of New South Wales. 2005.
EGGINS, S.; IEDEMA, R. Difference without Diversity: the semantics of women's magazines. In: **Gender and Discourse**. California: Sage, pp. 165-96, 1997.
FAIRCLOUGH, N. **Language and Power**. London, Longman, 1989.
HALLIDAY, M.. A. K. **An Introduction to Functional Grammar**. London: Edward Arnold, 1994
JEWITT, C.; OYAMA, R. Visual Meaning: a social semiotic approach. **Handbook of Visual Analysis**. London: Sage, 2001.
KLINE, S. **Out of the Garden**: toys and children's culture in the age of marketing. London: Verso Press, 1993.
LEWIS, D. Appendix 2: Gunther Kress e Theo van Leeuwen's grammar of visual design. **Reading Contemporary Picture Books**. London: Falmer, pp.145-67, 2001.
KRESS, G. Visual and Verbal Modes of Representation in Electronically Mediated Communication: the potentials of new forms of text. **Page to Screen**: taking literacy into the electronic era. Sydney: Allen & Unwin, 1997.
_____; VAN LEEUWEN, T. **Reading images**: The Grammar of Visual Design. London: Routledge. 1996.
PEERS, J. **The Fashion Doll**: from bébé jumeau to Barbie. Oxford: Berg, 2004.
SEITER, E. **Sold Separately**: children and parents in consumer culture. New Jersey: Rutgers University Press, 1993.
SNYDER, I. **Page to Screen**: taking literacy into the electronic era. Sydney: Allen & Unwin, 1997.
UNSWORTH, L. Describing Visual Literacies. **Teaching Multiliteracies across the Curriculum** – changing contexts of texts and image in classroom practice. Philadelphia: Open University Press, pp. 71-112, 2001.
WRIGHT, L. The Wonder of Barbie: popular culture and the making of female identity. **Essays in Philosophy** – A Biannual Journal. Vol. 4, n.1. Disponível em: <http://www.humboldt.edu/~essays/wright.html>. Acesso em: outubro de 2003.

As organizadoras

Regina Celi Pereira é professora-adjunta da UFPB, onde atua na graduação e na pós-graduação (PROLING). Mestre em Letras e Linguística pela UFPB e doutora em Linguística pela UFPE, tem artigos publicados em revistas especializadas e participação em elaboração de materiais didáticos instrucionais.

Pilar Roca é professora adjunta da UFPB, onde atua na graduação e na pós-graduação (PROLING). Doutora em Filosofia e Letras pela Universidad Autonoma de Madrid. É autora de livros na área.

Os autores

Betânia Passos Medrado é mestre em Letras e Linguística pela UFBA e doutora em Linguística pela UFPE. Professora-adjunta da UFPB, onde atua na graduação e na pós-graduação (PROLING), é também editora da revista *Letr@ Viva* desde 1999.

Carla L. Reichmann é graduada em Jornalismo pela PUC-SP, mestre em Ensino de L2 pela School for International Training e doutora em Letras/Inglês pela UFSC. É professora da UFPB, onde atua na graduação e na pós-graduação (PROLING).

Danielle Barbosa de Almeida é professora da pós-graduação em Linguística (PROLING) da UFPB, onde ministra a disciplina Semiótica Visual e Multimodalidade. É autora de artigos em diversas revistas especializadas.

Moita Lopes é professor titular da UFRJ, onde atua no Programa Interdisciplinar de Linguística Aplicada, e pesquisador do CNPq e do Programa Cientistas do Nosso Estado da FAPERJ. É PhD em Linguística Aplicada pela Universidade de Londres. É autor de diversos livros na área. Tem também artigos publicados em revistas e em livros no Brasil e no exterior.

Stella Maris Bortoni é graduada em Letras Português e Inglês pela PUC-GO, mestre em Linguística pela UnB, doutora em Linguística pela University of Lancaster e pós-doutora em Etnografia Educacional pela Universidade da Pennsylvania. É professora-adjunta da Faculdade de Educação da UnB e bolsista de produtividade em pesquisa do CNPq – Nível 2 . Foi presidente da ANPOLL (1992-1994) e vice-presidente e presidente em exercício da ABRALIN (2003-2005). Foi diretora do Instituto de Letras da UnB (1993-1997). Tem publicações no Brasil, nos Estados Unidos, na Europa e no Japão. Tem atuado como consultora para o MEC em diversos projetos de formação continuada.

Vera Menezes é graduada em Letras Português e Inglês pela PUC-MG e em Direito pela UFMG, mestre em Inglês pela UFMG e doutora em Linguística e Filologia pela UFRJ. É professora titular da UFMG e bolsista de produtividade em pesquisa do CNPq – nível 2. É uma das pioneiras em educação à distância na área de Letras. Foi presidente da Comissão de Especialistas em Letras da SESU/MEC (2000/2002) e presidente da ALAB (2000/2002). É autora de diversos artigos e livros na área.